Vincent de Gournay

L'économie politique du laissez-faire

BENOÎT MALBRANQUE

VINCENT DE GOURNAY

L'ÉCONOMIE POLITIQUE
DU LAISSEZ-FAIRE

Paris, 2016

Institut Coppet

www.institutcoppet.org

À Gérard Minart, biographe de F. Bastiat, J.-B Say, G. de Molinari, etc., pionnier de la réhabilitation de l'école française d'économie politique, je dédie ce livre. Il est celui d'un ami qui cherche à marcher dans la carrière de son prédécesseur, guidé par un exemple qui ne s'effacera pas.

INTRODUCTION

Vincent de Gournay, peu célébré par les historiens de la pensée économique — L'image qu'on a de lui par Grimm, Turgot, Morellet et Gustave Schelle — Critiques par Oncken — Problématiques nouvelles issues de son étude renouvelée vers 1980 : importance du « cercle de Gournay », différences entre Gournay et Quesnay, Gournay libéral ou mercantiliste — Nécessité de fournir une vue synthétique de cet économiste, de faire un bilan des travaux, d'apporter des conclusions.

Deux siècles et demi après sa mort, Vincent de Gournay souffre encore d'être méconnu. Son œuvre, célébrée en son siècle, puis oubliée, et enfin expurgée récemment, n'est pas considérée à sa juste valeur. Les histoires de la pensée économique le négligent, préférant l'école physiocratique, qui cependant lui devait tant. Les histoires du libéralisme tardent encore plus à lui accorder ses mérites, comme à d'autres de ses prédécesseurs immédiats, comme Boisguilbert ou le marquis d'Argenson.

Cependant, ce n'est ni par négligence ni par amateurisme que les historiens des deux domaines peinent autant à reconnaître la qualité de l'œuvre de Gournay. C'est qu'il est difficile, ou du moins qu'il a longtemps été difficile de s'en faire une idée exacte ; c'est qu'en outre, ce premier travail fait, la figure de Vincent de Gournay s'insère mal dans les schémas traditionnels de la pensée économique libérale du XVIIIᵉ siècle.

L'œuvre de Gournay, comme nous l'étudierons davantage dans le chapitre 2, est d'une forme ne facilitant pas la tâche des historiens. S'il a beaucoup écrit, il n'a presque rien publié, composant surtout des lettres administratives, des mémoires non rendus publics ou publiés par d'autres auteurs après retouches. En outre, et ce qui assurément n'a rien arrangé, la plupart de ses manuscrits, lettres et mémoires, ont été perdus dès la fin du XVIIIᵉ siècle et ne furent retrouvés qu'en 1976 par un japonais, le professeur Takumi Tsuda, dans les fonds de la bibliothèque municipale de Saint-Brieuc, en Bretagne. Ce n'est qu'alors qu'une analyse critique, ou pour ainsi dire une toute première véritable analyse de l'œuvre de Gournay devenait possible.

Les idées de Gournay ont été et, dans une moindre mesure, sont encore d'une interprétation difficile. La raison en est que, placé au confluent du mercantilisme et du libéralisme, et embrassant le second sans se détacher parfaitement du premier, il entre mal dans les « cases ». Mais au-delà du fait que la recherche ne doit pas s'arrêter dès qu'une interprétation n'est pas évidente et facile, cette ambivalence entre mercantilisme et libéralisme — qui, chez Gournay, reste cependant peu marquée[1] — se retrouve chez de nombreux autres auteurs de la même époque, en tête desquels nous pouvons citer Vauban, Boisguilbert, et Richard Cantillon.

Certainement, Gournay aurait gagné à « choisir son camp », et à ne pas soutenir le credo du *laissez faire, laissez passer*, tout en étant encore légèrement imprégné du préjugé mercantiliste. Ceci fut clair dès le XVIIIᵉ siècle, où son libéralisme radical dérangea, heurta même nombre de ses contemporains, à commencer par ses collègues dans l'administration publique française, mais où en même temps il reçut quelques critiques de ses amis libéraux, Turgot ou Morellet, quand ceux-ci voyaient leur ami insérer dans ses écrits quelque bribe de protectionnisme. [2]

Qu'ils soient partisans ou adversaires de son libéralisme, les contemporains de Gournay furent unanimes pour souligner son rôle dans la naissance de la science économique en

---

[1] Un des faits qui a certainement désincité les historiens à prendre en considération Vincent de Gournay est la formulation même de son credo : « liberté et protection ». Quoique « protection » ait eu un sens bien différent de celui qu'on retient par exemple dans le terme protectionnisme, l'alliance des deux mots ne pouvait que déstabiliser l'historien des idées, et on ne trouve guère mieux que le « socialisme libéral » comme exemple d'une doctrine qui ne fasse aucun sens si l'on considère uniquement son appellation.

[2] C'est sur ce fondement que Tsuda explique la faible célébrité de Gournay au XVIIIᵉ siècle, qui fut cependant assez remarquable et qui ne se dispute qu'avec les quelques piliers de l'école physiocratique. Cf. Takumi Tsuda (éd.), *Mémoires et lettres de Vincent de Gournay*, Tokyo, Kinokuniya,1993, p.xv

France. Melchior Grimm, qui l'estimait sans partager ses idées, reconnut que Gournay était responsable de la popularité des écrits économiques au milieu des années 1750. « Rien n'est si commun, depuis dix-huit mois, que les ouvrages sur le commerce »[1], estimait-il en mars 1755, avant de nommer celui qui en était la cause : Vincent de Gournay. « Nous avons de lui quelques ouvrages très utiles concernant la culture, le commerce et d'autres objets d'une administration heureuse. Beaucoup d'ouvrages de cette espèce ont été faits sous ses auspices et sur ses conseils. »[2]

La personnalité de Gournay était alors au centre des débats politiques et économiques, dans cette décennie 1750 si cruciale dans l'histoire intellectuelle de la France, cruciale car y naissait le mouvement encyclopédique, et s'y annonçait, avec Gournay, le mouvement physiocratique, qui allaient conjointement ébranler les fondements de la monarchie française.

Quand Gournay meurt, en juin 1759, ses amis économistes le célèbrent comme un des grands esprits du siècle. Montaudoin de la Touche rédige des « Observations sur M. de Gournay » et Turgot, jeune et encore méconnu, est chargé de composer son Éloge. Il y en aura deux versions : la première, assez brève et surtout biographique, fut publiée dans le *Mercure* ; la seconde, remaniée par un Turgot de l'âge mûr, s'étend davantage sur la doctrine et présente un Gournay théoricien du laissez-faire.

C'est sur la base de ce document, plus que des écrits de Gournay, restés en grande partie inaccessibles, que seront écrites toutes les notices, tous les articles et tous les livres sur Vincent de Gournay et son œuvre. C'est sur cette base que Gustave Schelle publiera son *Vincent de Gournay*, dans lequel il présentera Gournay comme « le premier défenseur de la liberté du travail ». [3] En remarquant les différences entre les deux

---

[1] Friedrich Melchior Grimm, *Correspondance littéraire, philosophique et critique*, éd. Tourreux (Paris, 1877-1878), t. II, p.506-507

[2] *Ibid*, t. IV, p.146

[3] Gustave Schelle, *Vincent de Gournay* (1897), rééd. Institut Coppet, 2014, p.14

versions de l'*Éloge de Gournay* de Turgot, et en signalant plusieurs passages protectionnistes dans les quelques écrits de Gournay alors à disposition, G. Sécrestat-Escande, dans une thèse consacrée à Gournay, critiquera cette conclusion. « M. Schelle a suivi trop fidèlement les idées émises par Turgot et cela ne lui a pas laissé voir avec toute la netteté que l'on aurait pu souhaiter les différences profondes qui séparaient Gournay des physiocrates. » [1] Allant plus loin, A. des Cilleuls déclarera carrément que Schelle et Turgot avaient renversé la vérité et que Gournay devait surtout être vu comme un mercantiliste défenseur du protectionnisme, et non comme un libéral, précurseur des physiocrates. [2]

Qui avait tort, qui avait raison ? Personne n'était capable de trancher alors la question, parce que la connaissance des œuvres de Gournay était très lacunaire.

En 1976, avec la découverte des manuscrits, tout change. Les questions restées en suspens peuvent recevoir des réponses. Surtout, le cadre semble inciter les historiens à considérer la question. Simone Meyssonnier, l'une des premières françaises à avoir effectué des recherches sur Gournay et à avoir édité ses textes, reconnaît elle-même l'influence qu'ont eu les enjeux de l'époque sur sa redécouverte de Gournay : « Ma recherche a été motivée dans les années 1980 par la résurgence inattendue d'un libéralisme radical appliqué en Grande-Bretagne qui se substituait aux politiques keynésiennes généralisées en Europe après la guerre. Ces dernières avaient réalisé un équilibre économique qui répondait à la fois aux nécessités économiques et sociales, grâce à la croissance et à l'État-providence. Pour comprendre ce changement majeur et l'expliquer aux étudiants, il fallait revenir aux origines, à la

---

[1] G. Sécrestat-Escande, *Les idées économiques de Vincent de Gournay*, thèse pour le doctorat, Bordeaux, 1911, p.4-5

[2] Alfred des Cilleuls, « Un fondateur de la science économique au XVIIIᵉ siècle : Vincent de Gournay, d'après des travaux récents », *Réforme sociale*, 16 fév. 1898

période de transition du milieu du XVIIIe siècle, qui avait vu la fin du mercantilisme et l'émergence du libéralisme. »[1]

À partir des premiers travaux des années 1980, des problématiques nouvelles sont apparues. Nous pouvons en citer quelques-unes : Quelle fut l'importance du « cercle » de Vincent de Gournay dans la naissance de la science économique en France ? Quelle fut l'influence de la critique des corporations par Gournay et quelle part doit lui revenir du succès qu'a représenté leur abolition ? Quelles furent les différences, s'il en existe, entre Gournay et François Quesnay ? Le libéralisme de Gournay, sorte de libéralisme des origines, est-il d'une nature différente que celui de Smith, Bastiat ou Hayek ?

Plusieurs universitaires ont déjà tenté d'éclaircir ces questions. On doit mentionner tout particulièrement Takumi Tsuda, dans l'introduction qu'il a donnée à sa réédition des *Remarques* de Gournay, dans laquelle il rejette la caractérisation de « libérale » pour l'œuvre de Gournay et suggère que celui-ci a été « trahi ».[2] Simone Meyssonnier a quant à elle consacré plusieurs articles et chapitres de livre pour réfuter l'idée de Tsuda, en ajoutant cependant que le libéralisme de Vincent de Gournay était un libéralisme « égalitaire » ou « libéralisme des lumières », d'une nature différente de celui des siècles suivants. Enfin, Christine Théré et Loïc Charles ont rassemblé les contributions de plusieurs universitaires pour présenter l'importance du « cercle » de Gournay et sa place dans l'histoire des doctrines économiques en France. Leur conclusion, en ce qui concerne la figure de Gournay elle-même, est qu'il « apparaît comme l'incitateur du discours libéral auprès des milieux intellectuels et politiques parisiens »[3], tant par ses acti-

---

[1] Simone Meyssonnier, « Préface » aux *Traités de commerce de Josiah Child, suivis des Remarques de Jacques Vincent de Gournay*, L'Harmattan, 2008, p.v

[2] Takumi Tsuda, « Un économiste trahi, Vincent de Gournay (1712-1759), dans *Traités sur le commerce de Josiah Child avec les remarques inédites de Vincent de Gournay*, Tokyo, Kinokuniya, 1983, p.445-485.

[3] Loïc Charles, Frédéric Lefebvre et Christine Théré (dir.), *Le cercle de Vincent de Gournay : Savoirs économiques et pratiques administratives en France au milieu du XVIIIe siècle*, INED, 2011, p.107

vités individuelles que par l'élan qu'il a fourni à un groupe d'économistes rassemblé autour de lui.

Les zones d'ombres n'ont cependant pas disparues et une présentation globale de Vincent de Gournay, surtout, restait encore à écrire. Avec mes faibles lumières, j'ai essayé de réaliser cette synthèse et d'apporter des réponses aux questions irrésolues ou trop rapidement effleurées. Dans ce livre, j'ai ainsi tâché de clarifier ces points, d'apporter une contribution à une connaissance de Gournay, et surtout de présenter les raisons pour lesquelles cet économiste breton méconnu m'apparaît comme le premier héros du libéralisme en France.

I. — BIOGRAPHIE.

Vie de Vincent de Gournay — Jugement de ses contemporains — Postérité immédiate — Raisons de son oubli dès la seconde moitié du XVIIIᵉ siècle.

Si les éléments biographiques ont toujours leur importance dans l'explication d'une œuvre intellectuelle, nous devons dire tout de même pourquoi nous avons voulu consacrer un chapitre à cette vie qui, aux yeux d'un commentateur de Gournay, fut « peu agitée ». [1] C'est que son caractère normal et presque linéaire forme en lui-même l'une des meilleures introductions à son œuvre. Placé très jeune dans le commerce, Vincent de Gournay allait agir aussi en commerçant dans les instances administratives de l'État français et formuler une doctrine économique éminemment commerçante.

Si François Quesnay était parti de la charrue, résumera Turgot dans une belle métaphore, Vincent de Gournay, lui, était parti du comptoir. Né en mai 1712 dans la ville de Saint-Malo[2], Vincent de Gournay, d'abord Jacques-Claude Marie Vincent, inscrivait même son parcours dans l'histoire de l'une des plus grandes familles commerçantes malouines. Son père, Claude Vincent, riche négociant de la ville, avait acquis la charge de conseiller secrétaire du roi. Quant à sa mère, Françoise-Thérèse Séré de la Ville Malerre, elle était également issue d'une puissante famille malouine de commerçants, conseillers, et secrétaires du Roi.

La ville de Saint-Malo abritait alors dans ses célèbres murs la communauté la plus puissance de commençants. [3] Enrichie

---

[1] G. Sécrestat-Escande, *Les idées économiques de Vincent de Gournay*, op. cit., p.135

[2] Saint-Malo possède bien une rue Vincent de Gournay, mais, comme l'indique Gustave Schelle (*Vincent de Gournay*, op. cit., p.14), elle fut attribuée au hasard, étant donné qu'on ignore la maison dans laquelle sa famille et lui habitaient.

[3] Sur l'économie de Saint-Malo au dix-huitième siècle, et sur le profil de ces grandes familles commerçantes malouines, voir André Lespagnol, *Messieurs de Saint-Malo. Une élite négociante au temps de Louis XIV*, Saint-Malo, éditions l'Ancre de Marine, 1991

par le commerce, national et international, cette « élite négociante », selon le mot d'André Lespagnol, jouissait d'une facilité pour lancer des grandes opérations commerciales, jointe à
l'expérience et à la célébrité de ses grandes familles.

Fils de commerçant, le jeune Vincent de Gournay fut naturellement poussé à embrasser cette carrière, d'autant que des
dispositions naturelles, vivifiées dès sa plus jeune enfance, l'y
poussaient également. À 17 ans, après avoir quitté le presti-
gieux collège oratorien de Juilly, il partit s'installer à Cadix,
dans le sud de l'Espagne, pour y gérer les affaires familiales.
Place financière majeure à l'époque, Cadix avait fini par cen-
traliser dans son port toutes les expéditions commerciales vers
les colonies, après que le port de Séville, disposant anciennement d'un monopole, fut considéré comme trop petit. Son
importance grandissait aussi du fait du monopole de l'Espagne sur certaines destinations, lequel monopole imposait
aux navires étrangers de passer par Cadix pour obtenir une
autorisation.

Quand Gournay revint en France, quinze années plus tard,
sa fortune était faite. Il avait en outre construit dans son esprit, et de par cette expérience même, les bases d'une critique
du système mercantiliste, alors encore tout à fait dominant,
surtout en Espagne. L'économiste André Morellet, un proche
de Gournay, notera ce fait avec perspicacité : « Ce magistrat,
dit-il en parlant de l'économie breton, avait été un des premiers à se convaincre par son expérience des vices de l'administration commerciale. » [1]

Dès 1744, du fait de cette expérience rare, il fut approché
par Maurepas, secrétaire d'État à la marine. Gournay entra en
correspondance avec lui, et lui témoigna son expertise du
commerce, qu'il étendit vite, pendant les années 1745 et 1746,
grâce à des voyages réalisés en Angleterre et en Hollande,
alors les deux nations les plus prospères d'Europe.

---

[1] *Mémoires de l'abbé Morellet, de l'Académie française, sur le dix-huitième siècle et sur la
Révolution,* Tome 1, Paris, 1821, p.64

Tandis qu'il visitait encore les terres anglaises, il apprit la mort de Jamets de Villebarre, son associé au sein de la société familiale. Cet associé avait choisi son collaborateur et ami comme héritier : Gournay se vit donc à la tête d'une fortune considérable, qui s'ajoutait aux recettes juteuses du commerce de Cadix. Il prit la décision d'arrêter les affaires, et, à présent auréolé du titre de marquis de Gournay, du nom de terres reçues en héritage, il s'installa à Paris avec l'espoir de pénétrer la haute administration publique.

Gournay reçut d'abord un poste dans l'administration du commerce de par la forte impression qu'il avait laissé à Maurepas ; il fut d'ailleurs, pendant les premières années, son protégé. Cette proximité avec Maurepas aurait pu lui être hautement préjudiciable, après que celui-ci soit tombé en disgrâce, suite à la célèbre affaire des « poissonnades », ces libelles sarcastiques contre Mme de Pompadour ; mais il n'en souffrit que modérément. À la fin de l'année 1749, on lui annonçait même sa nomination à un poste d'intendant du commerce pour la Seine-et-Oise. Par envie de servir, et de mettre en application la grande philosophie économique à laquelle ses réflexions, jointes à son expérience, lui avaient fait aboutir, Gournay se tourna donc vers la haute administration des finances, et prit, en 1751, la charge d'intendant du commerce.

Sortes de délégués du Contrôleur général des Finances, les intendants de commerce s'occupaient à l'époque d'une ou plusieurs branches d'industrie ou de commerce, ainsi que d'une ou plusieurs régions (appelées « généralités »). Leur rôle consistait à conseiller les actions du Contrôleur général, en lui présentant les faits spécifiques à chaque région ou profession, dans des rapports envoyés à Paris. Instances surtout consultatives, les intendants de commerce avaient une influence très réduite sur la politique économique de l'État ; à part, bien entendu, quand ils savaient persuader leurs supérieurs, ou se rendre indispensables d'eux par leurs lumières et leurs connaissances, ce qui était, avouons-le, fort rare. Dans la majorité des cas, comme le résumera Gustave Schelle, « ils n'étaient que des agents consultatifs sans pouvoir de décision. » [1] Les intendants du commerce se réunissaient au sein du Bureau du commerce et travaillaient les dossiers qui étaient portés à leur connaissance, préparant même des projets d'édits ou de règlements lorsque la situation leur paraissait l'exiger. Gournay y siégea et reçut sa double attribution : il se vit attribuer les généralités de Bordeaux, La Rochelle, Tours, et Limoges, ainsi que d'autres circonscriptions de moindre taille ; il fut aussi responsable de l'industrie et du commerce de la soie. Comme c'était d'usage, il avait son mot à dire sur toutes les questions soulevées par le Bureau du commerce, qu'elle concerne ou non ses domaines de compétence.

Il fut — fait tout à fait notable — le seul occupant de ce poste d'intendant du commerce à avoir déjà exercé le métier de commerçant. Cela, nécessairement, lui faisait voir l'administration avec un scepticisme naturel, et nourrissait en lui une haine du lent et souvent très inefficace fonctionnement bureaucratique. C'est Vincent de Gournay, d'ailleurs, qui inventa et mena le premier cette charge, désormais classique, contre la bureaucratie : il appela ce mal la « bureaumanie ». Melchior Grimm racontera quelques années plus tard cet usage très novateur : « Monsieur de Gournay, excellent citoyen, disait quelquefois : "Nous avons en France une maladie qui fait bien du ravage ; cette maladie s'appelle la bureaumanie." » [2]

Gournay n'ignorait en aucun cas ces dispositions de l'appareil d'État quand il entra pour la première fois à son service. Ainsi qu'il l'affirmera plus tard, il eut même le souhait d'influer sur cet état d'esprit néfaste en apportant la morale et le bon sens des commerçants dans l'administration du commerce. « Je ne vous dissimulerai point, Monsieur, écrira-t-il à Trudaine, que lorsque j'ai désiré la charge d'Intendant du commerce, j'y ai été poussé par l'espoir de rapprocher un peu

---

[1] Gustave Schelle, *Vincent de Gournay*, op. cit., p.25
[2] Melchior Grimm, *Correspondance littéraire*, tome IV, Paris, 1764, p.11

plus le commerce et les négociants des personnes en place. J'ai espéré que si cet état pouvait être vu de plus près et être plus connu des supérieurs, il acquerrait en France le même degré de faveur et de considération dont il jouit chez nos voisins ; qu'alors on ne croirait plus prendre un état, quand on quitte celui-là, pour en embrasser d'autres infiniment moins liés à la force et à la puissance du Royaume : cette façon de penser n'est point indifférente dans un siècle où chaque nation s'occupe de faire pencher cette balance de son côté ; elle fait que chez nos concurrents le commerce ne perd point de sujets et en acquiert tous les jours de nouveaux, au lieu que chez nous il en perd chaque jour et que les riches et les anciens négociants qui le quittent ne sont point remplacés par les nouveaux qui se présentent pour prendre leur place avec un crédit et des facultés bien inférieurs. » [1]

Comme l'écrit Simone Meyssonnier, le profil de Gournay était atypique. « La venue de Gournay dans cette instance fut une exception dans les années 1750, elle allait à l'encontre de la routine administrative instituée. Mais elle répondait à la volonté du Contrôleur général d'y introduire des spécialistes des affaires commerciales, à un moment où la France était sous la pression d'une mondialisation des échanges internationaux, d'une compétition accrue avec les pays voisins, en particulier, l'Angleterre, la Hollande et bientôt l'Espagne, tous favorisés par le niveau de leur taux d'intérêt. » [2]

Afin de fonder ses observations et conseils sur une « connaissance du local » qu'il vantait comme une exigence, Vincent de Gournay passa une grande partie de son temps d'intendant à s'informer de la situation économique des régions et des industries dont il était en charge. Sa correspondance administrative abonde de lettres dans lesquelles il tâche d'obtenir

---

[1] *Mémoires et lettres de Vincent de Gournay*, op. cit., p.106

[2] Simone Meyssonnier, « Préface » aux *Traités de commerce de Josiah Child, suivis des Remarques de Jacques Vincent de Gournay*, L'Harmattan, 2008, p.xix (Sauf mention contraire, nous citerons toujours cette édition, afin d'éviter au lecteur curieux d'avoir à se reporter à une édition japonaise difficilement accessible).

des renseignements les plus précis possibles, lui permettant de trancher sur une question actuellement pendante. Citons-en un exemple :

> « Dans la vue, Monsieur, de concourir avec vous autant qu'il me sera possible, au progrès de la manufacture des étoffes de soie de Lyon, je me suis flatté que vous voudriez bien m'aider de vos lumières et me procurer tous les éclaircissements qui me sont nécessaires pour en avoir connaissance, en chargeant quelque personne de confiance de rédiger un mémoire détaillé et le plus circonstancié qu'il sera possible, de l'état actuel de cette manufacture, du nombre des fabricants et des marchands qui la composent, de la qualité des étoffes en soie, or et argent et mêlées de ces métiers qui s'y fabriquent, en y joignant des échantillons de chaque espèce de ces étoffes, de leur prix commun ou ordinaire, de leurs débouchés, de la qualité des soies et autres matières qu'ils y emploient, du prix de la main-d'oeuvre et, en un mot, de tout ce qui peut contribuer à me mettre au fait d'un objet de commerce aussi important pour pouvoir, dans l'occasion, seconder vos vues et être utile à cette fabrique. » [1]

C'est surtout sur la question des corporations que sa quête d'information fut la plus pressante et la plus active. Comme le note Sécrestat-Escande, Gournay émit à plusieurs reprises des demandes massives d'information au sujet des corporations, souhaitant en lire les statuts, les rapports, et obtenir un état de leurs dettes. Le prévôt des marchands de Lyon, Flachat de Saint-Bonnet, satisfaisait chaque fois à ces demandes. « En possession de ces énormes documents, dit Sécrestat-Escande, Gournay s'empresse de leur consacrer ses loisirs, de les dépouiller et d'en retirer les extraits qui lui paraissent les plus typiques pour les communiquer à son chef Trudaine, tout cela dans le but de rendre l'industrie plus libre et développer le commerce et la prospérité du royaume. » [2]

---

[1] *Mémoires et lettres de Vincent de Gournay*, op. cit., p.112
[2] G. Sécrestat-Escande, *Les idées économiques de Vincent de Gournay*, op. cit., p.18

Dans cette démarche, Gournay sortait souvent des bornes exactes de ses attributions. Il ne cherchait pas tant à connaître le Lyonnais et les régions dont il était chargé, mais la France entière ; et même, non pas tant le commerce et l'industrie en France, mais le commerce et l'industrie en général, dans l'ensemble du monde. Gournay était curieux de savoir si les pratiques françaises relatives au commerce ou à l'industrie — et notamment les pratiques qu'il disait vicieuses : corporations, règlements, prohibitions — se retrouvaient aussi dans les autres pays commerçants du monde et à quel degré, ou si nous étions plutôt une exception sous ce rapport. Ainsi, à une occasion, Vincent de Gournay posa, comme Turgot sur la Chine, des questions sur l'économie de l'Allemagne et de l'Autriche. Entre autres questions, on peut trouver : Qu'est-ce que la banque de Vienne ? Comment est-elle régie ? Quel est le prix de l'intérêt de l'argent dans les pays héréditaires de l'Impératrice en Allemagne tant pour le gouvernement que pour les particuliers ? [1] Une lettre à Champant, ministre du Roi de Hambourg, témoigne aussi de son intérêt pour l'exemple de l'étranger[2] et surtout sur ses préoccupations :

> « Depuis que j'ai séance au Bureau du commerce, je me suis fait un devoir de chercher à m'instruire de quelle façon sont régies les grandes manufactures étrangères, pour la comparer avec la méthode que nous suivons pour la régie des nôtres, et voir quelle est la plus propre pour encourager l'industrie. La manufacture des toiles de Silésie établie à l'imitation des toiles de France tient aujourd'hui un rang trop considérable dans le commerce de l'Europe pour ne pas exciter toute notre attention, et tâcher de découvrir par quel principe elle a fait de si grand progrès surtout depuis 1720.

---

[1] « Mémoire d'information pour les pays héréditaires de la Maison d'Autriche et d'Allemagne », volume M. 82, n°2 ; cité par L. Charles, F. Lefebvre et C. Théré (dir.), *Le cercle de Vincent de Gournay*, op. cit., p.307

[2] Sur l'importance de l'exemple de l'étranger sur la pensée de Gournay, voir le chapitre suivant.

Connaissant, Monsieur, comme je sais votre zèle pour tout ce qui peut intéresser le bien de l'État, je suis persuadé que vous voudrez bien donner quelques moments à cette recherche sur laquelle il vous est plus aisé qu'à personne d'acquérir des connaissances sûres dans le lieu que vous habitez. Je voudrais donc savoir : 1° s'il y a des inspecteurs et des règlements pour les différentes espèces de toile qui se fabriquent en Silésie ; 2° si l'on est astreint à une certaine longueur, largeur et qualité pour chaque espèce, et si le fabricant qui y manque est assujetti à quelque peine ; 3° si ces toiles sont visitées dans quelque bureau à la sortie de la province, et si l'on prend quelque précaution pour empêcher que l'acheteur ne soit trompé, ou si le gouvernement, sans s'embarrasser de ce soin, laisse les fabricants fabriquer comme bon leur semble et à l'acheteur le soin d'examiner lui-même la mode et de prendre garde de n'être point trompé ; 4° quel est en général le prix de la main-d'œuvre en Silésie, ou ce qu'un ouvrier qui fait des platilles ou des bretagnes contrefaites y gagne par jour ? 5° pour quelle somme on compte qu'il se fabrique de toile en Silésie par an, et pour quelle somme on estime qu'il s'en envoie par an à l'étranger ; 6° enfin si l'on estime que les manufactures de Silésie, régies comme elles le sont, tendent à augmenter encore, ou si elles tendent à déchoir faute d'inspecteurs et de règlements, ou faute que le fabricant est suffisamment surveillé. » [1]

Enrichi d'une telle connaissance du terrain, Gournay pouvait en effet réclamer la liberté du commerce et la liberté du travail en les posant comme des nécessités pratiques, plus que des idéaux théoriques. Cependant, comme l'a bien signalé Sécrestat-Escande, il est extrêmement difficile de se rendre un compte exact de l'influence qu'exerça Gournay sur ses collègues du bureau du commerce. [2] La raison en est que s'il y avait bien des débats, ils ne transparaissent pas dans les comptes-rendus. Néanmoins, il est difficile de croire que ses

[1] Lettre à Champant, ministre du Roi à Hambourg, in Takumi Tsuda (éd.), *Mémoires et lettres de Vincent de Gournay*, op. cit., p.157-158
[2] G. Sécrestat-Escande, *Les idées économiques de Vincent de Gournay*, op. cit, p.125

appels en faveur d'une liberté absolue du commerce et de l'industrie n'aient provoqué aucune réaction.

Quoiqu'il en soit, les débuts de Gournay à l'intendance du commerce furent difficiles. Machault, Contrôleur général depuis 1745, était peu partisan de la liberté économique, et appréciait guère de se faire sermonner sur ce sujet. Face à cet homme qui, selon le mot du marquis d'Argenson, voulait « diriger le commerce par des entraves »[1], les discussions étaient limitées.

La situation s'arrangea nettement à partir de 1754, au moins pour deux raisons. La première, et la plus évidente, fut le remplacement de Machault, en juillet 1754, par Moreau de Séchelles, de tendance plus libérale. La seconde, en 1754 toujours, fut la rencontre de Gournay avec un jeune économiste plein de talent : Turgot. Ce dernier, ayant eu vent de l'activité littéraire des proches de Gournay, sollicita l'intendant du commerce pour réaliser une traduction d'un court essai de l'économiste anglais Josiah Tucker. Ce fut le début d'une collaboration fructueuse.

De par ses fonctions, Gournay fut enjoint de réaliser de longues visites sur les terres de ses circonscriptions. Il proposa à Turgot de l'accompagner. Selon Dupont de Nemours, qui connaissait parfaitement les deux hommes, Turgot considérait que les différents voyages réalisés avec Gournay dans plusieurs régions françaises avaient été « un des événements qui ont le plus avancé son instruction ». [2] Ainsi que nous le présenterons en détail dans le chapitre 7, Gournay et Turgot visitèrent la Bretagne à la fin de l'année 1756, et l'intendant du commerce prêta son concours à la création de la Société d'agriculture.

Si, en 1754, le ciel s'était éclairci, trois ans plus tard le temps des réformes semblait déjà passé, et les perspectives étaient

[1] *Mémoires et journal inédit du marquis d'Argenson*, Paris, 1857, volume 2, p.363
[2] Dupont de Nemours, *Mémoires sur la vie et les ouvrages de Turgot, ministre d'État*, Philadelphie, 1788, p.44

sombres. En 1757, après l'attentat de Damiens et le déclenchement d'une nouvelle guerre, la haute administration des finances devint averse à tout changement en profondeur. En 1758, observant l'opposition farouche qu'il rencontrait, Gournay démissionna de son poste d'intendant du commerce. Le marquis de Mirabeau, dans le style toujours excessif qui le caractérisait, écrivit à propos de la retraite de son ami : « Lassé du rôle infructueux d'être la voix du désert, tu te retiras du sanctuaire de ce peuple à goitre qui te trouvait difforme de n'en avoir point. » [1]

Cependant, certains historiens considèrent rétrospectivement que Gournay eut de l'influence sur le bureau du commerce, quoiqu'elle soit effectivement difficile à quantifier ou à caractériser. Cette influence, Simone Meyssonnier la prouve en étudiant le bureau du commerce et en y décelant une « tendance libérale qui prédomine, et l'on peut dire qu'elle est le fruit direct de l'effervescence des idées provoquée par la politique de Gournay. Le travail de persuasion mené obstinément par les membres de son groupe finit par convaincre les magistrats que la croissance industrielle ne pourra se réaliser que dans la liberté. » [2]

Cette démission, qui semble bien commandée par un sentiment vif de lassitude, fut sans doute aussi motivée par les soucis de santé de Gournay. Turgot, qui lui était resté proche, fournit encore une autre explication, non moins vraisemblable : Gournay, tout consacré à sa mission d'intendant du commerce, aurait négligé les affaires commerciales qu'il avait laissées à Cadix, et dût faire face à de lourdes pertes financières. [3] Vivement attristé par cette nouvelle, Gournay aurait souhaité quitter la haute administration pour retourner à la

---

[1] Mirabeau, *Lettres sur la législation ou l'ordre légal dépravé, rétabli et perpétué*, Berne, 1775, tome 1, p.367

[2] Simone Meyssonnier, *La Balance et l'Horloge. La genèse de la pensée libérale en France au XVIIIᵉ siècle*, éditions de la Passion, p.275

[3] Gustave Schelle (éd.), *Œuvres de Turgot et documents le concernant*, volume 1, Paris, 1913, p.616.

gestion des affaires familiales. Mais quel qu'ait été son souhait à cette époque de sa vie, une trop faible santé vint l'empêcher de réaliser ses projets. De constitution fragile, Vincent de Gournay avait été constamment arrêté par des tracas de santé. Ces ennuis s'aggravèrent sérieusement à partir de 1754, le contraignant plusieurs fois à arrêter toute activité. En juin 1759, une tumeur à la hanche emporta finalement cet homme courageux. Dix ans auparavant (1748), il avait épousé Clothilde de Verduc, fille du greffier du Grand Conseil, auprès duquel il était devenu conseiller. Il n'avait pas encore eu d'enfant lorsque, âgé de quarante-neuf ans, il la laissa veuve.[1]

---

[1] Depuis l'époque du père de Gournay, Claude Vincent, une société commerciale avait été fondée à Cadix en collaboration avec la famille Verduc et sobrement nommée Société Verduc-Vincent. Yves Verduc avait une fille, Clothilde, mariée avec un associé habituel, Villebare. Très proche de Vincent de Gournay, celui-ci le désigna comme légataire universel et insista même, dans une dernière volonté, pour que sa femme épouse son ami et collègue Vincent de Gournay. C'est ce qui fut fait. Les raisons restent assez troubles. Villebare aurait-il apprécié Gournay au point d'insister pour lui confier sa femme, ou, à la vue des dettes et des difficultés qu'il laissait derrière lui, cherchait-il un riche parti qui puisse soutenir son épouse ? La vérité est certainement à trouver quelque part entre ces deux préoccupations.

II. — ÉTUDE GÉNÉRALE SUR SON ŒUVRE.

Qu'a écrit Gournay ? — Quels sont les textes dans lesquels nous pouvons le plus sûrement trouver l'exposition de son « système » ? Origine de ce système : obtenu des écrits économiques anglais (Pitt), espagnols (Uztariz) et hollandais (Jean de Witt), ou français (Boisguilbert, Cantillon) ? Caractère général de l'œuvre de Gournay : elle est surtout administrative, peu théorique, et plutôt pratique ; sa méthode ; ses objectifs.

De manière à introduire l'étude des idées économiques de Gournay, nous passerons en revue ici quelques-unes des spécificités de son œuvre, en tâchant de dire surtout les pièces dans lesquelles on trouve la meilleure exposition de sa doctrine. Nous tâcherons également d'indiquer quelles furent les sources dans lesquelles Gournay a puisé pour composer son œuvre.

§1. — Les écrits de Gournay

Comme indiqué dès l'introduction, Gournay a beaucoup écrit mais peu publié. On a de lui 1) des *Remarques* sur une traduction d'un ouvrage de l'économiste anglais Josiah Child ; 2) des « Observations » insérées dans l'*Examen des avantages et des désavantages de la prohibition des toiles peintes* ; et 3) des « Observations sur la compagnie des Indes » jointes par l'abbé Morellet à son *Mémoire sur la situation actuelle de la compagnie des Indes* (1769). On a en outre et surtout 4) des mémoires issus de son activité comme intendant du commerce.

Voici pour ses écrits, ou du moins ce qu'il en reste. Offrons-en une description succincte afin de les présenter :

1) Gournay entreprit de traduire le traité sur le commerce de Josiah Child. Pour chaque chapitre, il ajouta des remarques qui s'apparentaient à un commentaire ou à des réflexions suggérées par le texte de Child. Quand il publia sa traduction en 1754 sous le titre *Traité sur le commerce*, les Remarques ne furent pas autorisées à paraître, à cause d'un contenu trop

sulfureux aux yeux de l'administration. Perdu, ce texte a été redécouvert par Takumi Tsuda qui l'a republié au Japon (Tokyo, Kinokuniya, 1983). Récemment, Simone Meyssonnier en a réalisé une édition en France (Paris, l'Harmattan, 2008).

2) Vers 1750, les toiles de coton imprimées, appelées « toiles peintes », font l'objet d'une large consommation en France, situation qui inquiète les manufacturiers français car ces toiles sont importées de l'étranger. Après quelques échanges contradictoires au sein du Bureau du commerce et dans les hauts cercles de l'administration, le débat fut étouffé au début de la décennie 1750. Gournay et Forbonnais ont l'ambition, en 1755, de ranimer la controverse. Dans leur *Examen des avantages et des désavantages de la prohibition des toiles peintes,* les deux économistes étudient la position libérale et la position prohibitionniste, Forbonnais soutenant la seconde dans son « Examen » et dans ses « Réponses », et Gournay défendant la première dans des « Observations ».

3) En 1754, Étienne de Silhouette fut chargé d'étudier les causes du désordre croissant de la Compagnie des Indes. Celui-ci envoya un rapport accablant sur la Compagnie, immédiatement contesté par M. de Montaran, commissaire du roi en charge des opérations de celle-ci. Pour mettre enfin de l'ordre dans le fonctionnement de la Compagnie des Indes, Vincent de Gournay fut missionné de mettre au clair les différentes vues sur l'état de la compagnie. En 1755, il écrivit un mémoire intitulé « Observations sur le rapport fait à M. le Contrôleur Général sur l'état de la Compagnie des Indes ». Ces observations furent jointes par l'abbé André Morellet à son *Mémoire sur la situation actuelle de la compagnie des Indes* (1769).

4) Pour soutenir ses idées, Gournay a composé un grand nombre de mémoires administratifs sur les questions les plus diverses. Ces mémoires furent communiqués soit à ses pairs du Bureau du commerce, soit à ses supérieurs, comme Trudaine. Après avoir retrouvé ces mémoires — ou, plus vraisemblablement, une partie d'entre eux —, Takumi Tsuda les a publiés au Japon (Tokyo, Kinokuniya, 1993).

Cependant, tous ces écrits ne donnent pas une juste idée des principes de Vincent de Gournay ni surtout de leur influence. Comme l'a noté August Oncken, historien des idées économiques au XVIIIᵉ siècle, « d'après tout ce que nous savons de Gournay, son activité s'employait principalement à l'oral ; nous savons, non seulement par ceux qui le citèrent plus tard, mais par des rapports provenant d'autres sources confirmant les affirmations des premiers, qu'il jouissait d'une facilité, d'une parole aussi naturelle que précise qui, sans l'empêcher d'avoir des adversaires, lui assurait une certaine considération. La nature de telles controverses prête facilement à l'emploi de sentences et de phrases retentissantes. » [1] Parmi ces phrases retentissantes, on en connait une : « laissez faire, laissez passer », qui a été retenu comme le credo central de Gournay et qu'il a peu employé par écrit.

Si nous voulons parfaire notre compréhension de Gournay, à défaut de sa correspondance orale, pour ainsi dire, il existe des restes de sa correspondance écrite. Or il apparait aux yeux de plusieurs des biographes de Gournay que c'est surtout dans sa correspondance qu'on peut le mieux trouver la trace de ses idées. « Son influence a dû encore et surtout s'exercer par ses conversations avec ses amis, dit l'un d'entre eux, discussions animées mais toujours courtoises, et par les nombreuses lettres personnelles qu'il dut fatalement échanger, et qui devaient contenir d'une façon bien plus claire ses idées en matière économique. Malheureusement, cette correspondance n'a jamais dû être recueillie, car nous n'en avons trouvé mention nulle part. » [2] Ce témoignage date du début du XXᵉ siècle : désormais, la correspondance de Gournay a été retrouvée, au moins en partie, et elle peut être mobilisée. Elle fut publiée au Japon par Takumi Tsuda avec les mémoires, dans l'édition citée précédemment.

---

[1] August Oncken, *Die Maxime Laissez faire et Laissez passer, ihr Ursprung, ihr Werden*, Bern, 1886, p.111
[2] G. Sécrestat-Escande, *Les idées économiques de Vincent de Gournay*, op. cit., p.29-30

Bref, la situation ne facilite pas la recherche. En dehors de quelques mémoires et d'un travail de traduction, Gournay n'a laissé aucun ouvrage à la postérité.

L'importance de la contribution de Gournay à la science économique ne saurait donc s'illustrer par la quantité des ouvrages dus à sa plume. Peut-être l'aurait-elle pu, d'ailleurs, car nous savons que sans avoir publié aucun ouvrage, Gournay ne fut pas moins un écrivain prolixe, rédigeant mémoire après mémoire pour défendre ses idées auprès de ses supérieurs au sein de l'administration des finances de la France, et fournissant à ses amis des esquisses pour qu'ils puissent, en y ajoutant leurs propres lumières, faire paraître eux-mêmes un ouvrage complet de doctrine économique. C'est ainsi que, loin de n'avoir été qu'un économiste dans ses actes, Gournay fut aussi un grand auteur. Ainsi que l'affirmera son ami Turgot, « il n'est presque aucune question importante de commerce et d'économie politique, sur laquelle il n'ait écrit plusieurs mémoires ou lettres raisonnées. Il se livrait à ce travail avec une sorte de prodigalité, produisant presque toujours, à chaque occasion, de nouveaux mémoires, sans renvoyer aux mémoires antérieurs qu'il avait écrits, ne cherchant à s'éviter ni la peine de retrouver des idées qu'il avait déjà exprimées, ni le désagrément de se répéter. »[1] Ces mémoires, dont la grande partie a été perdue, ont été récemment remis à la disposition des lecteurs, grâce au travail du japonais Takumi Tsuda. La lecture de sa compilation de lettres et de mémoires, aussi vivifiante, aussi impressionnante qu'elle puisse être même avec le recul de deux siècles de progrès considérable de la science économique, ne saurait faire oublier qu'elle ne reprend qu'une partie, une infime partie même, de l'œuvre immense de Vincent de Gournay. Cette immensité, Dupont de Nemours nous l'a fit bien sentir lorsque, dans les colonnes des *Éphémérides du Citoyen*, il affirma que l'abbé Morellet, le dépositaire des tra-

---

[1] *Œuvres de Turgot et documents le concernant, op. cit.*, volume 1, p.615.

vaux de Gournay après la mort de celui-ci, s'était retrouvé en possession de plus d'une centaine de mémoires. [1]

Comment comprendre, pour autant, cette grande abondance de travaux économiques d'un côté, et cette quasi absence de publications ? La première raison, et certainement l'une des plus décisives, est sa position d'intendant du commerce, qui l'empêchait de présenter ses vues novatrices et parfois radicales avec la mention de son propre nom. Cela explique en tout cas pourquoi sa traduction de l'ouvrage de Child parut avec la mention : *traduyt de l'anglois par Butel-Dumont*, du nom d'un de ses amis économistes, qui n'avait pris aucune part dans ce travail, bien qu'il partageât l'engagement de Gournay.

Toutefois, et bien qu'il s'empêchait clairement de publier sous son nom pour protéger son poste dans la haute administration, Gournay possédait en outre un tempérament qui le poussait peu à chercher la célébrité. Dans ses activités de traducteur comme dans celles d'écrivain économiste, il cultivait une extrême modestie. L'apparition de son nom sur la couverture du titre, ou d'autres marques plus sensibles de reconnaissance, lui étaient tout à fait indifférentes. Il traduisait, aidait à traduire, et n'hésitait jamais à laisser à d'autres les lauriers de la gloire. « Il lui est arrivé souvent, indiquera Turgot, de faire honneur à des hommes en place des vues qu'il leur avait communiquées. Il lui était égal que le bien qui s'opérait vînt de lui ou d'un autre. Il avait le même désintéressement pour ses manuscrits ; n'ayant aucun souci de gloire littéraire, il abandonnait sans réserves ce qu'il avait écrit à tous ceux qui voulaient écrire sur ces matières et le plus souvent ne gardait même pas de copies de ce qu'il avait fait. » [2]

C'était là une attitude qu'il cultivait partout, illustrait partout, et prouvait partout. Vincent Gournay était modeste de nature, et aussi très peu dogmatique quant aux théories. Le Nantais

---

[1] *Éphémérides du Citoyen*, 1769, tome V.
[2] *Œuvres de Turgot et documents le concernant, op. cit.*, volume 1, p.615.

Montaudoin de la Touche, un de ses plus fidèles collaborateur, remarqua bien ce fait, et nota dans ses « Observations sur Gournay » que « M. de Gournay était bien éloigné de se croire infaillible ; il était trop éclairé pour descendre si bas. Il aimait à être contredit ; il savait que la discussion est la source de la lumière et de la vérité. Sa modestie était extrême. »[1]

§2. — *Origine de son système de laissez-faire*

Tout au long de sa vie, Vincent de Gournay a défendu le laissez faire et le laissez passer. D'où lui venaient ces idées ?

Certainement, en étudiant l'histoire de la pensée économique et l'histoire du libéralisme en France, on peut aisément se convaincre d'une filiation très forte entre Gournay et des auteurs comme Boisguilbert, pour qui le « laissez faire » est également un credo.[2] Cependant, à étudier les textes de Vincent de Gournay et à consulter la liste des ouvrages de sa bibliothèque, on se persuade plutôt que les écrits de ses prédécesseurs français eurent une faible influence sur lui. Les seuls auteurs sur lesquels Gournay s'est véritablement basé sont anglais (Child, Culpeper), espagnols (Uztariz) ou hollandais (Jean de Witt).

Pour servir à la compréhension des origines du laissez-faire de Gournay, offrons ici quelques renseignements sommaires sur ces différents auteurs, nous réservant la liberté d'approfondir plusieurs d'entre eux dans les chapitres suivants.

Josiah Child (1630-1699) d'abord, le plus influent des quatre auteurs cités, fut un marchand fortuné qui, sa fortune faite, s'intéressa de près à la théorie économique. Il a été rattaché soit aux libéraux, soit aux anti-libéraux, mais sans que ces affiliations s'avèrent justifiées. Critique envers les corporations

---

[1] J.-G. Montaudoin de la Touche, « Observations sur un article du Journal de commerce du mois de janvier 1761, concernant feu M. de Gournay, intendant du commerce », *Journal de commerce*, avril 1761, p.84

[2] Je me permets de renvoyer à l'article que j'ai consacré au laissez-faire de Boisguilbert dans le 18ème numéro de *Laissons Faire*.

et les monopoles, il était aussi un enthousiaste de la théorie de la balance du commerce et prompt à proposer des mesures plus ou moins protectionnistes. Son héritage, par conséquent, s'avère trouble, et si Gournay parvint à détourner dans un sens libéral certaines de ses propositions fondamentales, comme celle d'un abaissement du taux de l'intérêt, il en a conservé certaines autres sans apercevoir les préjugés sur lesquels elles étaient fondées.

Sir Thomas Culpeper (1626-1697), n'est resté célèbre que pour son analyse, assez superficielle du reste, des effets économiques du haut intérêt de l'argent. Son œuvre s'étend pourtant sur tous les aspects de ce à quoi on se réfère habituellement en parlant de la politique mercantiliste. Plus renié par Gournay que n'a pu l'être Child, il a aussi servi à l'intendant du commerce pour clarifier ses idées, en décelant ce que certaines des propositions mercantilistes pouvaient avoir de fallacieux, notamment sur la question de la monnaie.

Geronimo de Uztariz (1670-1732) est, un peu comme le précédent, un auteur négligé du fait de son affiliation très forte au mercantilisme, et, devons-nous dire, à la partie la plus absurde de la théorie mercantile — celle qui, par exemple, soutient fermement que la richesse réside dans les métaux plutôt que dans les marchandises. Cependant, on doit se rappeler ce que son *Theórica y práctica de Comercio y de Marina* (1724) a pu apporter à la théorie économique, comme d'ailleurs les ouvrages de Child ou de Culpeper : ils n'offraient rien de moins que l'une des premières représentations systématiques d'une économie moderne, couplée avec l'exposition d'une politique économique précise, qui, bien que viciée, suivait des objectifs cohérents.

Les principes économiques contenus dans les *Mémoires de Jean de Witt*, en réalité composés par Pieter de la Court, ont eut une influence certaine sur la pensée de Gournay, du moins en ce qui concerne la liberté du travail et la concurrence. Cette influence s'illustre par les emprunts directs ou indirects fait à ces mémoires, ainsi que par les citations qui émaillent plusieurs textes dus à Gournay.

Toutefois, tous ces auteurs laissèrent sur Gournay une assez faible marque. En vérité, comme l'écrira Sécrestat-Escande, « Gournay semble avoir puisé ses idées bien plus dans l'expérience qu'il avait acquise en se livrant dès l'adolescence au commerce, que dans les ouvrages qu'il étudia avec soin ou qu'il traduisit dans la suite. » [1]

Son expérience, c'était d'abord celle de négociant à Cadix, au confluent du commerce de toutes les nations. « C'est dans cette ville, au milieu d'une foule de commerçants préoccupés sans cesse de leurs intérêts si divers et souvent si opposés, que le jeune Vincent puisa les germes des idées qu'il devait soutenir dans la suite, continue Sécrestat-Escande. Par ses relations quotidiennes avec des industriels, des armateurs, des commerçants de tous pays, il était à même de se rendre compte des effets que produisaient les réglementations minutieuses alors si à la mode en France, en comparant la prospérité économique des pays qui en étaient affranchis, au moins partiellement, avec ceux qui en étaient encore affligés. Il était aussi merveilleusement placé pour se faire une opinion sur les questions relatives à la liberté du commerce, au protectionnisme, et surtout au mercantilisme, étant dans la ville où l'or du Pérou arrivait incessamment sans jamais réussir à enrichir l'Espagne, qui, au contraire, s'appauvrissait chaque jour. La pratique journalière des affaires lui permettait de se familiariser avec le commerce de l'argent, de voir de près les travailleurs, de connaître leurs besoins et de compatir à leurs misères. » [2]

De l'observation du commerce, Gournay en tira son idéal de laissez-faire. C'est du moins ce qu'en dit André Morellet, son ami, dans une phrase précédemment citée, mais aussi le marquis de Mirabeau, qui l'avait fréquenté. Mirabeau écrivit en effet dans les *Éphémérides du Citoyen* que « Gournay sut, dans le sein du commerce où il avait été élevé, puiser les vérités

---

[1] G. Sécrestat-Escande, *Les idées économiques de Vincent de Gournay*, op. cit., p.9
[2] *Ibid.*, p.11-12

simples et naturelles, mais alors si étrangères, qu'il exprimait par ce seul axiome qu'il eût voulu voir gravé sur toutes les barrières quelconques : Laissez faire, laissez passer... » [1] À Cadix en effet, il vit que le commerce le plus libre, le plus débarrassé de toute sorte d'entraves, était le seul à même d'apporter aux nations la prospérité la plus complète qu'ils puissent espérer.

Après avoir quitté Cadix, Gournay eut l'occasion de visiter l'Angleterre, l'Espagne et la Hollande. Il put dès lors s'offrir une connaissance de première main sur la politique économique des principaux rivaux économiques de la France. Il put comparer les nations, les mentalités, les législations entre elles.

Dans sa lettre de démission adressée à Trudaine, il explique sa conviction que « liberté et protection » sont les deux principes qui doivent guider l'action publique si l'on entend permettre à la nation française un développement économique le plus vigoureux possible. Il insiste surtout sur le fait que ces deux principes, il les a puisé dans son observation des pratiques des nations voisines en la matière, et notamment de l'Angleterre et de la Hollande. « Je puis vous assurer que je n'ai cherché à surprendre la religion de personne, et que si j'ai avancé quelques principes qui ont paru étrangers, ils ne sont point nouveaux. Je les ai puisés dans les écrits et dans la pratique des nations qui nous environnent, et qui font du commerce le principal objet de leurs soins et de leur politique. Les vingt-cinq ans d'étude et d'expérience sur cette matière m'ayant persuadé que ces principes étaient les plus propres à étendre le commerce, je les ai adopté de bonne foi, et je les ai soutenu de même. » [2]

Son « système » avait ainsi une triple origine, puisqu'il provenait aussi bien : 1° de son expérience de négociant ; 2° de sa lecture des économistes ; 3° de ses voyages en Europe.

[1] Mirabeau, « Sixième lettre sur la dépravation de l'ordre légal », *Éphémérides du citoyen*, février 1768, p.67

[2] *Mémoires et lettres de Vincent de Gournay*, op. cit., p.105

Rendre compte de la première des trois est une tâche ardue. Gournay ne nous a laissé que très peu de souvenirs ou de récits de son expérience à Cadix. Nous ignorons parfaitement ce que pouvaient être ses activités quotidiennes, et surtout ce que fut son réseau de connaissances et d'amis.

Afin d'expliquer l'importance de l'exemple étranger dans la formation des idées de Gournay, nous allons détailler dans la partie qui suit les raisons pour lesquelles Gournay considérait qu'il fallait s'inspirer de l'étranger, pourquoi ses yeux se dirigeaient plutôt vers l'Angleterre et la Hollande, comme aussi vers les économistes anglais et hollandais, et enfin quelles sont les conclusions qu'il tira de cette étude.

§3. — *Prendre exemple des nations étrangères*

L'étude comparative des législations et des mentalités relatives au commerce est chose nouvelle au XVIIIe siècle. On ne se figure pas encore, en l'absence d'une véritable science économique, que les principes qui permettent au mieux l'enrichissement des nations, la prospérité des peuples, et même la paix, sont les mêmes quel que soit le pays sur lequel on règne. Il est encore étonnant que ce qui semble apporter la richesse à une nation puisse être recommandé pour une autre. En France, surtout, on reste attaché au fait que la monarchie française a ses propres fondements et que les lois des nations voisines ne regardent qu'elles.

Vincent de Gournay, au milieu du XVIIIe siècle, est l'un des premiers à signaler l'erreur que constitue ce raisonnement. D'abord, il est faux que certains principes soient applicables à tel pays, et inapplicables à tel autre. Lorsque l'on souhaite contribuer à la recherche des meilleurs principes de l'administration du commerce, il faut reconnaître qu'il existe des « principes généraux du commerce qui sont de même pour tout l'univers ». [1] Ces principes, nous verrons dans la suite de

---

[1] *Mémoires et lettres de Vincent de Gournay*, op. cit. p.135

ce livre ce qu'ils sont. Mais la leçon de Gournay, sa première leçon pour ainsi dire, est que ces principes existent et que toute nation a intérêt à les suivre ou du moins à s'en rapprocher.

Il existe en outre, aux yeux de Gournay, un second argument pour lequel une étude comparative des législations sur le commerce soit utile et même nécessaire pour toutes les nations, à commencer par la France. C'est que l'époque où l'on se croyait seul au monde, à l'abri de frontières étanches, est révolue. Le commerce entre les nations a pris une ampleur telle que, soutient Gournay, il n'est plus possible de gouverner, de légiférer, de réglementer, de taxer, sans prendre en compte attentivement les décisions des nations voisines. « C'est une erreur, dit-il, de croire qu'un État qui a des voisins puisse gouverner et taxer à son gré ses propres denrées ; s'il les surhausse, le voisin en profite pour introduire les siennes et s'attirer l'argent ; nous sommes donc obligés malgré nous de régler et notre commerce et nos finances sur la conduite des nations qui nous environnent, comme une armée est obligée de régler sa position et ses mouvements sur ceux de son adversaire. » [1]

Et en l'occurrence, quelle est la position et quels sont les mouvements des nations voisines ? Elles ne cessent d'évoluer et de faire évoluer leur législation dans un sens très clair et partout dans le même. Il faut suivre de toute nécessité ce mouvement, prévient Gournay. « Il n'y a point de nation en Europe qui n'ait fait depuis 20 ans de grands changements dans l'administration de son commerce, et qui ne soit à la veille d'en faire de très grands ; n'y aura-t-il que nous qui veuillons nous laisser gagner de vitesse sur ce point, et qui nous obstinions à rester attachés à des usages qui nous dépeuplent et qui nous ruinent ? » [2] Il faut donc, nous aussi,

---

[1] Réflexions sur la contrebande, Grenoble, septembre 1753, *Mémoires et lettres de Vincent de Gournay*, p.27

[2] *Remarques*, op. cit., p.283

réfléchir à l'administration du commerce et préparer des changements.

Vincent de Gournay avait observé par ses voyages l'économie de l'Angleterre et de la Hollande, ces deux nations qui connaissaient alors une prospérité croissante. Il conclut de cette observation qu'il y avait « un petit nombre de lois » à inscrire dans la législation. En vérité, cela signifiait surtout que la pratique habituelle de la politique du commerce en France était à remplacer entièrement par quelques lois, en petit nombre.

Car qu'avaient fait les nations voisines ? Ils avaient établi la *liberté*, et c'est ainsi qu'ils avaient acquis une prospérité croissante, attiré tous nos meilleurs ouvriers, et qu'ils étaient devenus maîtres sur tous les marchés du monde. « Quel est le règlement qui a opéré de si bonnes choses en Hollande et en Angleterre, demande en effet Gournay ? La liberté et la concurrence ; et elles opéreront certainement la même chose chez nous. Mais depuis deux cents ans, sous prétexte d'empêcher en France ce qu'on appelle les fraudeurs et les abus dans la fabrication des étoffes, on ne s'est occupé que de rendre l'exercice du fabricant difficile et désagréable et de les mettre entre les mains d'un petit nombre de gens sans songer que le plus grand de tous les abus est d'éloigner les hommes de l'occupation et de priver l'État par là du fruit qui lui reviendrait de leur travail. » [1]

Partout où il pose les yeux, Gournay ne voit que liberté, là où il y a prospérité et croissance. « Si l'on veut jeter les yeux sur les pays de l'Europe ou de l'Asie, où les manufactures sont dans un état florissant et vigoureux, tels que l'Angleterre, la Hollande, l'État de Gênes, les Indes orientales et la Chine, on n'y verra ni inspecteurs, ni règlements portant confiscation et amende, d'où l'on conclut que le système opposé que nous suivons, arrête chez nous les progrès du commerce et de

---

[1] Mémoire adressé à la Chambre de commerce de Lyon, février 1753, *Mémoires et lettres de Vincent de Gournay*, p.23

l'industrie, empêche l'augmentation des sujets du Roi et l'accroissement de ses revenus. »[1]

Et ce qui est vrai de l'industrie est également vrai de l'agriculture : les pays qui ont l'agriculture la plus libre, soutient Gournay, sont ceux qui ont aussi l'agriculture la plus productive et la plus prospère, comme aussi les agriculteurs les plus riches. Et en cela, c'est encore l'Angleterre qui apparaît comme un modèle. « Il n'y a pas une seule loi en Angleterre pour empêcher la sortie du blé du pays dans aucun cas que ce soit, par une raison bien simple ; c'est que quand il est fort cher, personne ne peut trouver son compte à le faire sortir, donc il ne sort point ; et que les étrangers, ayant alors un grand intérêt à y en envoyer, ils ne manquent jamais de le faire. On voit, par la suite d'opérations des Anglais, combien les principes de leur administration en cette partie sont simples et qu'ils n'ont fait autre chose pour avoir du blé, que ce que nous avons fait chez nous pour avoir du drap, ça été de charger de droits les draps étrangers, d'en affranchir les nôtres et d'en laisser le commerce libre ; de même ils ont accablé de droits les blés étrangers, ont ôté ceux qui étaient sur les leurs et en ont rendu le commerce libre ; les principes du commerce sont les même pour tous les objets ; et les différentes dénominations ne les changent point. »[2]

Les arguments de Gournay sont fondés sur l'évidence des faits. La comparaison des législations et des résultats fournit un verdict imparable. Au surplus, pour peu que les statistiques de l'époque soient de quelque valeur, elles attestent tous du même phénomène. Ainsi, quand « en 1621, nous inondions pour ainsi dire l'Angleterre de blé, depuis plus de cinquante ans elle nous en fournit tous les cinq ou six ans pour des sommes immenses. »[3] Ce fait parle en faveur de la même thèse.

---

[1] *Remarques*, p.200
[2] *Ibid.*, p.95-96
[3] *Ibid.*, p.303

Au final, Gournay indique qu'il existe un petit nombre de raisons pour lesquels l'Angleterre est devenue si supérieure à la France quand au commerce et à l'industrie. Ces raisons sont au nombre de sept : « 1° Parce que l'Angleterre augmente tous les jours en peuple. 2° Les apprentissages y sont moins longs que chez nous. 3° Les Anglais naturels ne payent aucun droit de maîtrise. 4° Les soies entrent en Angleterre par tous les ports, et ne payent ainsi que les étoffes aucun droit dans l'intérieur du Royaume en changeant de province. 5° La principale manufacture, étant établie dans un faubourg de Londres, peut plus aisément s'étendre au dehors que celle de Lyon, qui est forcément concentrée dans la ville. 6° Le même homme peut avoir autant de métiers qu'il lui plaît. 7° L'argent est abondant en Angleterre à 3%, et est actuellement rare à Lyon à 13%. » [1]

Comment se fait-il, cependant, que les Français soient restés dans l'erreur, quand l'Angleterre, ainsi que la Hollande et bien d'autres nations, sont parvenus à une meilleure législation de l'économie et nous en montrent tous les jours les effets ? Ce n'est pas simplement l'effet d'un manque de chance, évidemment. Mais ce n'est pas non plus à cause, par exemple, de la forme même de l'État français. Après tout, l'Angleterre aussi est une monarchie. Et puis, Gournay tend plutôt à considérer, comme les Physiocrates plus tard, qu'une monarchie est un meilleur régime pour le développement de la liberté que ne peut l'être une république. Il explique ce fait dans un passage de ses *Remarques* :

> « On a longtemps cru que les monarchies étaient moins propres au commerce que les républiques ; mais nos propres progrès, ceux des Danois, des Napolitains, du Roi de Prusse, etc., font voir la fausseté de cette opinion ; il est vrai que l'esprit et les connaissances du commerce ont plus de peine à gagner dans les monarchies que dans les républiques, parce que le commerce et ceux qui le font y sont

[1] *Mémoires et lettres de Vincent de Gournay*, p.53

vus de moins près et ont moins de part à la direction du commerce que dans les républiques ; mais cet esprit devenant aujourd'hui l'esprit dominant en Europe, et faisant une partie essentielle de la politique des puissances les plus considérables ; quand une fois les principes du commerce auront percé jusque dans le Conseil des Monarques et qu'on cessera de l'y regarder non comme une chose accessoire et subalterne, mais comme une affaire principale, et la source des richesses et de la puissance, ils trouveront encore plus de facilité que les républiques à étendre et à soutenir leur commerce parce qu'il leur est plus facile d'abroger les maximes et de lever les obstacles qui en retardent les progrès et de faire le petit nombre de lois qui peuvent le porter au plus haut degré. » [1]

La question de la forme de l'État mise ainsi de côté, Gournay considère que, fondamentalement, il y a deux raisons au fait que l'Angleterre et la Hollande soient parvenus aux bons principes. La première est que les théories économiques se sont plus diffusées en Angleterre et en Hollande qu'en France. La seconde est que les hommes mêmes qui décident des lois sur le commerce et l'industrie, sont plus ignorants en France des besoins de ces deux branches qu'ils ne peuvent l'être chez ces deux nations rivales.

§4. — *La diffusion des principes économiques*

Dans la pensée de Vincent de Gournay comme dans celle de Boisguilbert, la date de 1660 est cruciale. Selon Boisguilbert, c'est à peu près à cette époque que la France s'est mise à suivre les maximes de Colbert, sur la réglementation de l'industrie, le bas prix des denrées agricoles, l'entrave au libre-échange, etc. Selon Gournay, c'est aussi vers 1660 que la France a manqué sa révolution : c'était une révolution intellectuelle, celle de renverser nos conceptions sur le commerce et l'industrie et de comprendre le pouvoir de la liberté et les

---

[1] *Remarques*, p.278

méfaits des règlements et des prohibitions. Or l'Angleterre et la Hollande ont connu une telle révolution. Chez ces deux nations, des progrès sensibles ont été faits dans la compréhension des maximes du commerce, de sorte qu'ils ne font plus l'erreur de préférer les règlements à la liberté, et les restrictions au libre-échange. « Toutes ces erreurs et beaucoup d'autres ne sont-elles pas aussi reçues et aussi consacrées chez nous qu'elles l'étaient il y a quatre-vingt ans en Angleterre, rappelle alors Gournay ; et peut-on s'empêcher de s'étonner, qu'ayant fait depuis un siècle tant de progrès dans les sciences, les arts et les manufactures, nous en ayons fait si peu dans la science et les maximes du commerce ; car la nation en général n'en est pas encore sur ce point au degré de connaissance où étaient les Anglais quand ils ratifièrent leur acte de navigation en 1660. Nous savons à la vérité faire de beaux draps et de belles étoffes, mais ce n'est là que la mécanique du commerce ; nous ignorons notre balance particulière avec chaque nation et pourquoi nous laissons emporter aux Anglais, Hollandais, etc., ce que nous gagnons sur les Espagnols, et jusqu'ici nous ne nous sommes point occupé de chercher les ressorts qui peuvent rectifier ce que cette conduite a de fatal pour nous ; or c'est à quoi les Anglais donnent toute leur attention depuis longtemps, et en quoi ils ont si bien réussi qu'ils ont tourné en leur faveur leur balance avec toutes les nations de l'Europe ; nous en sommes nous-mêmes un triste exemple. Ce n'est ni en faisant beaucoup de règlements, ni en multipliant les Inspecteurs et les gênes qu'ils sont parvenus à cela, mais en s'attachant à détruire par toutes sortes de moyens le commerce que les étrangers faisaient chez eux, au préjudice des propres sujets, à étendre leur navigation par de bonnes lois, en s'instruisant enfin du rapport nécessaire qu'il y a entre les terres et l'argent et établissant le prix de celui-ci de façon à encourager la culture de celles-là. »[1] Voici la leçon que donne l'Angleterre.

---

[1] *Remarques*, p.33

Dans son ouvrage de 1668 sur le commerce, traduit par Gournay, Josiah Child reconnaissait qu'il avait été un temps, assez récent, où les choses étaient bien différentes en Angleterre, et que la diffusion des principes économiques n'en était encore qu'à ses débuts. « Il est évident que la Providence a donné à ce Royaume tout ce qu'il faut pour parvenir à une grande puissance et à une grande richesse ; que les seuls moyens pour arriver à ces deux fins, sont d'étendre le commerce ; que ces moyens ne sont ni cachés ni difficiles, mais très naturels et très aisés à trouver, dès que nous voudrons nous en occuper sérieusement, et commencer par nous mettre dans la bonne voie, en secouant nos faux et anciens préjugés sur le commerce. Nous en avons hérité de nos ancêtres qui étaient soldats, chasseurs ou plaideurs ; et par conséquent très peu versés dans les mystères du négoce, et dans les moyens de les faire fleurir. Le commerce est encore une chose très nouvelle en Angleterre, en comparaison des connaissances qu'y ont acquis les Hollandais ; et qui n'est pas encore parvenu dans ce Royaume à la cinquième partie de l'accroissement dont il est susceptible. Je pense qu'aucun véritable Anglais ne disconviendra qu'il est plus que temps d'en faire la matière de nos réflexions les plus sérieuses ; et cela avant que les Hollandais si habiles et si actifs sur cette partie, nous aient tout à fait gagnés de vitesse. Si nous différons, il est à craindre que nous n'ayons autant de peine à secouer leur joug, qu'en eurent autrefois les petites villes de Grèce à se délivrer de celui des Athéniens. » [1] C'est là exactement le langage que, près d'un siècle plus tard, Gournay tiendrait au sujet de la France.

Si l'Angleterre a accompli de tels progrès, et en si peu de temps, Gournay soutient que la raison doit surtout être trouvée dans la diffusion des principes économiques, notamment grâce à quelques bons auteurs, dont Josiah Child. Child avait fait paraître notamment *A New Discourse of Trade* (1668) qui, ainsi que l'affirme Simone Meyssonnier, était devenu une

---

[1] *Traités sur le commerce de Child*, Paris, L'Harmattan, 2008, p.20

véritable référence. « Le texte de Child faisait autorité. Il avait inspiré les gouvernements anglais et hollandais qui avaient pris des mesures de politique économique destinées à développer le commerce. » [1] Gournay y reconnaissait également une démonstration formidable des sains principes économiques. « Ceux qui réfléchiront sur l'ouvrage de M. Child, écrivit-il, reconnaîtront que le commerce n'est point une science obscure et abstruse, mais que les principes en sont aussi simples qu'ils sont certains. » [2]

Admiratif devant le travail de Child, Gournay entreprit d'en réaliser la traduction en français. Il joignit un court texte de l'anglais Culpeper, afin de livrer une version française de ces écrits qui « contiennent, de l'aveu des Nations les plus commerçantes, les meilleurs principes que l'on connaisse en fait de Commerce. » [3] Son espoir était bien entendu d'avoir en France l'influence qu'avaient eue ces auteurs anglais dans leur propre pays. Dans une lettre à son supérieur Trudaine, auquel il envoya un chapitre de sa traduction de Child, Gournay fit part de ses sentiments :

> « J'ai l'honneur de vous envoyer ci-joint le 8e chapitre de M. Child sur la laine et les manufactures de laine. Ce sujet m'a donné occasion de traiter avec assez d'étendue la question de savoir si nos inspecteurs et nos règlements portant amendes sont utiles ou non aux manufactures. Outre l'exemple des nations les plus commerçantes dont je me suis appuyé, j'ai tâché de faire voir que le préjugé où nous sommes à cet égard nous éloigne du véritable esprit et des connaissances du commerce et est aussi nuisible au progrès de l'industrie qu'à l'augmentation des sujets du Roi et de ses revenus. Il m'a fallu des motifs aussi puissants pour me dissimuler à moi-même la témérité qu'il y a d'attaquer une opinion reçue et consacrée depuis 80 ans. Je me flatte au moins que la question paraîtra assez importante pour mériter d'être discutée. Au reste, Monsieur, je me soumettrai

[1] Simone Meyssonnier, « Préface » aux *Remarques*, p.v
[2] *Remarques*, p.330
[3] *Remarques*, p.4

toujours lorsque vous m'aurez condamné. Je vais finir à ma campagne les deux chapitres qui me restent à traduire de M. Child qui regardent la balance du commerce et les colonies, qui ne sont pas les moins importants de l'ouvrage. » [1]

Son espoir final était surtout que, quel que soit le responsable de la diffusion des principes économiques en France, les Français réforment leur mentalité vis-à-vis du commerce et de l'industrie, et que des idées plus saines permettent la prospérité de la nation. Ce serait un résultat naturel, déclare Gournay, car les mouvements de l'Angleterre et de la Hollande dans ce sens n'ont pas eu d'autres résultats. « C'est en suivant les maximes de M. Child qui depuis 50 ans sont, comme il l'avait souhaité, la base et la règle de l'administration du commerce en Angleterre, que la nation anglaise a non seulement regagné tous les commerces qu'elle avait perdu, mais qu'elle a augmenté sa puissance et son influence, tant par mer que dans le continent au point où nous la voyons aujourd'hui. Ce sont ces maximes qui, en rendant cette nation éclairée sur ses véritables intérêts, ont (malgré l'énormité de la dette et l'opposition de quelques particuliers) facilité depuis la paix la réduction de l'intérêt si sagement exécutée chez elle, en laissant à chacun la liberté de recevoir son remboursement (seuls moyens proposables et admissibles en pareil cas). Ce sont ces maximes et l'attention constante à tenir l'intérêt de l'argent au plus bas prix qu'il est possible, qui ont tellement encouragé l'agriculture en Angleterre, qu'elle fournit aujourd'hui du blé à toute l'Europe. » [2] Mais naturellement, qui veut les résultats doit en vouloir les moyens.

§ 5. — *Des législateurs éclairés*

Gournay remarque le fait que, tant en Angleterre qu'en Hollande, grâce à la diffusion des principes économiques, les

[1] Lettre à Trudaine, *Mémoires et lettres de Vincent de Gournay*, p.152
[2] *Remarques*, p.37

hauts fonctionnaires et les administrateurs ont une meilleure connaissance de ce qui permet et de ce qui ne permet pas à une économie de croître. Dans les hautes sphères de l'administration, on n'y néglige pas les préoccupations du commerce, quand en France on tire presque un certain prestige de montrer son ignorance sur ces matières. « On pense encore assez généralement en France, écrit Gournay, que la science et les connaissances du commerce sont l'apanage des marchands, tandis qu'en Angleterre et en Hollande, où ces choses là sont vues de plus près, il y a longtemps qu'on tient ces connaissances pour nécessaires aux hommes d'État, que tous leurs ministres et leurs ambassadeurs sont au fait des intérêts de leur commerce, dont ils vont s'instruire à la source chez leurs principaux marchands, avec qui ils vivent et conversent, et chez qui souvent ils ont longtemps demeuré ; aussi leur commerce tient-il en Europe et dans l'univers le rang qu'il tient chez eux. »[1] C'est là une singularité très importante de l'Angleterre et de la Hollande. C'était répondre d'avance, dans des temps cruciaux, à l'appel qu'Adam Smith lancerait plus tard, à considérer l'économie politique « comme une branche des connaissances du législateur et de l'homme d'État ».[2]

L'inculture des ministres vis-à-vis du commerce et de l'industrie est le fruit de leur mépris pour ces deux objets. Néanmoins, leur responsabilité n'est pas entière. Il est impossible, soutient Gournay, qu'un homme d'État ou un membre de l'administration soit parfaitement au fait des besoins de l'économie car, élevés à d'autres préoccupations, inhabitués à s'occuper de commerce, ils n'ont pas les réflexes et le bon sens de ceux qui en ont fait leur métier. « Il y a certaines connaissances locales et de détail qu'il n'y a que ceux qui ont pra-

---

[1] *Remarques*, p.218

[2] Adam Smith, *Richesse des nations*, Livre quatrième, introduction. À la considérer rigoureusement, cette définition de l'économie politique n'est pas exacte, car elle se détacherait trop peu de la politique proprement dite. Gournay n'est pas tombé dans ce travers et considère plutôt l'économie politique — terme qu'à l'instar de ses prédécesseurs il n'emploie pas — comme la « science du commerce ».

tiqué le commerce qui puissent savoir, et que la théorie et le raisonnement n'apprennent point. Il en est de cela comme des gens qui ont habité un pays, qui le connaissent toujours infiniment mieux que ceux qui n'en ont eu que des relations, quelques exactes qu'elles soient. Les Anglais comme les Hollandais ont toujours été si persuadés de cette vérité qu'ils ont eu un bon nombre de négociants ; que même on ne prend aucune résolution d'une certaine importance sur le fait du commerce sans consulter le corps des négociants de Londres et sans faire agiter la question au Parlement. » [1] La seule solution est donc de nommer des commerçants dans l'administration et aux places où se décident les lois et les règlements.

Les effets de la pratique contraire sont très visibles en France. La haute administration, ignorante des besoins du commerce et de l'industrie, et les méprisant presque par suite de cette inculture, s'est construit toute une série de préjugés qui affectent la législation. Gournay en signale une manifestation qui, entre toutes, a des effets dévastateurs. C'est la croyance que l'intérêt personnel de chaque commerçant est de tromper ses clients, de leur vendre des produits de la qualité la plus médiocre possible, et, dès que l'occasion s'en présente, d'usurper, de voler, et de ne pas tenir ses engagements. Dans ses *Remarques* sur la traduction de Child, il écrit :

> « Les réflexions particulières de M. Child sur les manufactures de laine nous conduisent à en faire de générales, et à observer d'où peut venir la différence des lois qui sont établies en Angleterre, en Hollande et en France pour l'administration et la conduite du commerce. Ceux qui font ces lois dans les deux premiers États, étant hommes de commerce, sont convaincus que la bonne foi étant la base du commerce, on doit présumer que tout fabricant et tout négociant est de bonne foi, et que si quelqu'un s'en écarte, quelque fréquemment que cela puisse arriver, c'est toujours une affaire de particulier à particulier, que chacun ayant intérêt de ne pas se laisser tromper, prendra des précautions

suffisantes pour ne pas l'être sans que le souverain soit obligé de s'en mêler d'office, et avant qu'une partie se plaigne. En France, au contraire, ceux qui ont fait nos lois, n'étant point hommes de commerce, ont pour ainsi dire présumé que nul négociant, nul fabriquant n'était de bonne foi, et que la tromperie était si fort inséparable du commerce que le souverain devait veiller continuellement pour l'empêcher ; or dans un pays où l'on a cette façon de penser, l'on n'aura jamais un grand commerce, je dis même que l'on n'est pas digne d'y avoir un commerce. » [1]

Le propos mérite qu'on s'y arrête. D'abord, le thème est celui-là même que reprendra Smith dans sa discussion fameuse de l'intérêt personnel du boulanger qui a intérêt, nous dit l'économiste écossais, à s'acquitter correctement de sa tâche. Tout homme a intérêt à bien faire : c'est ce que développera Adam Smith, et c'est ce que Gournay écrit déjà en 1754, à la suite d'autres auteurs comme Bernard Mandeville. Le propos mérite également qu'on s'y arrête pour la raison que, selon Gournay, cette idée est fondamentale. À défaut de la reconnaître, « on n'aura jamais un grand commerce, je dis même que l'on n'est pas digne d'y avoir un commerce ». Les mots sont forts. C'est que Gournay a compris que l'intérêt personnel, la confiance réciproque, étaient la base même de l'économie. Personne ne peut s'enrichir d'une manière durable si ce n'est en offrant aux consommateurs des produits qui satisfassent leurs goûts et leurs besoins, et en se montrant digne de leur confiance à chaque occasion. En dehors de cette voie, on ne peut espérer que de petits profits éphémères et de grandes désillusions. C'est en outre ce qu'il a dû observer chaque jour lors de ses années comme commerçant à Cadix, où de grandes familles s'enrichissaient par la notoriété de leurs bons produits et où les malfrats tombaient irrémédiablement en faillite.

L'exigence de Gournay est donc de rapprocher de manière forte et si possible définitive le monde du commerce et celui de l'administration publique. Cela ne passe pas par l'instruction aux commerçants et industriels des rouages de l'administration — cela passe par une connaissance de l'économie et de ses besoins par les élites.

Cette connaissance porterait de grands fruits. « Si les connaissances du commerce devenaient familières aux gens de qualité, le commerce y gagnerait beaucoup en ce qu'étant destinés aux ambassades et aux grands emplois, ils le protégeraient et en France et dans les pays étrangers. »[1] Protéger, cela signifiait le laisser libre, et supprimer toutes les entraves que la loi avait mises — mais nous reviendront plus tard sur cette discussion.

***

Quelques caractéristiques vraiment typiques se dégagent donc déjà d'une vue d'ensemble de l'œuvre de Gournay. Son intention, en la composant, est claire : marquée par la réussite flamboyante de l'Angleterre et de la Hollande, et du dépérissement parallèle de l'industrie et du commerce de la France, il entend participer à la réforme en profondeur de son pays. Cela implique, d'après lui, la diffusion des principes économiques et le rapprochement du pouvoir et des hommes d'affaires.

Son œuvre apparaît au surplus comme étant fondamentalement de nature administrative. La partie issue de son travail d'intendant n'en forme pas l'écrasante majorité, mais les préoccupations de Gournay furent toujours ancrées dans la pratique. À une théorie sur la liberté du travail, il préfère le combat pour l'assouplissement voire l'abolition des corporations et des règlements. À une théorie sur le commerce international, qu'esquisseront plus tard Smith ou Ricardo, il préfère les considérations pratiques telles que l'effet des prohibitions.

Dans toutes les questions qu'il a soulevées, Gournay a jeté une lumière nouvelle qui allait servir à ses successeurs. Par

---

[1] *Remarques*, p.83

commodité, nous avons voulu, dans les chapitres suivants, nous attacher d'abord à dégager les principes de Gournay sur les différents sujets qu'il aborde. L'étude de sa place dans l'histoire des doctrines et des réussites de ses successeurs est reportée pour le chapitre 9.

III. — FAVORISER LES TRAVAILLEURS, PROTÉGER LES COMMERCANTS, ACCUEILLIR L'IMMIGRATION

Vertu et importance du travail. — Découpage de la société en deux classes : travailleurs et non-travailleurs. — Nécessité de défendre les travailleurs. — De soutenir les commerçants plutôt que les dégoûter de leur métier. — D'accepter l'immigration de travailleurs.

Avant le XVIIIe siècle, les économistes s'apparentaient surtout à des chercheurs d'or ou à des magiciens, ou plutôt à une combinaison des deux. On ne leur demandait pas de décrire scientifiquement comment se créent ou se répartissent les richesses, et d'ailleurs eux-mêmes ne se fixaient pas de tels objectifs. On voulait des solutions faciles, des expédients miracles, pour solutionner un état de choses que de mauvais principes, conçus à la hâte et mis en application sans aucun soin, avaient pu causer.

Gournay, comme Boisguilbert ou Cantillon avant lui, refuse absolument toutes les solutions faciles. Parce qu'elles étourdissent les sens, elles flattent parfois quelques bons sentiments lorsqu'on les expose en théorie. Mais leur application ne laisse de place à aucun doute.

À son époque, déjà, la taxation des plus riches était présentée par certains comme une solution miracle. Les financiers, banquiers du Roi, n'ont-ils pas de larges fortunes ? Pourquoi ne pas en prendre une part pour résoudre les difficultés des finances publiques ? Gournay ne se laissait pas convaincre. « Laisser enrichir les financiers pour les taxer ensuite serait la plus mauvaise de toutes les politiques, car alors personne ne voudrait traiter avec le Roi sans gagner assez pour pouvoir payer une taxe et rester encore riche, ce qui rendrait toutes les opérations si chères, qu'il ne serait pas possible que l'État fut assez riche pour faire des traités. [...] Mais ceux qui pensent que l'on peut taxer les financiers dans les besoins extrêmes de l'État, ne réfléchissent pas combien ces moyens ont peu rendu lorsqu'on y a eu recours ; sur qui d'ailleurs faire tomber la taxe ? Si on ne la fait tomber que sur ceux qui exercent actuellement la finance, elle ne peut jamais produire un objet fort considérable ; si on veut l'étendre à ceux qui l'ont exercé, comment la régler et l'établir ? » [1] En somme, donc, lever un impôt spécial sur les financiers les plus riches est une mesure difficile à mettre en œuvre, fournissant peu d'argent, et causant sur les finances publiques des effets néfastes qui ne compensent même pas les petits avantages qu'on obtient d'un autre côté. Pour toutes ces raisons, soutient Gournay, une telle solution doit être écartée.

Une proposition similaire, celle de confisquer les avoirs des Anglais détenus en France, pour cette raison que les deux nations sont rivales ou ennemies, reçoit de lui les mêmes critiques. Il les expose dans une lettre au comte de Bernis de Boulongne, après avoir eu vent d'une telle intention de la part du pouvoir royal français.

> « Une personne en qui je crois devoir avoir confiance m'est venu trouver, il y a quelques jours, pour m'informer qu'il y avait un projet sur le tapis pour obliger tous les banquiers et négociants du Royaume de déclarer les fonds et autres effets qu'ils ont entre les mains, appartenant aux Anglais, afin de les confisquer au profit du Roi. Cette idée me paraît si contraire à la bonne foi et aux usages établis entre les nations policées, que je ne crus pas devoir en faire cas. Mais la personne qui m'a donné cet avis m'a assuré si positivement qu'elle avait vu le projet de Déclaration, ayant été même jusqu'à me dire le nom du Commissaire du Conseil qui doit être chargé de l'exécution, que je me suis cru obligé de vous en faire part, persuadé que, s'il était vrai qu'il fût question d'un pareil projet, vous voudriez bien employer votre autorité pour le faire rejeter comme tendant à discréditer le gouvernement dans les pays étrangers, à autoriser ces mêmes étrangers à user de représailles envers nous et à interrompre pour jamais la confiance des nations avec lesquelles nous commerçons, sans pouvoir espérer de la rétablir même après la paix.

---

[1] *Remarques*, p.235

On a tenté deux fois le même projet en Espagne, l'un, contre les Français lors du retour de Madame l'Infante, l'autre, contre les Anglais pendant la guerre qui a précédé la paix d'Aix-la-Chapelle. Ces deux tentatives ne firent que manifester à toute l'Europe la bonne foi des négociants espagnols et les auteurs du projet n'eurent que la honte de l'avoir tenté en vain, et il ne faut pas douter que l'on ne trouve dans nos négociants la même constance et la même fidélité.

Je souhaite, je me flatte même encore, que l'avis que l'on m'a donné se trouvera faux ; aussi dans tout autre temps, j'aurais hésité davantage à vous faire part d'un projet que je regarde comme si peu fait pour être adopté.

Mais il s'est passé, depuis peu, des choses si contraires au bien du commerce, à ses vrais principes et à l'utilité publique qui en doit toujours faire l'objet, que j'ai cru ne devoir balancer à vous rendre compte de ce que j'ai appris sur celle-ci et que le motif qui me fait agir me servirait d'excuse, soit que j'aie été bien ou mal instruit. Je suis, etc. » [1]

La véritable solution pour assurer le financement de l'État — outre de le recentrer sur ses missions essentielles, ainsi que nous le verrons — est de favoriser l'enrichissement du peuple. « L'État ne peut trouver de véritable ressource que dans l'aisance de la multitude » soutient Gournay. [2] C'est la multitude du peuple uniquement qu'il faut avoir en vue : ce sont les salaires des journaliers, la récolte du paysan, et non uniquement le profit de tel ou tel gros marchand. « Ce ne sont jamais les grands profits du petit nombre, mais les petits profits d'un grand nombre qui enrichissent l'État et font vivre le peuple. » [3] En vérité, soutient même Gournay, le gros marchand doit gagner peu, trouver de petits profits, limité qu'il sera par la concurrence : ce sont les hauts salaires et les faibles profits qui sont le signe d'une nation prospère.

[1] Lettre au comte de Bernis de Boulongne, *Mémoires et lettres de Vincent de Gournay*, p.215-216

[2] *Remarques*, p.236

[3] *Remarques*, p.146

Guidé par cette considération, le devoir de tout administrateur revient à considérer l'intérêt général plutôt que l'intérêt particulier des grands manufacturiers ou commerçants. Faute de quoi, argumente Gournay, nous détruisons notre économie pour garantir l'aisance de quelques-uns. « Nous n'établirons jamais notre commerce sur un pied avantageux à la nation en général que quand nous cesserons de nous occuper de l'intérêt du marchand en particulier, d'une communauté, d'une ville, d'une province particulière ; car ce n'est que lorsque le marchand particulier gagnera peu, et se contentera de petits profits, à quoi seule la réduction de l'intérêt et une grande concurrence de la part de ses compatriotes peut l'amener, que la nation gagnera beaucoup ; ce n'est que par ce moyen que les Anglais sont parvenus à déraciner tant de branches de commerce avantageuses que nous faisions chez eux ; ce n'est que par là que nous pouvons nous-mêmes enlever aux Hollandais la navigation qu'ils font dans nos propres ports à nos dépens. » [1] Là encore, l'exemple de l'Angleterre et de la Hollande nous indique la voie.

Seulement, pour quelle raison faut-il privilégier la masse du peuple plutôt que les besoins de tel ou tel gros marchand ? N'a-t-il pas été dit que sans eux aucun commerce ne pourrait se soutenir ? Pourquoi ne pas protéger les grands industriels ? Ne soutient-on pas pareillement que sans eux les produits français perdraient tout avantage et que les nations voisines nous supplanteraient ? Gournay remarque en réponse à ces propos que ces nations nous dépassent précisément aujourd'hui, et depuis le début du XVIIIe siècle, alors qu'ils laissent libres et que nous protégeons les intérêts de certains privilégiés.

Il souligne surtout, pour servir d'appui à ses conclusions, qu'il est faux de dire qu'on doit privilégier certains grands commerçants ou industriels, parce qu'en autorisant le travail de tous en tout, on nuirait à la production de la France. Ce

---

[1] *Remarques*, p.242

sont là des restes des doctrines de l'époque de Colbert et du mercantilisme, où l'on considère que l'échange est partout et toujours un jeu à somme nulle, c'est-à-dire un jeu de dupe, où les uns s'enrichissent sur le dos des autres. La vérité, affirme Gournay, est à l'exact opposé : les intérêts des hommes sont harmoniques. « Tel a été l'effet du préjugé encore trop commun, dit-il, qu'un homme ne saurait travailler sans nuire au travail d'un autre, tandis que dans le fait et en approfondissant la matière, on ne peut manquer de reconnaître que le travail d'un homme, bien loin de nuire à celui d'un autre, l'excite, ouvre de nouvelles routes à son industrie, l'oblige de travailler avec plus d'économie, plus de perfection et plus d'assiduité : or l'économie et l'assiduité du travail sont les principales sources de l'abondance publique. » [1] Cette idée, que l'on trouve en germes chez Boisguilbert, est cruciale, et trouvera son exposition la plus systématique chez Frédéric Bastiat, auteur des *Harmonies économiques*, à une époque où le préjugé dénoncé par Gournay n'avait fait que gagner en force.

Si elle n'est ni dans la protection de quelques grands industriels et marchands, ni dans la taxation ou la spoliation de quelques minorités prospères, où est donc, pour Gournay, la solution à l'enrichissement de la nation et de l'État ? Elle est dans le *travail*, dans le travail libre, par la concurrence, et sans privilèges. Affirmer ainsi que la solution de la quête de la prospérité est dans le travail, c'était avancer une idée presque nouvelle. C'était soutenir que le travail est à l'origine de la valeur, à l'origine de la richesse, ce qui était éminemment en rupture avec les idées du temps. C'est ce qu'a parfaitement reconnu Simone Meyssonnier, qui écrivit qu' « en posant le travail comme élément unique de la création de richesse, Gournay a contribué à l'évolution du concept de valeur. » [2] Et encore une fois, cette idée rejaillira sur toute la pensée économique de ses successeurs, et tout particulièrement sur

---

[1] *Mémoires et lettres de Vincent de Gournay*, p.65
[2] *Remarques*, p.xxxii

Adam Smith, qui commencera son monument, la *Richesse des Nations*, par ces mots : « Le travail annuel d'une nation est le fonds primitif qui fournit à sa consommation annuelle toutes les choses nécessaires et commodes à la vie ; et ces choses sont toujours ou le produit immédiat de ce travail, ou achetées des autres nations avec ce produit. » [1]

Seulement, précisons-le bien, ce qui est la source de la richesse chez Gournay, c'est le travail non pas réglementé, autorisé à certains aux détriments des autres, c'est le travail dans la liberté, dans la concurrence, et sans privilèges.

Son activité incessante au Bureau du commerce en témoigne. À chaque pas, il rencontre des lois sans nombres prohibant le travail ou établissant des privilèges qui nuisent au commerce. Intuitivement, il les condamne, et l'étude des faits de détail, qu'il amassait toujours consciencieusement, confirme ce premier jugement. Alors on le voit tâchant de convaincre ses collègues et mobilisant les forces du Bureau du commerce pour contenir la progression des privilèges dans l'économie française. Quelques-unes de ses lettres aux élites de l'administration française donneront une illustration palpable de ses sentiments.

Une première lettre, écrite à Flachat de Saint-Bonnet, prévôt des marchands de Lyon, contient une réponse à une demande de privilège. La réponse est négative : Gournay semble heureux de la communiquer, car il avait emporté l'opinion de ses collègues du Bureau du commerce.

> « J'ai rendu compte au Conseil de votre avis sur la demande du Sieur Gras, négociant et marchand fabricant à Lyon, à fin de privilège exclusif pendant 12 années pour y fabriquer des étoffes de Moïses calandrées qu'il dit être d'un goût très supérieur à celles qui se fabriquent chez les étrangers, et il vient d'être décidé que quelque avantageuse que puisse être à la fabrique de Lyon et au contraire en gênant la perfection à laquelle le Sieur Gras a porté ces étoffes, le Conseil ne lui en accordera ni à d'autres et pour quelque

---

[1] Adam Smith, *Richesse des Nations*, Introduction et plan de l'ouvrage

raison que ce soit aucun privilège exclusif. On est trop convenu par l'expérience du préjudice que causent ces sortes de privilèges pour en accorder davantage. Je vous prie de vouloir bien faire informer le Sieur Gras de cette décision ; si, comme je le dis, la perfection qu'il a donnée à ce genre d'étoffes ne peut être imité de l'étranger, le débit qu'il en aura produira la fin d'un privilège, et l'en dédommagera suffisamment. » [1]

Une seconde lettre, à l'intendant de Tours, explore tout ce que le langage de règlements et de privilèges a de séduisant et de populaire chez les commençants et chez les marchands. Quoi que leur intérêt soit que tout reste libre, et qu'ils le reconnaissent bien, ils tentent tous de se surprendre les uns les autres en obtenant des privilèges du pouvoir royal.

« Monsieur, je vous dirai entre nous que je n'ai trouvé autre chose dans le mémoire des fabricants de Tours que le langage que tiennent tous ceux qui se croient le droit d'exercer un privilège exclusif et qui veulent s'en assurer la possession. Les raisons dont ils se servent sont les mêmes qu'ont employées les fabricants de Lyon toutes les fois qu'on a voulu attaquer leurs statuts et quelques-uns des privilèges exclusifs qu'ils exercent en vertu de ces mêmes statuts. Tout le monde réclame la liberté du commerce, mais, lorsque, pour en venir à cette liberté, il doit en coûter quelque chose à l'intérêt particulier, on est toujours prêt à dire que la liberté du commerce est bonne en général, mais nuisible dans le seul point où notre intérêt particulier est blessé et que pour ce point-là seul, on doit l'exclure de toute bonne administration. C'est le langage des fabricants de Tours, celui de ceux de Lyon et de tous les marchands et fabricants du Royaume qui ont été assez habiles pour persuader que tout ce qui convenait à leur intérêt particulier n'était autre chose que le bien général, tandis que, dans le fait, il n'y a rien de plus opposé.

Mais, je vous demande à vous, Monsieur, si dans un temps où tous les souverains de l'Europe établissent chez eux des manufactures de soie et leur permettent de travailler concurremment dans tous les genres et dans toutes les

[1] Lettre à Flachat de Saint-Bonnet, *Mémoires et lettres de Vincent de Gournay*, p.205

largeurs, les fabricants de Tours peuvent se persuader que le Roi se soit à jamais lié les mains envers eux et que, quelles que soient les variations qui pourront arriver, le Conseil ne pourra désormais conférer à aucune autre fabrique du Royaume la liberté de travailler dans la largeur de 5/12 ; et si, dans le cas où pour opposer un plus grand nombre de concurrents aux fabriques étrangères qui se multiplient chaque jour, on venait à penser qu'il fût nécessaire de les multiplier dans le Royaume tant en deçà qu'au-delà de la Loire, peut-être même dans la Province de Touraine, soit dans les villes, soit dans les campagnes, vous croyez que la largeur de 5/12 dût être interdite, tant aux nouvelles qu'aux anciennes fabriques, pour en laisser jouir exclusivement la ville de Tours à perpétuité et pour jamais quelle que puisse être la situation du commerce ? » [1]

Enfin une dernière lettre, où Gournay se plaint encore une fois des dispositions qui privilégient telles ou telles manufactures au détriment des autres, et indique leurs mauvais effets et la supériorité de la libre concurrence :

« Pour me conformer à ce que vous avez exigé de moi, j'ai l'honneur d'adresser ci-joint à votre G. le résultat de la tournée que j'ai faite dans les manufactures de Languedoc. Je ne peux que vous répéter, Mgr., que j'ai observé que les arrangements au Levant et la fixation de la fabrique sont aussi nuisibles à l'État en général qu'à la province de Languedoc en particulier, que l'objet des manufactures dans les vues de l'État est bien moins d'enrichir tel ou tel fabricant, que de donner de l'emploi au plus grand nombre de pauvres et de gens oisifs qu'il est possible, parce que l'État s'enrichit certainement lorsque tout le monde y est occupé.

D'ailleurs, l'effet de la liberté est de faire cesser les brigues et les cabales qui dégradent et avilissent les talents en procurant à chacun la faculté de négocier aussi librement et aussi abondamment qu'il lui est possible ; cette liberté, Mgr., est le moyen le plus efficace que nous ayons à opposer aux nations jalouses et rivales de notre commerce. » [2]

---

[1] Lettre à Magnanville, intendant de Tours, *Mémoires et lettres de Vincent de Gournay*, p.197-198
[2] Lettre à La Roche-Aymon, Archevêque de Narbonne, *Mémoires et lettres de Vincent de Gournay*, p.176

Ces morceaux ne sont que des exemples épars d'innombrables lettres où l'intendant du commerce défendait sa conviction libérale. Cette conviction, on peut la résumer en quelques phrases. Dans la course économique, il ne faut favoriser personne, sans quoi on empêche toute émulation, on décourage les producteurs, on dilapide les forces en quêtes stériles de privilèges, et surtout on viole la justice la plus élémentaire. Celle-ci demande que tous les acteurs du marché soit traités également, car tous sont des travailleurs qui enrichissent l'État en s'enrichissant eux-mêmes.

§1. — Favoriser les travailleurs

Revenons au principe fondamental que le travail est à l'origine de toutes les richesses. Gournay en a tiré des conséquences lumineuses sur lesquelles il convient de s'arrêter, tant en raison de leur mérite propre, que par l'influence qu'ils ont eues dans l'histoire des doctrines.

Travailler, soutient Gournay, c'est fournir un service, c'est être utile à l'économie de la nation et à l'État. Les travailleurs méritent tous une grande considération parce qu'ils sont des éléments productifs, des éléments de progrès et d'enrichissement. Ne pas travailler, en revanche, c'est peser d'un poids très lourd sur les capacités productives de la nation et de l'État, en recevant de subsides : c'est être dépendant des travailleurs et vivre à leurs dépens.

Partant de cette reconnaissance de la valeur centrale du travail et de cette distinction entre travailleurs et non-travailleurs, Gournay va arriver jusqu'à une théorie de la société, à une théorie de classes. Il y a, soutient-il, trois classes dans toutes les sociétés, dont deux sont productives et une ne l'est pas. « Il n'y a dans tous les pays du monde, dit-il exactement, que deux classes d'hommes qui contribuent à en augmenter les richesses : 1° les laboureurs par la culture de la terre et ses productions, 2° les ouvriers, les artisans, les matelots et les marchands par leur industrie et par le commerce. Toutes les autres professions ne faisant point sortir de la terre et n'attirant point de l'étranger de nouvelles richesses, il est juste de dire que ceux qui les exercent vivent aux dépens et des fruits de l'industrie des laboureurs, des artisans, des matelots et des marchands. » [1] Et Gournay, parmi les improductifs, les parasites, cite les moines et prêtes, les soldats, les hommes de justice, les commis aux impôts, les receveurs des tailles, et enfin les vagabonds et fainéants. Son découpage selon ces groupes, ces classes, est très dangereux, très révolutionnaire : où devrait-il placer le roi et les fonctionnaires, la cour de Versailles ? Il ne le dit pas, mais bien sûr dans les improductifs, dans les parasites.

On dira : un ministre, un commis des impôts n'est pas oisif, il travaille, et parfois de longues heures. Sur ce point, Gournay peut être pris en défaut, car sa classification n'est pas parfaitement rigoureuse. Un vagabond, assurément, ne produit pas de richesse et vit aux dépens des travailleurs. Mais un ministre, s'il s'attache à garantir l'ordre, la sûreté et la liberté, n'est-il pas autant producteur de richesse que l'artisan ou le laboureur ? Sans lui — et pour autant que l'on suppose qu'il se cantonne aux actions qu'on a nommées — la production serait moindre qu'elle ne l'est par son concourt. Ainsi, il est certain que l'intendant du commerce aurait gagné à ranger plus attentivement les différentes fonctions sociales en producteurs et improductifs, d'autant que son intuition n'est certainement pas sans validité. [2]

---

[1] *Mémoires et lettres de Vincent de Gournay*, p.39

[2] Entre 1817 et 1819, Charles Comte, Charles Dunoyer et Augustin Thierry donneront dans la revue *Le Censeur Européen* des articles détaillant une théorie des classes grandement similaire. Selon leurs propres mots, leur doctrine sera celle-ci : « Nous l'avons déjà dit : il n'existe dans le monde que deux grands partis ; celui des hommes qui veulent vivre du produit de leur travail ou de leurs propriétés, et celui des hommes qui veulent vivre sur le travail ou sur les propriétés d'autrui ». (*Le Censeur européen*. Tome Septième, 1818) Ces trois auteurs inspireront Marx, qui détournera leur théorie pour soutenir sa thèse de l'exploitation des classes laborieuses. Honnête, l'auteur du Manifeste communiste avouera la primauté des auteurs français à cet égard : « En ce qui me concerne, ce n'est pas à moi que revient le mérite d'avoir découvert ni l'existence des classes dans la société moderne, ni leur lutte entre elles. Longtemps avant moi des historiens bourgeois avaient décrit le développement

Ce que Gournay remarque en outre, c'est que si cette stratification en producteurs et non-producteurs se retrouve dans toutes les sociétés, il en est certaines où la part des premiers dans le total de la population est plus faible que dans d'autres. L'Angleterre et la Hollande, naturellement, lui apparaissent comme des exemples de nations où le nombre de non-producteurs est très faible, ou en tout cas nettement plus faible qu'en France. « En Angleterre, la partie oisive de la nation et vivant aux dépens du reste étant moindre à la partie laborieuse et active qu'en France, le poids est plus léger pour la partie active et laborieuse en Angleterre qu'il ne peut l'être en France ; en sorte que tous les ecclésiastiques, les soldats, les gens de justice, les commis, les mendiants, etc., qui sont en Angleterre étant infiniment moins à proportion que le nombre des gens des mêmes professions qui sont en France, il faut nécessairement qu'il en coûte moins à chaque laboureur, ouvrier, matelot, marchand, etc. qui sont en Angleterre qu'il n'en coûte à chacun de ceux des mêmes professions qui sont en France, pour nourrir, vêtir et entretenir le clergé, les soldats, les gens de justice, les financiers, les mendiants, etc. » [1] C'est, à parler comme David Ricardo, un avantage comparatif qu'ont ces pays.

C'est donc une exigence première pour la France que de suivre l'exemple anglais et de chercher à limiter le nombre des entretenus tout en favorisant les productifs. Il convient pour cela de convaincre le gouvernement que « les professions de laboureur, de matelot, d'ouvrier et de marchand étant les plus utiles à la société et étant les seules sources de la force et de la richesse de tout État quelconque, il faut encourager celles-là le plus qu'il est possible et resserrer les autres pour les empêcher

---

historique de cette lutte des classes et des économistes bourgeois en avaient exprimé l'anatomie économique. » (Marx à Joseph Weydemeyer, Londres, 5 mars 1852) Si Marx avait certainement en tête Dunoyer, Comte et Thierry, nous avons prouvé qu'il aurait pu se baser sur Gournay.

[1] *Mémoires et lettres de Vincent de Gournay*, p. 43-44

de s'étendre au-delà de ce qui est nécessaire. » [1] La priorité est celle-ci, elle n'est pas ailleurs. Elle est donc par exemple de limiter, en en supprimant une grande partie, ces charges que le pouvoir royal a distribuées à foison dans les dernières décennies. Ces charges, ce sont des postes sans substance, presque sans fonction ou associées à des fonctions inutiles voire nuisibles au commerce et à l'industrie, comme la plupart des contrôleurs. Le morceau de Gournay sur les charges mérite d'être cité en entier :

> « Rien n'a plus contribué à engourdir l'industrie, que ces charges sans nombre qui font le point de vue et l'objet de l'ambition de presque toute la nation, et qui font qu'une partie des sujets du Roi se voue à l'oisiveté en achetant ces charges ; car pour les posséder, on se contente de se mettre au fait d'un petit cercle de fonctions bornées, qui se répètent à certains jours et pendant un certain nombre d'heures ; on ne porte point les vues au-delà, et on n'imagine pas qu'il y ait rien de mieux à faire ; rien n'a plus contribué que ces sortes de charges, à renfermer le génie et les idées de la plupart des Parisiens dans l'étendue des barrières de Paris. Si on pouvait parvenir à rembourser une partie de ces charges, ou du moins à en mettre les titres en action et à bannir les préjugés où sont ceux qui les possèdent qu'elles sont incompatibles avec le commerce, on remettrait dans l'État bien de la vie et du mouvement qui en sont ôtés ; on rendrait à la nation l'industrie et les talents de ceux qui en sont revêtus ; et ceux d'entre eux qui s'appliqueraient au commerce verraient qu'un négociant par l'étendue de la variété de ses occupations doit penser et agir tous les jours et à toutes les heures, et que la profession est si analogue au bien de l'État qu'il n'agit jamais sans faire le bien de quelqu'un, lors même que faute de réflexion ou d'expérience, il agit désavantageusement pour lui. » [2]

En multipliant ces charges, ces emplois sans utilité, l'État a donc multiplié les non-producteurs et tari la source des richesses. Il n'a pas eu d'autre effet, renchérit Gournay, quand il

[1] *Ibid.*, p.45
[2] *Remarques*, p.229

a mis en place tous les règlements sur le travail artisanal et industriel. Par suite de ces lois, le travailleur risque à chaque pas de voir sa marchandise confisquée, son atelier fermé, et lui-même emprisonné, parce qu'il n'aura pas respecté un parmi les centaines d'articles qui réglementent son activité et que — nous sommes en 1750 — il n'est peut-être même pas capable de lire et de comprendre. Ces lois, clame Gournay, peuvent être assimilées à une proscription du travail, à un bannissement des travailleurs, car c'est bien là leur effet. « La multitude des règlements faits depuis 50 ans sur le fait des manufactures, les confiscations et amendes, les visites chez les fabricants ordonnés par ces règlements sont autant de choses tendant à gêner l'exercice de la fabrique, par conséquent à dégoûter du travail, en ce qu'elles mettent dans le risque de payer une amende tout homme qui ose entreprendre de travailler et de cesser d'être à la charge aux autres, amende qu'il n'eût pas encourue s'il fût resté à rien faire. » [1]

Elles poussent tout autant à l'oisiveté ces lois qui, par respect de traditions locales ou religieuses, interdisent de travail pendant un grand nombre de jours par an. Ces lois sont encore des entraves, qui empêchent l'enrichissement par la production. « Il est sûr que les pays où il y a beaucoup de fêtes doivent s'appauvrir vis-à-vis de ceux où il n'y en a point ou très peu, soutient l'intendant du commerce, parce que le peuple, travaillant continuellement dans ceux-ci, gagne continuellement de quoi consommer et se vêtir, et peut travailler à meilleur marché que des gens qui, ne pouvant travailler que 4 à 5 jours de la semaine doivent gagner pendant ces jours-là de quoi vivre pendant ceux où ils ne peuvent pas travailler. » [2] Le jour férié, ainsi, diminue la force productive de la nation, sa force utile.

Et que dire, ajoute ce libéral complet qu'était Vincent de Gournay, de ces lois qui interdisent le travail des femmes !

---

[1] *Mémoires et lettres de Vincent de Gournay*, p.51-52
[2] *Remarques*, p.239-240

Certainement, à cause de ces lois et règlements, il faut compter la plupart des femmes et des filles avec les vieillards et les
enfants, parmi les membres improductifs de la société, mais
c'est uniquement « parce que les hommes leur ont interdit une
infinité d'occupations auxquelles elles seraient aussi propres
qu'eux ». [1] Nous verrons plus loin que l'interdiction du travail
des femmes était surtout le résultat du système des corporations et que ce fut une des très multiples raisons pour lesquelles Gournay voulut les faire supprimer.

En somme, toutes les lois qui limitent le travail sont des
péchés, des fautes. Elles sont même une folie, car le travail
est la vraie richesse de toute nation. Car c'est, encore une fois,
« le travail, et non pas l'argent qui fait la richesse de l'État :
tout ce qui restreint le travail ou qui en dégoûte appauvrit
donc l'État, en éloignant du travail les gens qui seraient disposés à s'y adonner. » [2]

§2. — *Protéger les commerçants*

Autre conséquence du respect du travail et de l'immunité du
travailleur, c'est qu'il convient pour le gouvernement de protéger les commerçants. « Protection » est un terme qui revient
d'ailleurs souvent chez Gournay. Mais, dans le cas des commerçants, que signifie « protéger » ?

Cela signifie d'abord, en liaison avec la discussion précé-
dente, le fait de ne pas punir le travail. Il ne faut pas accabler
les commerçants au point de leur faire quitter leur métier. Il
semble qu'à ce principe, Gournay se soit vu répondre, au sein
du Bureau du commerce, que le retrait d'un commerçant dans
l'oisiveté ou la retraite n'était pas un mal pour l'État, parce
qu'il serait remplacé. Il y répondit : « On ne peut pas dire ici
qu'un homme soit remplacé par un autre homme. Un jeune
homme qui commence à faire le commerce ne remplace point

---

[1] *Mémoires et lettres de Vincent de Gournay*, p.43
[2] *Ibid.*, p.53

un négociant riche et accrédité ; celui-ci par son fonds, son expérience, et la confiance que l'on a en lui est en état de faire de grandes entreprises qui ont des suites très avantageuses pour l'État, et qui seraient au-dessus des forces des commerçants et de leurs ressources, faute d'avoir la confiance du public et des étrangers. Il est donc extrêmement essentiel pour le bien et l'avantage du Royaume de perpétuer le commerce dans les familles des négociants considérables et accrédités ; mais on n'y peut réussir qu'en leur faisant aimer leur état, et ils ne l'aimeront qu'en y trouvant des agréments et de la considération. » [1] Cela signifie qu'en plus de transformer un producteur en non-producteur, la cessation d'activité d'un commerçant pour cause de vexations répétées de la part de l'administration provoque en outre une détérioration des avantages du commerce français.

La « protection » renvoie également à d'autres pratiques. Et il faut dire que le terme est un peu vague chez Gournay — sans doute volontairement d'ailleurs — parce qu'il renvoie aussi à une sorte de réhabilitation du commerce et de l'industrie. À une époque où la noblesse se vante justement de ne pas toucher aux activités économiques, il faut reconnaître la noblesse du commerce et de l'industrie. Ce serait selon Gournay la seule solution pour enlever aux commerçants et industriels leur honte de la richesse, qui fait que, contrairement à l'Angleterre et à la Hollande, les riches commerçants français tâchent au plus tôt de quitter leur métier. « Le Français acquiert à peine une fortune au-dessus de la médiocre, écrit Gournay, que honteux de n'être que riche, il se presse d'abandonner la carrière où il l'est devenu pour acheter une charge, dans laquelle il est rarement aussi utile à sa patrie que dans sa première profession ; c'est souvent l'amour de ses enfants qui le détermine à changer d'état. Il croit suivant le préjugé de la nation qu'ils débuteront plus avantageusement dans le monde, comme fils d'un homme de robe que comme

[1] *Remarques*, p.83

fils d'un négociant. Si le père au-dessus du préjugé reste jusqu'à la mort dans l'état où il a acquis ou augmenté sa fortune,
son fils qui en hérite croit devoir aller chercher dans la robe
ou dans l'épée les prérogatives et la distinction qu'il ne trouve
point dans l'état de son père. » [1] C'est une remarque tout à fait
analogue que fera plus tard Turgot, formé par Gournay dans
ses jeunes années, dans son *Mémoire sur les prêts à intérêt*. « Dès
qu'un homme a fait fortune par le commerce, notait Turgot, il
s'empresse de le quitter pour devenir noble. Les capitaux qu'il
avait acquis sont bientôt dissipés dans la vie oisive attachée à
son nouvel état, ou, du moins, ils sont entièrement perdus
pour le commerce. Le peu qui s'en fait est donc tout entier
entre les mains de gens presque sans fortune, qui ne peuvent
former que des entreprises bornées, faute de capitaux, et qui
sont presque toujours réduits à faire rouler leur commerce sur
l'emprunt. » [2]

Protéger les commerçants veut donc dire, essentiellement,
les laisser libre, les laisser travailler tranquillement, et reconnaître leurs mérites. Mais cela ne signifie pas, rappelons-le,
accorder des privilèges, sous quelque forme que ce soit. En
vérité, Gournay a même passé toutes ses années au Bureau
du commerce à critiquer les privilèges, à en empêcher l'attribution et surtout à vaincre la mentalité qui les présentait
comme bénéfiques au commerce et à l'industrie. Sa correspondance administrative est là pour nous le prouver. À chaque nouvelle demande de privilège, il répond d'un non caté-
gorique, quand il parvient à avoir l'appui de ses collègues, ou,
quand il ne l'a pas, du moins il temporise et cherche à limiter
les effets de ces faveurs, convaincu de leur caractère néfaste.
Si on les accorde, explique-t-il, « elles formeraient bientôt une
place et les places nuisent au commerce. » [3] À un industriel,
qui réclamait le privilège de fabriquer seul des mousselines,

---

[1] *Mémoires et lettres de Vincent de Gournay*, p.11-12)
[2] Turgot, *Mémoire sur les prêts d'argent*, *Œuvres*, op. cit., III, p.156
[3] Lettre à Trudaine, *Mémoires et lettres de Vincent de Gournay*, p.191

Gournay répond : « Vous ne devez pas compter sur un privilège exclusif, le Conseil étant résolu de n'en point accorder. Vous savez vous-même que ces sortes de fabriques sont libres en Suisse ; il n'y a aucune raison pour les gêner en France. » [1] Il proposa à la place d'accorder une gratification en fonction du nombre de machines construites et d'ouvriers employés, sans que l'on sache si c'est par conviction, ou pour offrir un pis-aller.

Plutôt donc qu'accorder des privilèges, mieux vaut accorder une pleine liberté, non seulement à ceux qui sont déjà commerçants ou industriels, mais à ceux qui ne le sont pas. Il faut permettre à tous, y compris la noblesse, y compris les élites de l'Église, de se mêler de commerce. « Il serait à désirer aussi que la haute noblesse et les personnes les plus distinguées de la robe prissent des lumières sur le commerce, et ne dédaignassent pas de s'intéresser dans les entreprises des négociants et de l'avouer. Les connaissances qu'ils acquerraient par là leur feraient désirer de contribuer à l'avancement du commerce, et le protéger dans les emplois importants qui leur sont confiés. » [2] De lourds préjugés s'opposaient à ce projet, et Gournay obtint l'aide, dans cette bataille, de l'abbé Coyer. Celui-ci écrivit — ou, tel qu'il fut avancé, prêta simplement son nom, Gournay en étant seul auteur[3] — un ouvrage intitulé *La No-*

---

[1] Lettre à Grenus, négociant à Lyon, *Mémoires et lettres de Vincent de Gournay*, p.174-175

[2] *Mémoires et lettres de Vincent de Gournay*, p.12. Gournay recommanda également la liberté pour les gens de mainmorte : « Bien loin que l'État soit intéressé a empêcher les gens de mainmorte de construire des bâtiments quelconques, et surtout ceux qui sont propres à quelque commerce ou à quelque manufacture que ce puisse être, il est de l'intérêt public de le leur permettre, de les exciter même à le faire, puisque par là le coût principal de ces bâtiments se trouvera d'abord versé dans la société séculière et y fera subsister des gens de toutes sortes de professions, et qu'ensuite un grand nombre de commerçants et de manufacturiers trouvant des bâtiments tout faits pourront se livrer aux manufactures avec des plus petits fonds. » (*Mémoires et lettres de Vincent de Gournay*, p.67)

[3] L'abbé Trublet mentionna la *Noblesse commerçante* en parlant d'une « thèse de l'abbé Coyer, thèse et opinion que je n'ai jamais approuvées malgré ma déférence pour mon ami et compagnon M. de Gournay. Soyez bien sûr que l'abbé Coyer n'est pas lui-même de l'avis qu'on lui a fait soutenir. Ce n'est qu'un jeu d'esprit de sa part. On lui a

blesse commerçante, qui réclamait la liberté pour les nobles de travailler dans le commerce, et qui déclencha une vive polémique. L'idée était bien de favoriser le commerce au plus possible, et toujours en usant d'un moyen unique : la liberté.

§3. — *Accueillir l'immigration*

Nous en venons à la troisième et dernière manifestation de la conviction de Vincent de Gournay selon laquelle le travail est le principe de la richesse. Cette conséquence, il l'a tiré sur un sujet qui est devenu sulfureux de nos jours, et que Gournay a tranché avec une certaine simplicité, laquelle provient du fait qu'il ne faisait que suivre logiquement quelques principes simples.

Gournay part du principe que le travail est la source de la prospérité des nations, et que, pour parler simplement, plus un peuple travaille, plus il doit s'enrichir, pourvu qu'il travaille utilement et dans la liberté. De ce fait il conclut que plus il y a de travailleurs dans un État, plus cet État doit prospérer, d'autant que cela permet de diminuer le poids que les improductifs (dont quelques improductifs nécessaires, comme les fonctionnaires de l'État) font peser sur le reste de la société. Donc l'augmentation du nombre des travailleurs est une chose bonne en soi, c'est un évènement à souhaiter, à encourager même. Or quel est précisément la conséquence de l'immigration libre, si ce n'est d'augmenter le nombre des travailleurs ? Cette immigration apparaît ainsi parfaitement souhaitable pour Gournay. « Si mille Génois se déterminaient à venir aujourd'hui s'établir à Lyon, écrit-il, que pourrait-il arriver de plus heureux pour le Roi qui acquièrerait mille nouveaux sujets, pour nos terres qui y gagneraient mille consom-

---

présenté l'occasion de faire une brochure ingénieuse ; il l'a saisie. » (Lettre du 14 août 1756 à Malesherbes, in Jean Jacquart (éd.), *Correspondance de l'abbé Trublet*, Paris, 1926, p.67-68.)

mateurs et pour la ville de Lyon qui acquerrait mille ouvriers de plus ? » [1]

Comme toujours, Gournay illustre le bien-fondé de son idée par l'observation du cas de l'Angleterre, qui a facilité l'entrée sur son sol des étrangers et leur naturalisation. Il explique :

> « Il y a longtemps que les Anglais, attentifs à leurs véritables intérêts et à tout ce qui peut augmenter leur puissance, ont tenté d'accroître le nombre de leurs sujets en étendant et facilitant davantage la naturalisation chez eux ; mais quoique la chose ait été plusieurs fois agitée au Parlement, elle n'a jamais passé (heureusement pour les puissances rivales de l'Angleterre), par le crédit et l'influence des bourgeois de Londres, qui jouissant de certains privilèges, ont cru que ce serait les perdre que de les communiquer à un grand nombre ; ils ont mieux aimé être moins de bourgeois que d'être plus de citoyens. L'avantage particulier a prévalu, les bourgeois de Londres ont fait à leur pays le même tort que font continuellement au nôtre les communautés de marchands et d'ouvriers, qui s'imaginent que moins ils sont, et plutôt leur fortune est faite, sans réfléchir qu'un concurrent est aussi un débouché, un aiguillon de plus pour l'industrie, et qu'étant assujetti aux mêmes charges, il allège le fardeau en le partageant ; mais ces choses que l'intérêt particulier cache au sujet, ne doivent pas échapper aux yeux du gouvernement, qui doit sentir qu'un des plus grands obstacles à l'industrie, à la naturalisation des étrangers et à l'augmentation des sujets du Roi, sont les statuts et les privilèges des communautés ; il ne faut que lire ceux des fabricants, des passementiers, tireurs d'or, des teinturiers et des principales communautés de Lyon, pour en sentir la barbarie ; l'exclusion aux apprentis mariés, la longueur des apprentissages qui dans certaines communautés sont de quinze ans et dans la plupart de dix, la cherté des réceptions à la maîtrise, dont le prix est encore doublé ou triplé pour les étrangers, et on appelle ainsi des sujets du Roi qui ne sont pas nés à Lyon, ce qui fait connaître qu'il

> n'y a point d'absurdité dont l'intérêt particulier ne s'avise et
> que l'usage ne rende ensuite familier. » [1]

Pour Gournay, rien n'est donc plus simple que de résoudre la question de l'immigration. Il est évident d'un point de vue théorique que le travail est à la base de toute prospérité. En outre, l'exemple étranger nous montre bien à quel point le dynamisme économique résulte d'un afflux migratoire. La seule conclusion à cela, la seule recommandation que Gournay donne donc au pouvoir français, c'est de favoriser l'immigration en France comme elle est favorisée ailleurs. Et de s'étonner qu'il n'en soit pas déjà ainsi : « Pourquoi faut-il que nous ayons rendu plus difficile à un Allemand de se faire Français qu'il ne l'est à un Français de devenir Allemand, et pourquoi éloigner du Royaume par des lois et des usages bizarres des gens qui préféreraient la domination du Roi à celle de tous les Princes de l'univers ? Quoi d'ailleurs de plus glorieux et de plus utile à Sa Majesté que d'attirer dans ses États la plus grande portion qu'il serait possible du genre humain, de disputer à nos voisins la balance des hommes, comme nous leur disputons celle des richesses qui nous fuira cependant toujours sans la première, et puisque ce sont les hommes qui cultivent la terre, qui exercent les arts et qui font la guerre pour la gloire du Prince, pour sa défense et celle de la Patrie, est-il jamais possible d'en avoir trop ? » [2]

Limiter l'immigration est donc contre toute logique, selon Vincent de Gournay, car cela aboutit ou plutôt cela signifie limiter le travail total de la nation, cela signifie rendre plus lourd le poids des travailleurs non-productifs sur la société, cela signifie affaiblir l'État en comparaison des voisins — considération décisive à une époque où la guerre était l'état presque normal —, cela signifie enfin réduire l'émulation due à la concurrence, concurrence qui amènerait de meilleurs produits à des prix plus faibles. C'est donc un crime, conclut

---

[1] *Remarques*, p.175
[2] *Remarques*, p.179

finalement Gournay, un véritable crime que ces lois qui empêchent l'immigration libre. « Tout ce qui tend donc à diminuer en France la quantité du peuple, à faire passer les sujets du Roi à l'étranger et à empêcher l'étranger de devenir sujet du Roi, est donc le plus grand crime que l'on puisse commettre contre le Roi et contre l'État ; or tous les statuts de nos communautés, les règlements de nos manufactures, autant qu'ils sont forcés et portent avec eux des amendes, sont coupables de ce crime. » [1] Et encore une nouvelle raison de supprimer les corporations...

À ces arguments, certains répondaient à l'époque : si nous avons intérêt, *en général*, à laisser l'immigration absolument libre, doit-on l'autoriser dans tous les cas, y compris celui d'individus d'une religion contraire à la nôtre ? Cette réplique, Gournay n'en fait pas grand cas, et insiste uniformément sur les avantages de l'immigration, quelle soit une immigration de juifs, de protestants ou de catholiques. « Nous avons les mêmes raisons que les Anglais pour favoriser l'établissement des Juifs en France, écrit-il ; ceux qui résident à Metz, à Bordeaux, à Bayonne, bien loin d'être à charge à l'État, lui sont utiles, ils consomment nos denrées, augmentent par là la valeur des terres, plus ils font de commerce, et plus ils étendent celui du Royaume, leur industrie aiguise la nôtre, et plus le nombre en serait grand, et plus ils nous donneraient d'exemples d'économie, dont la nation française a plus besoin que toute autre, et sans laquelle une nation quelconque ne peut jamais être riche. » [2]

***

La nation apparaît donc aux yeux de Gournay comme un ensemble fait essentiellement de deux classes : de producteurs et de non-producteurs. Or il est avantageux de favoriser les

---

[1] *Remarques*, p.180
[2] *Ibid.*, p.178

premiers et de limiter la quantité des seconds. Cela implique de laisser libre les commerçants et les industriels, plutôt que de les forcer à quitter leur métier, par suite de vexations de l'administration publique. Il est en outre avantageux de reconnaître les mérites de ces producteurs et d'inciter les nobles et les élites de l'Église à s'intéresser au commerce. Enfin, il est pleinement avantageux de laisser la liberté de l'immigration et de naturaliser les étrangers venant en France, car cet afflux de travailleurs augmente la concurrence et l'activité productive de la société.

IV. — L'INDUSTRIE FACE À LA FOLIE RÉGLEMENTAIRE

Ancrage des préjugés favorables aux règlements dans la France d'Ancien Régime. — Pourquoi faudrait-il réglementer ? — Les effets pervers des règlements. — « Bons règlements » et « mauvais règlements » ? Itinéraire d'un adversaire des règlements au Bureau du commerce.

L'importance qu'accordait Gournay à la notion de travail avait, comme on l'a vu, des conséquences très étendues. En vérité, toute son œuvre tourne autour de cette idée que le travail enrichit, et que pour qu'il enrichisse, il faut qu'il soit libre de toute entrave. Que sont en effet ses combats contre la réglementation de l'industrie ou contre les corporations, sinon des déclinaisons de sa lutte fondamentale en faveur de la liberté du travail ? Comme l'ont reconnu Schelle ou Sécrestat-Escande, les règlements et les corporations ont été les deux grands thèmes de l'œuvre de Gournay. « En étudiant tous les écrits de Gournay, dit le second, quelle qu'en soit la nature : lettres, mémoires, rapports au bureau du commerce, écrits de polémiques, on rencontre toujours deux idées qui peuvent être considérées comme constituant l'unité de son œuvre. Ces deux principes essentiels sont son hostilité contre le régime corporatif et contre la réglementation industrielle. » [1] Or ces deux idées s'unissent ensemble dans cette défense du travail et de l'immunité du travailleur que nous avons tenté de dégager lors du précédent chapitre.

Il est temps désormais de rentrer dans le premier de ces deux grands thèmes, les règlementations.

§1. — Un préjugé tenace

La première charge contre les règlements fut portée par les économistes, le marquis d'Argenson, Gournay, Cliquot-

[1] G. Sécrestat-Escande, *Les idées économiques de Vincent de Gournay*, op. cit, p.86

Blervache, puis toute la célèbre « secte » des économistes que l'histoire a rassemblé sous le nom de Physiocrates. Les deux premiers avaient fort à faire, car il s'agissait de lutter contre des préjugés à la mode, préjugés qui avaient même reçu l'aval de certains économistes. Jean-François Melon, économiste français célèbre en son temps pour un *Essai politique sur le commerce* (1734), écrivit que les réglementations aidaient à lutter contre la « cupidité frauduleuse des marchands » et qu'elles fonctionnaient « en faveur du citoyen. »[1]

Avec le recul, il peut sembler que ce fut chose facile de convaincre la France de l'époque que l'économie nationale se porterait mieux sans les soixante-deux inspecteurs des manufactures et les quatre gros volumes de règlements ; ce ne fut pas le cas. Les abus flagrants et les illustrations de la folie réglementaire n'apparaissaient que peu à peu ; les hauts fonctionnaires français, surtout, semblèrent peu disposés à vouloir en chercher les causes. L'État continuait à prôner les règlements, n'ayant pas d'alternative raisonnable pour les remplacer. C'était là pourtant une quête futile : lorsqu'une maison brûle, se soucie-t-on de savoir par quoi on remplacera le feu une fois qu'il sera éteint ? L'alternative aux réglementations était l'absence de réglementations.

Gournay, qui avait plusieurs fois parcouru la France, y avait vu de nombreuses illustrations des défauts des règlements. L'industrie des toiles était par exemple régie par des règlements possédant pas moins de cinquante articles, alors que les ouvriers qui devaient en principe s'y conformer, ne savaient souvent même pas lire. La Société d'Agriculture de Bretagne, dans ses *Corps d'observation*, rédigés par Montaudoin de la Touche et Louis-Paul Abeille, avait d'ailleurs elle aussi prit la peine d'insister sur la folie réglementaire. On pouvait lire dans ses observations, au milieu d'autres exemples du même acabit, l'histoire de cette fabrique bretonne de toiles peintes constituées de laine, fil et coton, selon un procédé ingénieux décou-

---

[1] Jean-François Melon, *Essai politique sur le commerce*, Paris, 1742, p.282

vert par un teinturier. Toute sa profession engagea alors un procès contre lui, et il fut longtemps empêché de mener à bien son activité. Il n'obtint le droit de lancer cette entreprise que quand, le temps passant, il avait perdu tout son argent ; de sorte qu'on pourrait dire, parodiant une belle maxime, que les règlements restent souvent plus longtemps irrationnels que ses victimes ne restent solvables.

Ce combat contre la folie réglementaire, Gournay le mena avant les autres, avec le zèle des précurseurs. Il commença à adresser le sujet dès ses premières années dans l'administration, en 1752-53, dans ses lettres à son supérieur, Trudaine. Le principal argument qu'il développa à l'époque pour défendre la libéralisation de l'industrie fut que la réglementation, en pesant sur l'activité économique locale, favorisait le développement des nations concurrentes, qui, elles, ne subissaient pas de tels règlements. Lorsque Trudaine lui proposa l'idée de créer une caisse pour le paiement des contrôleurs et inspecteurs, abondée par des contributions obligatoires de la part des manufacturiers, Gournay lui communiqua son opposition, et répondit : « Il est certain que le fabricant français qui contribue à payer un inspecteur, est dès lors plus chargé que le fabricant anglais ou hollandais, son concurrent, qui n'en paye point. » [1]

Cette caisse, et l'impôt supplémentaire sur les fabricants, furent néanmoins créés. Suite à quoi Gournay revint à la charge, et envoya à Trudaine sa traduction d'un chapitre de l'économiste anglais Josiah Child, consacré à cette problématique, avec quelques commentaires liminaires. Après une longue présentation des défauts des règlements, il conclut : « Rien n'est plus aisé que de prononcer des confiscations. Il ne faut ni beaucoup d'habileté, ni beaucoup de réflexion pour cela, mais si par là nous ruinons nos fabricants et leur interdisons de fabriquer des étoffes telles que les étrangers ont la liberté de fabriquer, nous concourons nous-mêmes à ruiner notre

---

[1] Lettre à Trudaine, 1er septembre 1752, *Mémoires et lettres de Vincent de Gournay*, p.149

commerce. Voici, Monsieur, quelles ont été mes vues, je les soumets à votre jugement. »[1]

Il proposa alors son idée audacieuse de réforme : libéraliser entièrement l'industrie, en n'obligeant le manufacturier qu'à signer ses produits. Chaque fabricant serait alors libre de produire comme bon lui semble ; le consommateur serait le seul juge des marchandises. « Je voudrais, écrivit-il à Trudaine, laisser sur cela toute liberté au fabricant en l'obligeant seulement de marquer sur la pièce l'aunage quelconque. [...] L'essai que l'on ferait à cet égard pourrait servir à nous décider par la suite sur la grande question de savoir si la liberté totale convient mieux pour étendre et soutenir le commerce que les restrictions et les peines ordonnées par les règlements. »[2]

Revenons maintenant sur ses arguments, à la fois sur l'inutilité des règlements et sur leur caractère néfaste, pour faire entendre toute la portée de son combat contre la réglementation.

§2. — *Pourquoi faudrait-il règlementer ?*

La question des règlementations est, nous le redisons, intimement liée avec celle de la valorisation du travail. C'est en effet la première des plaintes exprimées par Gournay à leur égard, que les règlements découragent le travailleur et en font un criminel potentiel à chaque nouveau pas qu'il effectue dans la carrière de l'industrie. Les inspecteurs surveillant le fabricant, ainsi, « font plus de mendiants qu'ils n'arrachent d'hommes à l'oisiveté » soutient Gournay.[3] « Les amendes que tous nos règlements prononcent rendent la profession du fabriquant la plus malheureuse qui soit dans la société, puisque le simple exercice de sa profession l'expose à des peines ; à mesure que l'esprit du commerce fera des progrès parmi nous,

---

[1] Gustave Schelle, *Vincent de Gournay*, op. cit., p.35
[2] *Ibid.*, p.59
[3] *Mémoires et lettres de Vincent de Gournay*, p.53-54

nous rougirons de cette barbarie. » [1] Ils sont un crime, au même titre que les corporations, attenté au droit qu'a chaque homme de gagner sa vie par son travail.

Si le pouvoir royal avait bien voulu laisser libre, comme il convenait de le faire, la profession d'artisan ou d'industriel serait reconnue et admirée. On connaîtrait tous les services que rendent ces hommes industrieux et on aurait honte de vouloir les instruire sur leur métier ou de les brider par des règles. Et c'est pourtant l'état de l'industrie française : partout des règlements, indiquant pour chaque production des impératifs innombrables auxquels le fabricant doit se conformer, sous peine d'amende. Autant d'asservissements pour eux. Lisez par exemple ce règlement vu à Montauban, dit Gournay à Trudaine, et « vous reconnaîtrez qu'il semble que l'on n'ait cherché à exagérer de prétendus abus qui se trouvaient dans la fabrique et le commerce des toiles que pour rendre à jamais suspecte une profession également utile et honorable et que pour faire valoir davantage les services que l'on croit avoir rendus en les rectifiant. Quant à moi, Monsieur, je reviens de ce pays-là très convaincu que les règlements ont répandu le découragement dans la fabrique de Montauban, et qu'ils ont arrêté les progrès qu'une grande concurrence, beaucoup de génie et d'émulation auraient immanquablement produits dans le commerce et dans la fabrique ; progrès qu'on a tout lieu d'espérer toutes les fois que l'on voudra se défaire des préventions que les préambules de ces règlements ont pu donner contre les fabricants qui méritent assurément d'être regardés d'un œil plus favorable et que l'on ait plus de confiance en eux que la façon dont on a affecté de les représenter ne leur en a procuré jusqu'à présent. Je suis, etc. » [2]

La méthode comparative, si appréciée par Gournay, lui est aussi d'une grande utilité ici. Car que font les nations voisines, tandis que nous entassons règlements sur règlements ?

---

[1] Gustave Schelle, *Vincent de Gournay*, op. cit., p.36
[2] Lettre à Trudaine, *Mémoires et lettres de Vincent de Gournay*, p.203

Elles conduisent l'industrie par la liberté. « Nous sommes aujourd'hui la seule nation commerçante de l'univers qui croie encore que ses fabriques doivent être conduites avec une verge de fer ; qu'il faut mettre à l'amende un ouvrier qui contrevient à un règlement qu'il n'entend point, souvent mal fait et qui fixe invariablement une étoffe dont la qualité doit varier selon les différents goûts des consommateurs, et à laquelle quelque léger changement fraye un nouveau débouché souvent longtemps avant que le gouvernement puisse en être instruit ; c'est donc retarder les progrès du commerce et la vivacité de ses opérations, que de faire attendre l'approbation du conseil pour les changer. » [1] « Si l'on veut jeter les yeux sur les pays de l'Europe ou de l'Asie, où les manufactures sont dans un état florissant et vigoureux, tels que l'Angleterre, la Hollande, l'État de Gênes, les Indes orientales et la Chine, on n'y verra ni inspecteurs, ni règlements portant confiscation et amende, d'où l'on conclut que le système opposé que nous suivons, arrête chez nous les progrès du commerce et de l'industrie, empêche l'augmentation des sujets du Roi et l'accroissement de ses revenus. » [2] L'exception française, assurément, n'en est pas une, car les règlements étaient bien plus nombreux à l'étranger que Gournay le laisse supposer. Mais tout de même, cet esprit de tout contrôler et de tout régler, comme si l'on connaissait d'avance et parfaitement la marche du commerce et de l'industrie, était une tare bien française.

Il faut bien dire « comme si l'on connaissait tout », car en aucun cas on ne saurait prétendre que les rédacteurs des règlements et les inspecteurs chargés d'en contrôler la bonne exécution n'avaient une connaissance même légère sur la matière qu'ils prétendaient dominer. Au lieu de faire confiance aux commerçants, aux artisans, aux marchands, on les a prétendus fripons, et on a substitué à leur jugement d'ordinaire sage et mesuré, les passions et l'ignorance des hommes de loi

---

[1] *Remarques*, p.193
[2] *Ibid.*, p.200

et des inspecteurs. « On a si fort multiplié les règlements dans nos fabriques, note Gournay, que l'on a cru que l'on pouvait conduire le commerce sans hommes de commerce ; on a livré presque entièrement l'administration des fabriques à des Inspecteurs ; ces hommes sans connaissance des principes du commerce ont fait des règlements par état ; en multipliant les lois, ils ont multiplié les contraventions, et par là même ont paru plus nécessaires à ceux qui n'ont jamais vu les fabriques et les fabricants que par les yeux des Inspecteurs ; ils ont persuadé qu'il fallait faire le procès à une étoffe sur un règlement comme à un criminel sur une ordonnance ; cette méthode leur a paru plus courte que de s'informer de l'état des manufactures dans l'étranger, de quelle façon elles y étaient régies, par quel moyens les Anglais et les Hollandais augmentaient les leurs, et parvenaient à les substituer aux nôtres ; si c'était en faisant des règlements ou en laissant l'industrie en liberté. Il est d'autant plus singulier qu'on s'en soit rapporté presque uniquement aux Inspecteurs depuis 50 ans pour la conduite de nos manufactures, que souvent on les a choisi dans des états fort éloignés de toute idée de commerce, ou parmi les commerçants qui avaient fait banqueroute, et quand on les choisirait mieux aujourd'hui, quand on formerait pour eux une espèce d'école, comme la base de cette école nait toujours des règlements utiles ou pernicieux ou des usages nécessaires à l'esprit et à la propagation du commerce, ce ne serait qu'un moyen plus réfléchi de perpétuer le mal ; en sorte qu'érigés tout d'un coup en juges de choses qui demandent des connaissances au-dessus des leurs, on pourrait leur appliquer aussi bien qu'aux augures le bon mot de Cicéron et s'étonner avec lui que des inspecteurs puissent se rencontrer sans rire ; ce sont cependant ces hommes qui sont parvenus à surprendre la religion du Conseil au point de lui faire regarder les fabricants comme fripons par état, comme des gens qui cherchent continuellement à tromper et qui y parviendraient sans cesse, si on ne les veillait pas continuellement. » [1] Pourtant, une observation même rapide du fonctionnement d'un commerce libre suffirait à faire comprendre qu'il n'est nul besoin d'inspecteurs, puisque les acheteurs connaissent mieux leur intérêt que les fonctionnaires de l'État. Gournay l'explique bien :

> « Ne vaut-il pas mieux que l'acheteur, les négociants étrangers, et le consommateur s'assujettissent entre eux à expliquer la largeur et la qualité des étoffes dont ils ont besoin, que de mettre tous les fabricants d'une nation à la gêne, et de les assujettir à des gens qui n'ont nulle connaissance du commerce, qui ne sont point instruits des goûts et des variations de l'étranger, et qui regardent comme contravention une altération souvent forcée et utile, et de laquelle cependant la nation perd tout le fruit, si elle n'est pas aussi subite que la fantaisie ou le goût du consommateur l'exigent ? » [2]

Les ministres prétextent à cette pratique qu'il est impossible de faire confiance aux artisans, aux commerçants et aux industriels, et qu'encore une fois leur intérêt même les pousse à tromper. C'est là, soutient Gournay, une supposition sans fondement, qui est plutôt l'inverse de la réalité : en vérité, d'un côté l'homme industrieux connait son métier, a intérêt à bien l'exécuter ; de l'autre l'acheteur connait les marchandises et tout au moins il apprend vite de l'expérience. « On doit supposer que tout homme qui se mêle de commerce se connaît ou doit se connaître en marchandises, dit Gournay, et la multiplicité des lois et des formalités que l'on a introduite sous prétexte d'empêcher l'acheteur d'être trompé est aussi à charge à ce commerce, que le seraient dans la société une police et des lois uniquement constituées et comme si l'on supposait que tout le monde est aveugle. » [3] Or évidemment, tout le monde n'est pas aveugle, la grande majorité même des

---

[1] *Remarques*, p.194
[2] *Remarques*, p.196-197
[3] *Mémoires et lettres de Vincent de Gournay*, p.53

individus ne l'est pas. Il est donc contre toute logique de faire des lois sur des exceptions, qui sont d'ailleurs contraires au bon sens de chaque commerçant. « On allègue en faveur des règlements que l'acheteur ne se connaissant pas dans les marchandises qu'il achète est sujet à être trompé par le fabricant et par le marchand ; mais cette raison est-elle suffisante pour faire tomber toutes les gênes sur ceux qui vendent et qui fabriquent afin de dispenser le consommateur de prendre la peine de se servir de ses yeux et de ses mains ? Avant d'avoir fait des règlements où l'on présume toujours la fraude, il faudrait avoir examiné s'il est aussi aisé de tromper, et qui, voulant tromper, y réussiraient, qu'il n'y a de gens qui puissent s'en défendre. Car dans ce cas on sacrifie ceux qui ne veulent pas tromper, ou qui le voulant n'y réussiraient pas, au petit nombre de ceux qui voulant tromper y réussiraient ; c'est une grande erreur de penser qu'il soit aussi aisé de tromper qu'on veut le faire croire des gens qui ont intérêt à ne pas l'être. L'acheteur n'est jamais forcé d'acheter ; c'est donc à lui à prendre garde à ce qu'il achète, c'est là son affaire ; celle du gouvernement est d'encourager l'industrie et les manufactures, en en rendant l'exercice aisé et agréable à ceux qui s'y appliquent. » [1] L'argument selon lequel il faut protéger le consommateur, toujours faible, contre un fabricant toujours enclin à le tromper, apparaît donc doublement fallacieux, en ce que le consommateur est instruit et s'instruit vite de ses fautes, et que le fabricant ne saurait maintenir son activité en décevant ses clients.

« Les règlements ont été faits, dit-on, pour empêcher le public d'être trompé ; mais le public n'achète point en corps, et ne nous a point chargé de ses affaires. Le public n'est autre chose que chaque particulier qui achète ou pour sa propre consommation, ou pour faire commerce ; dans ces deux cas il doit savoir mieux que personne ce qui lui convient. Laissons

---

le donc faire. » [1] Par conséquent, ce qu'il convient de faire pour l'administration, on devrait même dire ce qu'il suffit de faire pour l'administration, est de laissez libre tant le client que le vendeur, persuadé qu'on doit être que leurs arrangements seront toujours mutuellement avantageux.

§3. — Les effets pervers des règlements

Le pouvoir royal a donc eu tort, selon Gournay, de s'engager dans la voie de la réglementation de l'industrie. Cependant, avant d'étudier quels sont les conséquences néfastes que l'intendant du commerce voyait à ces règlements, demandons-nous si Gournay était contre tout règlement, ou contre l'amas excessif de règlements ?

Il est certain qu'à de nombreuses reprises, il a critiqué la quantité excessive de règles. Cet excès, soutenait-il, était déraisonnable car le fabricant n'est pas nécessairement un homme d'une grande capacité intellectuelle, parfois il ne sait pas lire ou à peine. Lui prescrire de nombreuses règles, les changer même régulièrement, est une pratique inconcevable lorsque l'on a en vue le développement économique d'un pays. « Pour moi, a-t-il écrit, dans un règlement de cent articles dont chaque disposition porte une amende, je ne vois que cent moyens de ruiner un homme laborieux et très utile dans l'instant même où on l'accuse d'être uniquement occupé de son intérêt particulier. […] Je tiens pour mauvais tout règlement de fabrique qui a cent articles, de quelque main qu'il puisse venir, car les fabriques sont simples et faites pour être exercées par des gens simples. En s'occupant uniquement comme on le fait en France, de la qualité de la marchandise, il semble que l'on ait voulu renfermer dans les bornes d'une pièce d'étoffe, les connaissances et les principes nécessaires à la conduite du commerce. Mais l'on n'a jamais examiné si la multiplicité des règlements et les amendes dont chaque article

---

[1] *Mémoires et lettres de Vincent de Gournay*, p.53

est accompagné ne diminuent point la quantité des étoffes et le nombre des fabricants ; si pour faire une qualité de marchandise suivant nous plus parfaite, au lieu de mille pièces on n'en fabrique plus que cinq cents, et si au lieu de cent personnes qui s'occupaient à la fabrique, il n'en reste plus que cinquante, l'État aura beaucoup perdu à cette réforme. » [1] En phase avec ces principes, Gournay a passé ses années au Bureau du commerce à lutter contre tout nouveau règlement, pour éviter qu'ils ne deviennent trop nombreux.

Cependant, lorsqu'on lit attentivement ses critiques sur la réglementation de l'industrie, on observe qu'elles portent sur tout règlement quel qu'il soit, pour cette raison que, selon lui, cette réglementation est intrinsèquement mauvaise.

Gournay soutient que dès qu'une branche de commerce ou d'industrie se voit sujette à des règlements, auxquels on associe des peines pour les contrevenants, cette branche doit connaître un dépérissement. Il exprime cette idée dans ses *Remarques* à la traduction de Child, en indiquant, avec quelque ironie, que si l'on considérait qu'une branche s'était trop développée, il suffirait de la réglementer pour la faire tomber dans un état de décadence progressive.

> « On prétend qu'il y a trop de vignes en France, et que cela nuit à la culture du blé ; sans convenir que nous ayons trop de vignes, je pense que, si l'on s'occupe plus à cultiver des vignes que du blé, c'est que le commerce du vin, quoiqu'assujetti à de gros droits, est toujours libre, et que celui du blé, quoique sans droits, est toujours gêné ; mais si l'on veut diminuer le nombre des vignes en France, il n'y a qu'à nommer des inspecteurs, faire des règlements sur la façon de tailler la vigne, sur celle de faire le vin, le tout à peine d'amende ; on sera avant dix ans délivré d'un bon tiers des vignes qui nous incommodent et des vignerons qui les cultivent ; si après cela la balance du commerce avec l'étranger est tournée contre nous, si le nombre des mendiants augmente, il ne sera pas difficile d'en connaître la source. » [2]

[1] *Remarques*, p.195
[2] *Remarques*, p.199

Un autre grief de Gournay contre les règlements est leur effet sur l'émulation, sur l'innovation. La réglementation paralyse l'innovation en fixant d'avance les bornes dans lesquelles il faut travailler. « On appelle abus parmi nous tout ce qui est contraire aux règlements et ce prétendu abus est souvent un raffinement d'industrie que le règlement nous interdit. »[1] Et le mal est plus grand encore par le fait que l'on appelle délinquant un homme qui a substitué un usage à un autre, amélioré l'appareil productif de la nation ou la qualité et la variété des marchandises proposées aux consommateurs. En outre, comme on ne peut appliquer nos lois à l'étranger, les innovateurs fleurissent dans les pays voisins, parfois en nous copiant des pratiques impossibles à développer en France. Des exemples peuvent être trouvés dans le domaine que Gournay affectionnait, la soie : « Il y a 150 ans que nos règlements nous interdisent de mêler de la soie crue à la soie cuite dans la fabrique de nos étoffes, explique-t-il ; nous avons eu beau consommer des étoffes des Indes et de la Chine qui auraient du nous apprendre que ce mélange est utile et possible sans altérer l'étoffe ; tout homme qui eut osé faire ce mélange eut été criminel ; qu'a produit cette défense ? Elle a facilité aux Anglais, aux Hollandais et aux Suisses, aux Espagnols même que nous regardons comme fort intérieurs à nous dans l'art des manufactures, le moyen de nous vendre à nous beaucoup d'étoffes qu'ils ne nous donnaient à meilleur marché que parce qu'ils se servaient du seul moyen que nous nous interdisons. Combien d'autres tentatives et d'autres découvertes utiles, l'inflexibilité des règlements n'a-t-elle pas arrêté ? »[2]

On pourrait éventuellement soutenir que ce fait ne change rien, que l'innovation n'est pas souhaitable, car les pratiques entérinées par les règlements sont déjà parfaites. Je ne pense pas qu'un partisan des règlements ait déjà tenu un tel langage, mais supposons qu'il en soit ainsi. Supposons que les besoins

---

[1] *Remarques*, p.193
[2] *Remarques*, p.193-194

des consommateurs soient correctement et même idéalement servis par les méthodes de fabrication que les règlements prescrivent. Devrait-on, dans cette supposition certes très hypothétique, concéder l'utilité des règlements ?

Gournay soutient que non, car même si les règlements prescrivent les bonnes pratiques et qu'aucune innovation ne peut améliorer en quoi que ce soit cet état de choses, il faut convenir que les besoins des consommateurs évoluent chaque jour. Pour cette raison même que les besoins évoluent, il est contre toute logique de faire des règlements uniformes. « Quand voudra-t-on croire en France, que le commerce étant fondé autant sur les fantaisies que sur les besoins qui varient continuellement, on ne doit point faire de lois invariables pour les fabriquer qui doivent servir à satisfaire ces besoins et ces fantaisies, et que le moyen de se rendre les maîtres du commerce du monde, est de fabriquer chez soi les plus mauvaises comme les meilleures sortes de marchandises ; qu'il faut laisser le négociant le maître d'envoyer à l'étranger la marchandise qu'il lui convient, et croire qu'un homme de Marseille sait mieux quelle espèce de drap il lui est avantageux d'envoyer au Levant que nous ne pouvons le savoir à Paris. » [1] Le mieux que l'on puisse faire, d'après ce raisonnement, est ainsi de laisser faire, de laisser le fabricant suivre la demande, de suivre les goûts, les modes, et de tâcher au mieux de s'y conformer. C'est là un règlement en soi déjà suffisamment exigeant pour qu'on n'en ajoute pas d'autres !

D'ailleurs, si l'on a prétendu fixer pour toujours les meilleures méthodes de production et les spécificités des meilleurs produits, sans attention ni pour les goûts et les modes ni pour les possibilités d'innovation, on s'est encore fourvoyé, soutient Gournay, lorsque l'on a cru qu'il ne fallait aux consommateurs que la meilleure qualité. N'est-il pas vrai que tous les consommateurs ne sont pas également riches ? Sans considérer si leur inégalité est une injustice, ce qu'elle n'est pas néces-

---

[1] *Remarques*, p.191

sairement, n'exige-t-elle pas que les uns et les autres ne soient pas servis également ? Oui, dit Gournay, il faut de toutes les qualités, car il faut des marchandises pour toutes les bourses et pour satisfaire tous les besoins. Il est donc inutile d'interdire la basse qualité quand elle est avouée. « Dans les étoffes comme dans beaucoup d'autres choses il faut nécessairement qu'il y ait du bon, du médiocre, du mauvais, soutient Gournay. Vouloir absolument retrancher cette dernière espèce, c'est porter surement atteinte aux deux autres ; le mauvais en matière de fabrique, vaut mieux que rien ; d'ailleurs si une étoffe qui nous paraît mauvaise se consomme, elle n'est pas mauvaise, et si elle ne se consomme pas le fabricant est puni dans l'instant même, et se réforme. » [1] Soutenir le contraire, ce serait comme affirmer qu'il convient d'interdire, pour prendre un exemple contemporain, toutes les voitures qui ne seraient pas aussi performantes que des Mercedes. Certainement, dès lors toutes les voitures seraient d'excellente qualité, mais combien de consommateurs, de consommateurs parmi la classe pauvre du peuple, surtout, devraient se résigner à se passer de voiture ?

L'interdiction de la qualité moyenne ou médiocre est donc une mesure honteuse, qui choque les sens et le cœur, car elle blesse l'intérêt de cette partie des consommateurs qui ont le plus besoin de l'attention du gouvernement. En outre, c'est une mesure parfaitement inutile selon Gournay, puisqu'un marché fonctionnant dans la liberté est le meilleur gage qui soit de la perfection des marchandises. Les mots de l'intendant du commerce méritent d'être cités, parce qu'ils dévoilent des abus que l'on n'a pas cessé, de nos jours, d'observer par suite des règlements :

> « Ceci me fait encore regarder les règlements comme un mauvais moyen de soutenir la perfection des fabriques ; car, dans les pays où il n'y en a point, chaque ouvrier sachant qu'il peut faire aussi mal qu'il lui plait et que ses concurrents

---

[1] *Remarques*, p.195

ont la même liberté, sent que ce n'est qu'en faisant de son mieux, qu'il peut s'accréditer et s'attirer la préférence ; dès lors il s'observe davantage et tend plus sûrement à la perfection que lorsqu'il est assujetti à un règlement qui fixe un degré de bonté qu'il ne veut jamais passer, qu'il cherche au contraire toujours à affaiblir dans l'espérance qu'on ne s'en apercevra pas ; il s'ensuit de là que dans l'étranger où l'industrie n'est point bridée, les fabriques doivent toujours tendre à la perfection, et chez nous, où on lui prescrit un but, elles doivent toujours tendre à dégénérer. » [1]

Les adversaires du marché libre, au temps de Gournay comme aujourd'hui, laissent toujours supposer que ce système s'apparente à la loi de la jungle, où personne n'est sanctionné lorsqu'il trompe, contrefait, vole, etc. C'est ne pas voir que la sanction des consommateurs, lorsqu'un produit n'est pas à la hauteur de la qualité qu'il prétend avoir, est toujours bien plus sévère et contraignante pour les fabricants que les règlements les plus pointilleux. Lorsque ses clients l'abandonnent à la suite d'une moindre faute, le fabricant est bien plutôt tenté de revenir dans la bonne voie, que lorsqu'on lui saisit sa marchandise pour non-respect des règlements, « car dans ce cas, le fabricant reste persuadé que s'il eut pu faire passer son drap défectueux il y eut fait un gros profit ; ce qui fait qu'il songe moins à se corriger et à faire du bon drap à l'avenir, qu'à trouver les moyens de faire passer le mauvais. » [2] C'est donc plutôt au marché libre qu'aux règlements que les partisans de la bonne qualité devraient faire confiance.

§4. — « Bons règlements » et « mauvais règlements » ?

Une discussion reste tout de même pendante, celle des moyens qui peuvent être employés, dans le respect des règles du marché libre, pour aider à la reconnaissance de la qualité des produits, comme les certifications ou les marques appo-

---

[1] *Remarques*, p.197-198
[2] *Ibid*, p.197

sées sur la marchandise. Ce sujet fut la source d'un vrai débat entre Gournay et ses collègues, même parmi les plus libéraux. L'intendant du commerce ne craignait pas, sur ce sujet, d'avoir des vues différentes de Josiah Child, qu'il avait plutôt l'habitude de suivre sur la plupart des questions économiques.

Child proposait que l'État mette en place des bureaux chargés d'un contrôle de la qualité des marchandises, non certes pour interdire les moins bonnes, mais pour apposer une marque. Cette marque signifierait que l'État reconnaît cette marchandise comme étant d'une qualité satisfaisante. Gournay, de son côté, est sceptique. « Ce que propose M. Child, d'établir des magasins publics pour les bayettes et les autres étoffes qu'il jugeait propres à être revêtues d'un sceau public, ne s'est pas soutenu, parce que bientôt on a appliqué les mêmes sceaux et les mêmes garants à des étoffes de largeur et de qualité différentes, ce qui fait voir que bien des choses qui paraissent utiles dans la spéculation dégénèrent dans la pratique ; je pense cependant qu'il n'y aurait nul inconvénient à accorder un sceau à la sortie du Royaume aux marchandises que l'on reconnaîtrait pour être les mieux fabriquées, pourvu que pour toute punition envers celles qui paraîtraient défectueuses, on se contentât de le leur refuser, sans les couper, ni condamner le fabriquant à aucune amende. » [1] Gournay rejette donc comme impraticable cette mesure, quoiqu'il la pense possible pour le commerce avec l'étranger. Il admettait cependant l'idée générale d'obliger les fabricants à signer leurs étoffes et à indiquer sa longueur et largeur. « Rien de plus juste que cette disposition pourvu qu'on ne les assujettisse pas à une largeur fixe et indispensable, mais à marquer fidèlement la largeur et la longueur quelle qu'elle soit, comme aussi de les punir sévèrement, lorsque le drap sera moins long et moins large que ne le portera le plomb, parce qu'alors on reconnait que c'est un dessein formé de tromper, et le fabricant dans ce

---

[1] *Remarques*, p.191

cas, mérite d'être traité comme faussaire. » [1] Ce marquage doit permettre de rendre le consommateur apte à choisir les produits sans se faire tromper, et ainsi rendre inutile tout l'appareil réglementaire en place.

À l'égard des bonnes intentions du pouvoir, d'enseigner aux fabricants les meilleures méthodes de production et les spécificités des meilleurs produits, l'attitude de Gournay reste l'ouverture. Il admet la possibilité du maintien de « règlements d'instruction », somme des meilleures pratiques, mais leur refuse absolument tout caractère obligatoire. « Les règlements d'instructions sont très utiles en ce qu'ils indiquent comment il faut travailler ; ceux portant des peines sont nuisibles, parce qu'ils dégoûtent de travailler. » [2] Pour peu que les règlements n'imposent rien, ils peuvent être maintenus.

Adopter cette conception, c'était pourtant, insistons là-dessus, vouloir que les règlements ne règlent rien, et donc les vider entièrement de leur substance. Car Gournay soutient bien qu'à part quelques règlements d'instruction, non obligatoires et pas trop nombreux non plus, aucun règlement n'est utile, aucun ne doit être épargné. « Je soutiens qu'aucun ou très peu de nos règlements actuellement en vigueur (quoique le recueil en soit fort gros) ne tend non plus à l'augmentation de nos manufactures. » [3] Étant tous ou presque tous nuisibles, ils doivent être supprimés.

*§5. — Itinéraire d'un adversaire des règlements
au Bureau du commerce*

Dans son activité d'intendant du commerce, Vincent de Gournay fut un adversaire implacable des règlements. Sa correspondance administrative mise au jour par Takumi Tsuda nous renseigne sur ce fait. Lettre après lettre, mémoire après

---

[1] *Remarques*, p.191
[2] *Mémoires et lettres de Vincent de Gournay*, p.53-54
[3] *Remarques*, p.190

mémoire, Gournay y met au jour les défauts des règlements, s'oppose à leur renouvellement ou à leur extension, et va même jusqu'à sermonner des inspecteurs en leur enseignant sa manière de voir les choses.

Il semble que Gournay, dans sa lutte *pratique* contre les règlements, ait surtout cherché à faire émettre des vetos par le Bureau du commerce, en attendant de le convaincre de l'utilité d'une suppression complète de la réglementation. À chaque nouveau règlement qu'on lui soumet, il répond uniformément que les règlements nuisent à l'économie de la nation, et qu'il ne faut en aucun cas en produire de nouveaux. « J'ai différé de répondre à la lettre que vous m'avez fait l'honneur de m'écrire le 24 mai afin de prendre moi-même des instructions plus amples sur la branche du commerce du Levant, écrit-il un jour. J'ai lu tout ce qui a été allégué en faveur de ce règlement, et, tout ce qui en a résulté dans mon esprit, c'est qu'il sera absolument opposé à l'augmentation de notre commerce et à la concurrence si nécessaire pour le faire fleurir et pour empêcher les étrangers d'introduire leurs draps dans le Levant à la faveur de la cherté des nôtres. » [1] Une autre fois, Trudaine proposa la création d'une caisse générale, abondée par les cotisations obligatoires des fabricants, permettant de financer les inspecteurs des manufactures. Il demanda l'avis de Gournay. Celui-ci répondit :

> « Dans le principe où je suis que le commerce peut et doit se conduire sans confiscations et sans amendes pour raison de fabriques et que notre commerce et nos manufactures n'acquerront jamais l'accroissement dont elles sont susceptibles, tandis que nous suivrons le système opposé qui est contraire à celui de toutes les nations commerçantes de l'Europe, je ne puis être d'avis de l'établissement d'une Caisse générale qui aurait pour objet la perception et la disposition de ces amendes. Je pense même que ce serait afficher d'une façon trop solennelle un principe dont nous re-

---

[1] *Mémoires et lettres de Vincent de Gournay*, p.120

viendrons quand l'esprit du commerce aura fait plus de progrès parmi nous.

Je pense encore qu'il est fâcheux de faire supporter à nos fabricants les appointements des Inspecteurs, car, sans vouloir discuter ici s'ils sont utiles ou nuisibles aux fabriques, il est certain que le fabricant français qui contribue à payer un inspecteur est dès lors plus chargé que le fabricant anglais ou hollandais, son concurrent, qui n'en paie point. » [1]

Ses lettres les plus curieuses sont assurément celles où, conscient que sa fonction lui fournit une certaine autorité et une certaine légitimité, il se permet de faire la leçon aux inspecteurs. Ainsi sermonne-t-il l'inspecteur des manufactures à Orléans, parce qu'il a confisqué de la marchandise qui paraît conforme aux règlements. « Vous ne devez pas ignorer qu'il est de l'intérêt du commerce de n'en pas arrêter les opérations et que son intérêt, qui est en même temps celui de l'État, doit toujours être préféré au privilège d'une communauté particulière. » [2] Une autre fois, Gournay alla aussi loin qu'à faire condamner les gardes jurés qui avaient validé la saisie d'une marchandise encore une fois de bonne qualité, malgré les allégations. « Sur le compte que vous me rendez, par votre lettre du 6 octobre dernier, de la saisie que vous avez faite au Bureau de Lyon, d'une balle de rhedins de boissesson qui n'ont pas la largeur portée par les règlements, quoique bien fabriquées d'ailleurs, appartenant au Sieur Bournichon oncle, vous aurez soin d'en retrancher les plombs de fabrique qui n'y auraient pas dû être appliqués puisqu'ils n'ont pas la largeur prescrite, vous n'y appliquerez point non plus les plombs de contrôle qui servent à garantir que la marchandise est fabriquée suivant les règlements, et, en cet état, vous les remettrez au Sieur Bournichon ou à celui qui les réclamera de sa part pour qu'il en fasse ce que bon lui semblera, sans prononcer contre lui ni contre le fabricant d'autres peines. Quant aux

[1] Lettre à Trudaine, *Mémoires et lettres de Vincent de Gournay*, p.148-149
[2] Lettre à Brutté, inspecteur des manufactures à Orléans, *Mémoires et lettres de Vincent de Gournay*, p.164

gardes jurés, comme ils n'ont pas dû apposer le plomb de fabrique aux étoffes qui n'ont pas la largeur prescrite par les règlements, vous les ferez condamner aux peines portées par l'arrêt du Conseil du 5 avril 1735. » [1] Sans aller aussi loin, il prenait parfois la peine d'exposer simplement ses idées sur les règlements aux hommes qui étaient en charge de les appliquer. Son intention était bien entendu de convaincre, mais surtout de permettre que les règlements, en eux-mêmes assez sévères, soit appliqués légèrement, et ainsi ne soient pas trop nuisibles aux fabricants. À ce titre, un passage d'une lettre de Gournay à Rodiez, élève-inspecteur, est d'une lecture illustrative. « J'ai vu avec grand plaisir, Monsieur, lui dit-il, par plusieurs ouvrages que Monsieur Trudaine m'a communiqués, combien vous avez de zèle et de talent. Mais vous ne sauriez les mettre véritablement à profit pour le bien du commerce qu'en traitant doucement les fabricants, en évitant autant qu'il est possible de leur donner des dégoûts. L'expérience aura pu vous apprendre que les étrangers sont fort empressés de nous enlever nos ouvriers, mais qu'ils sont peu curieux de nous enlever nos inspecteurs ; la douceur et les bonnes façons envers nos ouvriers sont nécessaires pour les conserver. » [2] En attendant un revirement complet de la législation, Gournay savait donc trouver des parades pour limiter l'application des règlements et user de son pouvoir d'intendant du commerce pour servir ses idées.

---

[1] Lettre à Lemarchant, Inspecteur des manufactures à Lyon, *Mémoires et lettres de Vincent de Gournay*, p.156
[2] Lettre à Rodiez, élève-inspecteur des manufactures à Alais, *Mémoires et lettres de Vincent de Gournay*, p.159-160

V. — GOURNAY CONTRE LES CORPORATIONS.

Système des corporations, maîtrises et jurandes au XVIIIᵉ siècle ; ses abus, dénoncés par les prédécesseurs de Gournay — Arguments de Gournay contre les corporations, maîtrises et jurandes — Ses succès pratiques.

La lutte engagée par Vincent de Gournay à l'encontre des corporations, alors appelées corps de métiers, est son titre de gloire le plus reconnu. Elle l'est pour au moins deux raisons. La première, c'est que cette lutte a abouti à l'abolition des corporations par le ministre Turgot, élève de Gournay. La seconde, c'est que Gournay fut un véritable précurseur dans cette opposition aux corporations. Comme l'a écrit Simone Meyssonnier, « Vincent de Gournay est le premier en France à exprimer l'idée d'une suppression des corporations et à travailler à sa mise en œuvre. » Le système corporatif, critiqué par quelques auteurs solitaires jusqu'au milieu du XVIIIᵉ siècle, fut en effet l'objet de condamnations répétées par l'intendant du commerce, qui eurent un impact sensible sur tout le discours anti-corporatif de son époque. Dès 1753, il soumit un mémoire critique à la Chambre de commerce de Lyon. « Ce long mémoire, dira Sécrestat-Escande, contient un des réquisitoires les plus complets qui aient été écrits contre les corporations, les entraves incessantes qu'elles portaient à la liberté commerciale et à la concurrence. » [1] Ce mémoire, renchérit Takumi Tsuda, « est sans doute la plus grande attaque qui ait été lancée contre les corporations dans un document officiel. » [2]

Hors des spécialistes de la pensée économique du XVIIIᵉ siècle, les historiens des corporations reconnaissent également en Gournay l'auteur central pour toute la critique de l'organisation corporative au XVIIIᵉ siècle. Dans son ouvrage sur

[1] G. Sécrestat-Escande, *Les idées économiques de Vincent de Gournay*, op. cit., p.105
[2] Takumi Tsuda (éd.), *Mémoires et lettres de Vincent de Gournay*, op. cit. p.xx

La fin des corporations, Steven Kaplan fait de Gournay l' « initiateur » du discours anti-corporations en France. Dans une anthologie à paraître, intitulée *Le procès des corporations*, et qui reprend les écrits des économistes du XVIIIe siècle sur les abus de l'organisation corporative, notre conclusion est aussi que Gournay a inspiré tous les penseurs qui l'ont succédé jusqu'à l'époque de la Révolution, et que son langage même est repris par tous.

Mais avant de faire voir quelles sont justement les idées que Vincent de Gournay développe dans sa critique des corporations, il nous semble pertinent de rappeler en quelques pages en quoi consistait justement ces corps de métiers et pourquoi ils s'étaient attirés les foudres des économistes.

***

Au cours du Moyen âge, et jusqu'au début de la Révolution française, l'industrie et l'artisanat français étaient organisés selon le modèle des « corps de métier ». Afin de pouvoir exercer une profession, il fallait être reçu *maître*, un titre qui s'obtenait après de longues années d'apprentissage et de compagnonnage et après la présentation d'un « chef d'œuvre » devant des membres de la profession, afin d'obtenir leur accord. En outre, il était défendu à quiconque d'exercer son métier ailleurs que dans la ville dans laquelle il avait effectué son apprentissage, et les étrangers ne pouvaient pas être reçus maîtres.

Les corporations étaient nées à l'époque des premiers rois. La chute du système féodal avait laissé un vide que les corporations de métiers furent vite chargées de remplir. Ce n'est pas vraiment qu'on souhaitait réintroduire une nouvelle forme de servitude : les premières corporations n'étaient que des assemblées de confrères, sans pouvoir de police ni intention réglementaire. Elles avaient pour fonction première de former des ouvriers capables, et elles y parvenaient fort bien. Par ailleurs, les corporations offraient une protection contre les *gens de guerre*, les seigneurs, et le Roi lui-même. Ainsi que le dira

Charles Ganilh, « ce fut sans contredit une puissante et efficace mesure que celle qui, dans le Moyen âge, après l'affran-
chissement des villes, au plus fort de l'oppression et des dé-
sordres de la féodalité, organisa la population des villes en
corps de métiers, d'arts et de profession, les soumit à des
chefs de leur choix, et les fit servir à protéger la sûreté publique et particulière, à faire respecter les propriétés, et à secouer le joug de l'oppression féodale. » ¹ On fut donc séduit
par cette nouvelle institution. Quoi de mieux que les différents métiers, au lieu de subir chaque jour les vexations arbitraires du pouvoir royal, se voient offrir la possibilité de se
gérer eux-mêmes ? Quelle source de progrès ! quelle émanci-
pation ! disait-on avec enthousiasme. Et il est vrai que cette
institution avait quelques avantages très réels. Il était tout à
fait pertinent de souhaiter que la France soit remplie d'ouvriers capables, et sans doute n'était-ce pas absurde de s'en
remettre aux membres de chaque profession pour assurer
cette formation. Le système des corporations permettait de ne
pas abandonner dans la tempête de l'industrie ceux qui n'y
avait pas leur place, et c'était certainement un bon exercice
pour l'ouvrier que de devoir prouver ses qualités par la présentation d'un chef d'œuvre. Enfin, en mettant tout le monde
dans le même bateau, l'association de confrères semblait pouvoir assurer la solidarité et permettre l'entraide.

Cette pratique, saine en apparence, ne tarda pas à se perver-
tir. Elle commença par se transformer en loi. Le roi Louis IX
fit le premier pas, et fut suivi par Henri III, et surtout Henri
IV, avec l'édit de 1597. En 1673, Louis XIV lui en fournit sa
forme définitive. Au lieu de réunir les marchands, les boulan-
gers, les tailleurs, *etc.*, on créa des associations fictives, et toujours plus nombreuses, des associations dont le ridicule, aujourd'hui si manifeste, a sans doute dû être déjà perçu à
l'époque. Outre les « vendeurs de poissons secs et salés » et les
« contrôleurs du plâtre », il y avait aussi des corporations spé-

¹ Charles Ganilh, *Dictionnaire analytique d'économie politique*, Paris, 1826, p.172

ciales pour les « contrôleurs-visiteurs de beurre frais », les « vendeurs de bétail à pied fourchu », les « mesureurs et porteurs de blé », les « contrôleurs du Roi aux empilements de bois », *etc., etc.*, et trois lignes d'*etc.* Les corporations devinrent une manière de réduire la concurrence. On diminua le nombre des pratiquants de chaque métier, on rejeta comme dangereuses les innovations techniques que les plus téméraires tâchaient d'introduire, on combattit les autres corporations pour récupérer des privilèges, et, bien entendu, on fit payer à prix d'or l'entrée dans le métier. Le système des corporations était effectivement très rentable, et les économistes s'en rendirent bien compte. « Les corporations, racontera Joseph Droz, ne furent point établies dans des vues d'intérêt public. Henri III n'avait cherché que des ressources fiscales dans les maîtrises et les communautés dont il couvrit la France. Louis XIV eut recours à des moyens semblables : plus de soixante mille offices, tous onéreux pour l'industrie, furent vendus sous son règne. »[1] On lit la même analyse chez un auteur de la même époque : « Le but apparent de la conservation des corps de maîtrise était sans doute de concentrer l'industrie dans des mains capables de l'exercer, mais le but réel a toujours été de se réserver des ressources pour le trésor. Aussi n'a-t-on jamais vu créer des charges, multiplier des offices, augmenter les corporations, qu'à ces époques désastreuses où de longues guerres et des dissensions civiles avaient tari toutes les sources de la fortune publique. »[2]

Les fabricants admis à la maîtrise y trouvaient eux aussi leur intérêt, car le système corporatif limitait la concurrence et assurait la sécurité des profits. Selon Gournay, leur systématisation fut même le résultat de la pression des fabricants eux-mêmes plutôt que des gouvernements. Les premiers eurent recours aux seconds pour obtenir des privilèges, qu'on leur accorda par intérêt fiscal et un peu aussi par négligence. « Les

---

[1] Joseph Droz, *Économie Politique, ou Principes de la science des richesses*, Paris, 1841, p.62
[2] A. de Villeneuve-Bargemont, *Économie Politique Chrétienne*, Bruxelles, 1837, p.177

divers fabricants, écrit-il, après avoir fait entre eux de pareilles lois que l'intérêt particulier seul avait dictés, s'adressèrent au gouvernement pour en obtenir la confirmation ; il leur fut d'autant plus facile de réussir qu'on fit aisément entendre à un gouvernement qui n'avait aucune connaissance du commerce, que ce qu'on ne demandait que pour l'avantage particulier de chaque communauté, était pour l'avantage public et du commerce en général. » [1] Telle est ainsi l'histoire des corporations selon Gournay : elles naissent de groupements de fabricants qui se donnent librement des règles, puis profitent de l'ignorance des ministres pour leur faire obtenir la force de la loi. Et Gournay continue : ces règles, devenues des lois, provoquent d'abord peu de mal car le marché mondial n'existe pas encore et les concurrents ont de faibles relations avec la France ; ensuite les premières vagues d'émigration commencent et les pays étrangers nous bousculent sur le marché mondial ; ces émigrations provoquent procès et crispations dans les corporations ; les procès eux-mêmes affaiblissent l'industrie française ; les industriels cherchent alors à dégrader la qualité pour maintenir leurs bénéfices, d'où davantage de règlements, qui ne font qu'aggraver le mal. [2] Ainsi les dispositions des corporations deviennent entièrement abusives : frais de maîtrises élevés, limites excessives, apprentissages trop longs, etc.

---

[1] Mémoire adressé à la Chambre de commerce de Lyon, février 1753, *Mémoires et lettres de Vincent de Gournay*, p.14

[2] Gournay signale le fait qu'à cause des premières vagues d'émigration de fabricants français vers l'Angleterre ou la Hollande, les crispations et les procès dans les corporations augmentèrent. « Des pertes aussi considérables pour l'État et qui tombaient encore plus particulièrement sur la ville de Lyon, ne tardèrent pas à s'y faire sentir, chaque communauté qui s'apercevait que son commerce diminuait s'imagina qu'il ne diminuait que parce qu'une autre avait entrepris sur la partie qu'elle s'était attribuée, de là leur division, de là les chicanes qui chargèrent encore la fabrique de nouveaux frais, car il fallut plaider et sur quoi prendre les frais ? si ce n'étaient sur les ouvriers et les fabricants, et ceux-ci ne parurent les retrouver eux-mêmes qu'en les faisant retomber sur les étoffes, ce qui en donnant aux nôtres un nouveau désavantage vis-à-vis des étrangers qui fabriquaient librement et sans procès, augmentait encore leur fabrique et diminuait les nôtres. » (*Ibid.*, p.17)

C'est ainsi que le système des corporations, anciennement la saine pratique d'artisans en mal de protection, n'avait pas tardé à devenir l'exercice de la tyrannie. Irrités par les vexations, freinés par les règles arbitraires, et pillés par les contributions obligatoires, les artisans et les industriels s'y opposaient de plus en plus. Leur critique de ces institutions réglementaires fut reprise et amplifiée par les écrits des grands esprits du siècle — les économistes d'abord, les écrivains ensuite, les hommes politiques enfin. Dans ce chapitre, nous nous pencherons spécifiquement sur la contribution de Vincent de Gournay à la critique des corporations, réservant l'étude du procès des corporations au XVIIIᵉ siècle et ses conséquences pour le chapitre 9.

§1. — Les effets néfastes des corporations selon Gournay

Après les deux précédents chapitres, le lecteur ne sera pas surpris d'apprendre ici que le principal reproche que Gournay faisait aux corporations était son effet désincitatif sur le travail et l'effort. Les corporations, en effet, en dégoûtant du travail, favorisent l'oisiveté ; elles créent des mendiants et des vagabonds, tout comme les règlements. Cela est du d'abord au fait que les apprentissages obligatoires sont fort longs. « Il est de l'intérêt particulier des communautés de diminuer le nombre des maîtres, c'est pour cela qu'elles prolongent les apprentissages et qu'il faut plus de temps pour devenir tireur d'or, que pour se faire recevoir docteur en Sorbonne ; ces longueurs dégoutent les aspirants. » [1] Beaucoup n'ont pas le courage de passer tant d'années à attendre leur accès à une profession et choisissent des voies parallèles, qui peuvent être et qui sont en effet parfois le crime, la contrebande ou le vagabondage. En outre, l'obtention d'un métier ne se fait pas sans coût : il faut d'abord réduire ses dépenses au minimum pendant ses années d'apprentissage, puis payer chèrement son accès à la maîtrise.

---

[1] *Remarques*, p.177

Or, encore une fois, beaucoup de pauvres n'ont pas les ressources nécessaires et se voient donc incités à chercher leur subsistance en dehors des professions économiques normales. « Ne dirait-on pas en voyant toutes ces restrictions que depuis que l'on a connu le commerce et la fabrique en France on les a regardés comme des maux contre lesquels il fallait prendre des précautions pour les empêcher de s'étendre ? » demande rhétoriquement Gournay.

Les arrangements qui limitent le nombre d'apprentis ou de maîtres limitent la concurrence et causent la formation de prix artificiellement élevés. Il faut en outre ajouter le coût de l'accès au métier, que le maître ne tarde jamais à répercuter sur ses clients. Toutes ces causes ont pour effet « de renchérir considérablement nos étoffes, de leur donner une valeur fictive qu'elles n'auraient pas eu si on avait laissé à chacun la liberté d'avoir autant d'apprentis qu'il eût voulu, de fabriquer et de vendre. » [1] Les corporations, qu'on disait avantageuses aux fabricants et aux consommateurs, sont donc au moins clairement un poids pour le consommateur, car elles font renchérir le prix des produits qu'il achète avec le fruit de son travail et pèsent donc sur son niveau de vie.

Les fabricants n'apparaissent pas mieux servis par les corporations. Outre la longueur de l'apprentissage et les frais à débourser pour accéder à la maîtrise, il faut encore s'attendre, après être devenu maître, à soutenir en permanence des procès contre les autres corporations, ce qui dévore le temps et souvent les ressources des maîtres. Les fabricants de telle sorte de tissu combattent les fabricants de telle autre sorte ; les vendeurs de volaille repoussent de leur « territoire réservé » les vendeurs de viande séchée et les bouchers, lesquels les attaquent également et luttent aussi entre eux, etc., etc. La raison de ces luttes perpétuelles entre les corporations est à trouver dans le système même des corporations, soutient Gournay.

---

[1] Mémoire adressé à la Chambre de commerce de Lyon, février 1753, *Mémoires et lettres de Vincent de Gournay*, p.16

C'est parce qu'un homme n'a pas le droit de fabriquer ou de vendre la marchandise de son choix, c'est parce qu'on l'enrégimente de force dans une profession aux contours réduits et sévèrement définis. « On trouve l'origine de ces divisions dans celle de ces communautés même, remarque l'intendant du commerce ; en effet, comment a-t-on pu se flatter qu'on pourrait diviser des professions aussi analogues et dépendantes en quelque façon les unes des autres pour la composition et la perfection des étoffes, sans les mettre dans le cas d'entreprendre tous les jours l'une contre l'autre, et par là se regarder toujours comme ennemies, et au lieu de concourir à étendre le commerce, ne s'occuper qu'à se détruire les unes et les autres, et avec elles la totalité du commerce de Lyon. Tel est l'esprit qui a animé ces communautés depuis leur origine, il n'y a qu'à feuilleter leurs registres pour se convaincre que les ennemis naturels d'une communauté sont toutes les autres communautés, que les procès entre elles sont aussi anciens que leur établissement et que la procédure leur est devenue presque aussi familière que leur profession même. » [1] La dilapidation d'efforts, la perte de revenu, l'animosité qui rompt tout lien fraternel entre artisans, telles sont des conséquences qu'assurément aucun calcul ne saurait mesurer, mais dont le caractère ne saurait nous inspirer que honte et indignation mêlées.

L'insanité ne serait peut-être pas aussi complète si les autres nations étaient restées dans un état aussi barbare que nous et si, par ce fait, nous luttions à armes égales avec elles — c'est-à-dire, pour user de cette image, si nous combattions chacun avec des armes en bois. Or, précisément, il n'en est rien, et les entraves que posent les corporations à l'industrie, à l'artisanat et au commerce français sont d'autant plus éclatantes qu'elles ne se retrouvent pas ailleurs. L'Angleterre et la Hollande, surtout, sont des exemples de liberté. Un aspirant à un métier

---

[1] Mémoire adressé à la Chambre de commerce de Lyon, février 1753, *Mémoires et lettres de Vincent de Gournay*, p.13

peut l'exercer sans apprentissage et sans débourser quoi que ce soit. Gournay en tire une raison pour sermonner le prévôt des marchands de Lyon, pour lui faire bien entendre les défauts des corporations et la meilleure pratique des nations étrangères.

> « Il paraît que c'est une maxime reçue à Lyon comme partout ailleurs, que le commerce doit être libre, mais que l'on a restreint à Lyon ce que l'on entend par la liberté du commerce à la faculté de la vente des marchandises, pendant que les fabriques, qui sont le principe du commerce et surtout le principe du commerce de la ville de Lyon, y sont dans une gêne horrible par la bizarrerie des statuts et des lois de ses différentes communautés, qui donneront toujours un désavantage infini aux fabriques de la ville de Lyon vis-à-vis des fabriques étrangères tandis que ces statuts resterons en vigueur ; vous en allez juger par vous-même.
>
> À Lyon, un ouvrier doit faire cinq ans d'apprentissage et cinq ans de compagnonnage pour parvenir à la maîtrise, dont il faut qu'il achète le droit fort cher. À Amsterdam, et dans les fabriques étrangères, un homme n'a point de temps limité pour l'apprentissage ; il est maître dès qu'il sait travailler, plus tôt ou plus tard suivant qu'il a plus ou moins de talents, mais celui qui en a le moins ne passe jamais dix ans pour parvenir à la maîtrise, qui ne lui coûte rien. Il est donc plus difficile de devenir maître à Lyon que dans l'étranger. Il doit donc y avoir moins de maîtres à Lyon que dans l'étranger.
>
> À Lyon, un maître ne peut avoir qu'un nombre de métiers et d'apprentis limité ; dans l'étranger, un fabricant a autant de métiers et d'apprentis qu'il veut. Il doit donc se faire dans l'étranger tous les ans plus d'ouvriers qu'à Lyon. À Lyon, un maître ne peut pas vendre sa marchandise s'il n'achète la qualité de marchand. Dans l'étranger, un homme qui fabrique une étoffe a la liberté de la vendre ; l'état d'un maître est donc plus favorable dans l'étranger qu'il ne l'est à Lyon. » [1]

Chaque nation a ses défauts, pourrait-on dire, comme chaque individu a les siens, et il ne faut pas trop rougir des nôtres.

---

[1] Lettre à Flachat de Saint-Bonnet, *Mémoires et lettres de Vincent de Gournay*, p.135-138

Seulement, quelle est la conséquence de notre infériorité, de notre « bizarrerie », pour reprendre un terme de Gournay, par rapport aux autres nations ? Ce n'est pas d'être la risée du monde.

La première conséquence, c'est de nous rendre inférieur en génie productif, en productivité, dirons-nous, que les pays qui ne connaissent pas de corporations ou dont le système corporatif est plus libéral. Cette plainte est partout dans les écrits de Gournay, d'autant que certaines nations paraissaient à son époque vouloir faire évoluer leur organisation du travail vers un système accordant une liberté plus grande aux individus. C'est le cas de l'Espagne, d'où une crainte exprimée par l'intendant du commerce :

> « Je viens d'avoir communication d'une cédule du Roi d'Espagne adressée au marquis de la Ensenadas le 24 juin dernier. J'en ai fait un extrait que je me hâte de vous envoyer, parce qu'un pays où les principes répandus dans cette cédule ont percé, est pour nous un concurrent très dangereux.
>
> Nous avons plus que jamais intérêt de sentir combien nos communautés, la cherté de nos maîtrises et la longueur de nos apprentissages donnent d'avantage à nos rivaux en ôtant entre les sujets du Roi l'égalité nécessaire au progrès des arts et à l'augmentation du commerce. Que serait-ce si, par une suite de l'étude que font les Espagnols des bons principes, ils allaient nous gagner de vitesse sur la réduction de l'intérêt ? Je suis avec respect, etc. » [1]

La seconde conséquence de nos corporations, dans un monde de liberté plus ou moins absolue, est de provoquer la fuite de nos meilleurs ouvriers, qui quittent les entraves de la France pour faire épanouir leurs talents dans la liberté anglaise ou hollandise. Certainement, au XIIIe siècle, sans concurrents internationaux, sans marché mondial, ce mal était faible et « nos manufactures et nos fabriques prospérèrent au milieu de

---

[1] Lettre à Trudaine, *Mémoires et lettres de Vincent de Gournay*, p.145

tous ces abus, tandis que nous n'eûmes point de concurrents. » [1] Mais par la suite l'immigration commence et des fabricants partent. « Ces nouveaux fabricants furent reçus à bras ouverts dans les pays où ils allèrent s'établir, mais surtout en Angleterre et en Hollande ; ils peuplèrent Canterbury et ils formèrent à Londres un faubourg connu sous le nom de Spintefield, où se fabriquent les plus belles étoffes de soie, d'or et d'argent. On ne leur demanda pas s'ils étaient maîtres et s'ils avaient fait leur apprentissage ; on laissa fabriquer qui voulut, et à l'abri de cette liberté ils firent bientôt des élèves qui égalèrent et surpassèrent leurs maîtres ; on le fut dès qu'on se trouva assez industrieux pour fabriquer mieux, pour ne pas se ruiner en faisant des étoffes qu'ils étaient forcés de vendre à perte. Ceux qui passèrent en Hollande y firent les mêmes progrès à l'abri de la même liberté. » [2] C'était le résultat naturel des dispositions abusives des corporations, du fait signalé « qu'il faut plus de temps pour devenir tireur d'or, que pour se faire recevoir docteur en Sorbonne » [3] ou encore des frais d'entrée à la maîtrise. « Un homme qui apprend son métier dans un an ou deux, voyant que s'il veut l'exercer en France, il faut qu'il fasse encore dix ou douze ans d'apprentissage dont il n'a plus que faire, passe dans le pays étranger où il est maître d'abord. Un autre à qui l'on demande 200 ou 300 livres pour le recevoir maître, passe encore à l'étranger où il l'est pour rien. » [4] Pour Gournay, dont toute l'attention à l'économie est due à l'affaiblissement économique de la France vis-à-vis de ses rivaux commerciaux, ce mal est impardonnable.

Les corporations françaises apparaissent donc comme un stimulant à l'émigration qui, si elle est un mal, n'en doit cependant pas être interdite. Mais elles apparaissent aussi, en parallèle, comme un frein majeur à l'immigration, qui, nous

[1] Mémoire adressé à la Chambre de commerce de Lyon, février 1753, *Mémoires et lettres de Vincent de Gournay*, p.16

[2] *Ibid.*, p.16

[3] *Remarques*, p.177

[4] *Ibid.*

l'avons indiqué, est un bien dans l'esprit de l'intendant du commerce. Comment pourra-t-on en effet attirer de bons ouvriers, de bons fabricants, de bons commerçants étrangers, si nous commençons par leur tenir le langage suivant : vous ne pourrez exercer ces professions, car vous êtes étrangers ; vous payerez des droits d'entrée doubles ou triples pour celles-ci ; vous devrez oublier votre savoir-faire et travailler dans les limites et les règles fixées d'avance en France, etc. Dans son mémoire sur les corporations, adressé à la Chambre de commerce de Lyon, Gournay explique bien qu'on se berce d'illusion lorsqu'on croit que les douceurs de la vie française, le respect qu'on y professe pour la religion chrétienne, suffiront à nous attirer d'habiles fabricants. « Suivant les statuts qui sont aujourd'hui en vigueur dans cette ville, il n'arriverait rien de tout cela, on dirait aux Génois : si vous voulez vous établir parmi nous il faut faire cinq années d'apprentissage, cinq années de compagnonnage, payer pour tout cela, après quoi si vous voulez être maîtres et avoir le droit de vendre vos étoffes il faudra payer chacun 400 livres parce que vous êtes étrangers. Les Génois auraient beau dire qu'ils savaient déjà faire de beaux velours, qu'ils nous en vendaient même beaucoup avant de sortir de leurs pays, que d'ailleurs ils n'ont d'autres biens que leur industrie, qu'il n'est pas juste de commencer de les mettre à l'amende parce qu'ils veulent travailler et contribuer à enrichir l'État et la ville. Tout cela serait inutile, on ne reçoit point de maître et marchand sans 400 livres et dix années d'apprentissage. Les Génois s'en retourneraient confus de nous trouver si étrangers, ils s'en iraient débarquer en Hollande et en Angleterre, où ils seraient bien surpris de se trouver en arrivant tout à la fois maîtres et marchands sans acheter ce droit et sans qu'on leur demande même s'ils ont fait leur apprentissage et s'ils ont jamais travaillé dans ce qu'on appelle une ville réglée. On demande à tout homme de bon sens si les fabriques et le commerce ne doivent pas déchoir dans un pays d'où l'on éloigne ceux qui veulent le faire et s'ils ne doivent pas fleurir et augmenter dans ceux où tout le monde est bienvenu à fabriquer et à commercer. »[1] Et cela, c'est encore sans parler des bizarreries de certaines corporations comme l'interdiction de recevoir des hommes mariés à la maîtrise, comme si le mariage était un crime, et comme si les chefs de famille n'avaient pas un besoin plus grand encore de soutenir leur famille par un travail honnête !

Au final, Gournay soutient que les corporations sont un système toujours mauvais, essentiellement mauvais, mais qui l'est plus encore dans une situation de concurrence mondiale. Dans cet état, il est insoutenable et doit être réformé. « Nous conduisons encore nos fabriques par le principe établi sous Henri second : il était mauvais alors et même dans le temps où nous n'avions point de concurrence, puisqu'il détruisait l'émulation parmi nous ; il est insoutenable aujourd'hui que nous en avons dans toute l'Europe. Parce que nous nous sommes malheureusement mis un bras en écharpe sous Henri second, faut-il qu'il y reste sous Louis XV et dans un temps où tous les souverains de l'Europe sont occupés de délier les bras de leurs sujets pour nous enlever ce qui nous reste de commerce ? Qu'on nous rende l'usage de nos deux bras et nous serons en état de regagner le terrain que nous avons perdu. »[2]

Se pose cependant la question du *comment*, et c'est celle qu'il nous faut étudier maintenant.

§2. — Comment réformer les corporations ?

Gournay a, peut-être plus qu'aucun autre économiste de son siècle — excepté Turgot, son élève — pris au sérieux la question de la réforme. En tant qu'intendant, il a toujours cherché à avoir une meilleure connaissance possible de l'état des cor-

---

[1] Mémoire adressé à la Chambre de commerce de Lyon, février 1753, *Mémoires et lettres de Vincent de Gournay*, p.21

[2] *Ibid.*, p.24

porations afin, en les critiquant, de ne pas manquer sa cible, et surtout, en proposant une réforme, de la rendre praticable et éminemment utile. Sa correspondance administrative nous prouve tout l'intérêt qu'il portait aux détails et nous le montre demandant de manière répétée et toujours avec insistance des informations qui devaient lui permettre de trancher la question. Qu'il nous soit permis d'en citer un exemple dans sa longueur :

« J'ai reçu la lettre que vous m'avez fait l'honneur de m'écrire le 10 de ce mois. Je serais bien charmé que vous trouviez dans les réflexions que je vous ai communiquées sur quelques-uns des statuts des principales communautés de la ville de Lyon, les sentiments d'un patriote et d'un homme qui désire sincèrement la prospérité et l'augmentation de cette ville et de son commerce. Je suis persuadé, Monsieur, qu'en vous occupant comme vous vous le proposez de rechercher ce que les règlements de la plupart des communautés ont de nuisible à l'avantage général de la ville, vous parviendrez mieux que personne à connaître les moyens dont on peut se servir pour y remédier. Si vous lisez les statuts des teinturiers en soie, ceux des passementiers, etc., vous verrez combien la prolongation des frais de réception à la maîtrise doivent diminuer le nombre des ouvriers et renfermer d'abus. Je sens bien que les dettes que les communautés ont été obligées de contracter ont donné lieu à l'augmentation de tous ces frais. Mais il n'est point moins vrai que le mal qui en résulte retombe sur l'État en général et plus particulièrement encore sur la ville de Lyon d'où elle éloigne les ouvriers et les arts.

Au reste, pour pouvoir m'occuper avec plus de connaissance de cause de ce qu'il peut y avoir à faire sur une partie aussi intéressante, il serait à propos que je connusse l'état actuel des diverses communautés de la ville de Lyon. C'est pourquoi il serait bon que vous m'adressassiez, sous couvert de M. le Garde des Sceaux, un état exact des dettes de chaque communauté et, s'il se peut aussi, le dénombrement de chacune, c'est-à-dire du nombre des maîtres, compagnons et apprentis qui s'y trouvent. Je pense que, si les maîtres et gardes tiennent des registres, cet état ne doit pas être difficile à former. Au reste, vous êtes le maître de prendre pour cela tout le temps que vous jugerez nécessaire. » [1]

La demande d'information formulée dans ces termes par Gournay suggère que celui-ci était conscient des principales difficultés pratiques d'une réforme en profondeur des corporations. En particulier, l'épineux problème des dettes était immédiatement soulevé. Afin de s'acquitter des lourdes taxes que le pouvoir royal levait sur les corps de métiers, ceux-ci élevèrent les frais d'accès à la maîtrise et s'endettèrent aussi très largement. Comment éteindre ces dettes ? La question faisait débat. Gournay soutiendra la nécessité que la nation rembourse par l'impôt les dettes des communautés, car le tribut que celles-ci ont versé, et qui a causé cet endettement, a causé un allégement d'imposition pour toute la nation. Les mots mêmes de Gournay sont les suivants :

> « Il n'y a personne aujourd'hui chargé de l'administration du commerce qui ne sente combien ces communautés particulières sont réellement nuisibles au bien de l'État et au progrès des arts et qui n'en désire sincèrement l'abolition ; mais on est surtout retenu par les dettes de ces communautés, dettes presque toujours contractées pour les besoins de l'État et auxquelles il ne serait ni juste ni honorable de faire banqueroute. Il faut au contraire les regarder comme sacrées ; car tout ce qui a été prêté pour les besoins de l'État, doit l'être à jamais (sans quoi il n'y aura jamais de crédit) et comme telles il faut les payer et les payer exactement ; mais qui les payera ? La nation. Il n'y a qu'elle qui puisse les payer. Eh quoi ! N'est-elle pas assez chargée ? C'est pour éteindre une dette qu'elle paie continuellement, et qu'elle paiera à jamais en hommes et en argent, que l'on propose d'acquitter celle-là. »
>
> « Il est juste que la nation paie les dettes des communautés, parce que si l'État n'avait pas tant tiré de ces corps, il aurait plus demandé au reste de la nation, et qu'il est contre toute bonne politique de taxer les ouvriers comme ouvriers

---

[1] Lettre à Flachat de Saint-Bonnet, *Mémoires et lettres de Vincent de Gournay*, p.140-141

> et non pas comme citoyens ; c'est rendre l'état de fainéant
> préférable à celui de l'homme utile ; d'ailleurs le contrecoup
> des taxes sur les ouvriers retombe toujours sur la nation qui
> étant obligée d'avoir recours à eux pour se vêtir et pour les
> autres besoins de la vie paie toutes ces choses plus cher ; la
> taxe donnant un prétexte à l'ouvrier pour surhausser le prix
> des étoffes et de son travail, ainsi, quoique ce soit la com-
> munauté qui paraisse payer une taxe, c'est cependant tou-
> jours la nation qui la paie et qui la paiera tant que la dette
> durera. » [1]

Il n'est pas certain que Gournay ait été parfaitement satisfait
de cet arrangement, car il se prononçait si souvent pour critiquer l'excès d'impôts et de charges pesant sur le peuple qu'on
serait étonné qu'il projette de bonne foi un nouvel impôt.
L'explication vient certainement du fait qu'il était à ce point
ennemi des corporations, à ce point convaincu du désastre
qu'elles causaient sur l'industrie et le commerce français,
comme de l'impact de leurs dettes sur la nation, qu'un moyen
imparfait en lui-même suffisait à obtenir son accord. Une
preuve de son hésitation à promouvoir complètement l'extinction des dettes par la création d'un impôt général était sa
conviction qu'il était possible de mettre en œuvre une réforme
plus graduelle. Un nouvel impôt, l'extinction consécutive des
dettes des communautés — Paris excepté, car l'impôt réclamé
aurait été trop lourd —, cela permettrait de « lever dans un
instant les obstacles continuels que ces communautés et la
bizarrerie de leurs statuts apportent à l'industrie et à l'accroissement du peuple ». [2] Mais on pourrait aussi avancer par
étapes, et rembourser les dettes par de faibles contributions
obtenues de chaque nouveau maître, tandis que dès à présent
on laisserait toute liberté d'entrer dans chaque métier, sans
formalité et sans frais, outre le droit servant au remboursement des dettes. Dès que les contributions auraient permis de
rembourser toutes les dettes des communautés, on lèverait

[1] *Remarques*, p.176
[2] *Ibid.*, p.177-178

cette dernière charge financière sur les aspirants aux métiers et, en entrant dans une profession, un individu ne serait plus obligé que de se déclarer — « plutôt par forme de recensement que pour assujettir un chacun à n'exercer que celle-là » prend soin d'indiquer Gournay. [1]

Le dévoilement, chez Gournay, de deux plans de réforme des corporations prouve l'importance qu'il accordait à leur suppression. Pour atteindre ce but, il était prêt à se satisfaire de demi-mesures tout autant que de légères entorses à ses principes, comme pourrait l'être un nouvel impôt. C'est qu'il savait toute l'importance de la liberté du travail pour la prospérité de la France. Il savait qu'en supprimant les corporations, on supprimerait l'une des principales entraves à la richesse des travailleurs et de l'État. « On s'apercevra en moins de cinq ans, dit Gournay, d'une augmentation considérable dans le nombre et dans l'aisance du peuple, qu'on retiendra dans le royaume beaucoup de sujets qui auraient passé à l'étranger, on reconnaîtra une grande diminution dans le nombre des mendiants, des vagabonds et des voleurs de grands chemins, qui n'est peut-être aussi considérable en France, que parce que ces professions sont les seules que l'on puisse exercer facilement et sans frais, point d'apprentissage, point de difficulté ni de rétribution pour être reçu maître, l'idée du supplice où elles conduisent, cède à l'appât du profit présent et assuré qu'on envisage, que la sévérité et la vigilance des magistrats ne balancent point dans l'esprit d'un homme à qui d'ailleurs l'entrée des professions utiles à la société est fermée. » [2] Ce serait donc, enfin, reconnaître la valeur et le mérite du travail et accepter d'en recueillir les fruits.

[1] *Remarques*, p.178
[2] *Ibid.*

§3. — *La lutte contre les corporations dans la pratique du pouvoir de Gournay*

Étant donnée l'importance des corporations dans son système de pensée, il est à supposer que ce sujet fut également au centre de ses actions administratives. Il est certain que Gournay, au Bureau du commerce, a usé de son crédit et de son influence pour soutenir la lutte contre les corporations, comme il le fit parallèlement contre les règlements sur les fabriques.

Sa correspondance administrative est remplie de lettres où l'intendant du commerce soulève tel ou tel prétexte afin de réclamer une exemption de frais ou des qualités prescrites pour l'accès à la maîtrise. La principale source de refus à la maitrise semble avoir été la qualité d'étranger, qui s'étendait, pour devenir maître à Lyon, par exemple, à tous les individus qui n'étaient pas nés dans cette ville, quoiqu'ils soient par ailleurs français. Cette disposition, que Gournay considérait comme une absurdité, fut un des principaux motifs de ses interventions auprès du prévôt des marchands de Lyon. « Je joins ici un placet de la veuve André Salaballe, qui demande que son fils Alexandre Salaballe soit admis à l'apprentissage dans la fabrique de Lyon quoiqu'il ne soit pas né dans cette ville d'où néanmoins son père est originaire. Je vous prie de vouloir bien me marquer si vous n'y trouvez d'autre difficulté. Je suis, etc. » [1] Les règlements des corporations ne prévoyaient en aucun cas de traitement de faveur pour les fils de pères nés dans la ville concernée : il fallait y être né soi-même. Malgré ce fait, Gournay cherchait à forcer la donne pour vaincre les corporations au cas par cas. Encore un prétexte ignoré par les statuts des corporations, l'habilitation à devenir maître pour raison de famille. Gournay l'utilise pour réclamer une autorisation d'accès à la maîtrise. Il écrit au prévôt des marchands : « Guy Pons, provençal âgé de 20 ans, demande par le

---

[1] Lettre à Flachat de Saint-Bonnet, *Mémoires et lettres de Vincent de Gournay*, p.142

placet ci-joint, d'être admis à l'apprentissage dans la fabrique des étoffes de Lyon, nonobstant la disposition du règlement de 1744. Sa demande me paraît d'autant plus favorable que Pierre Pons, son frère, natif du même lieu, est actuellement compagnon dans cette fabrique depuis 1740. Je vous prie de vouloir bien me mander s'il n'y a rien d'ailleurs qui s'oppose à cette demande. » [1] Sans doute il n'y a rien, si ce n'est que les règlements ne reconnaissent rien de tel.

Vincent de Gournay trouvait toujours des raisons pour éviter l'application du règlement. On doit lui donner raison dans le fond, puisque la liberté du travail méritait d'être défendue, même si c'était au prix d'un contournement de règles abusives. À de nombreuses reprises, il prenait la défense de travailleurs qui s'étaient laissés surprendre par quelques dispositions des statuts, et qu'un manquement involontaire pouvait repousser à jamais en dehors de leur profession. C'est ainsi que Gournay envoya un jour cette lettre : « Joseph Guyon, âgé de 35 ans, par négligence ou autrement, ne s'étant point fait enregistrer au Bureau de la communauté des bouchers de Lyon ni en qualité d'apprenti ni comme compagnon, demande à être reçu en même temps apprenti, compagnon et maître aux offres de se conformer aux formalités et de payer les droits prescrits par les statuts de cette communauté. Le certificat de 21 années de service en qualité de garçon boucher qu'il apporte et les droits qu'il a payés à la confrérie me paraissent être des titres suffisants pour lui accorder sa demande. Je vous prie cependant de vouloir bien la communiquer aux gardes de la communauté et de me mettre en état d'en rendre compte à M. le Contrôleur général et apprendre sa décision. » [2] Cette fois-ci, la demande de Gournay était due à un réflexe d'humanité plus qu'à une lutte globale contre le système corporatif.

---

[1] Lettre à Flachat de Saint-Bonnet, *Mémoires et lettres de Vincent de Gournay*, p.169
[2] *Ibid.*, p.213-214

Quand la nationalité n'était pas suffisante pour un accès à la maîtrise, parce que des circonstances avait fait naître les individus concernés loin de France, Gournay ne s'interdisait pas non plus d'intervenir. « La veuve du Sieur Breton, officier dans les Grenadiers royaux du bataillon de milice de la généralité de Lyon, que son mari a laissée avec deux fils sans aucun bien, demande par son placet ci-joint qu'ils soient admis à l'apprentissage des étoffes de soie, quoique nés, l'un en Sicile et l'autre à Phalsbourg. Les services de cet officier, attestés par le commandant et l'aide-major de ce bataillon, pourraient mériter que l'on accorde cette grâce à ses enfants qui vraisemblablement se fixeront pour toujours en France lorsqu'ils y trouveront les moyens de subsister. Mais, si leur père était français, il me semble qu'il ne devrait y avoir aucune difficulté à leur accorder leur demande. Je vous prie de vouloir bien vous en faire informer et de me mander ce que vous en pensez. Je suis, etc. » [1] Là encore, les statuts des corporations ne prescrivaient pas qu'on étudie la volonté des prétendants à s'installer en France ni le mérite de leur père : Gournay tâchait pourtant de les utiliser comme raisons.

Il en fait de même lorsque le demandeur est étranger, donc définitivement exclu de la maîtrise. Sa volonté est bien sûr de soutenir l'immigration, qu'il dit éminemment utile, car elle favorise l'émulation et la prospérité — comment soutenir que nous n'avons pas besoin de travailleurs pour enrichir la nation, demandait-il ? « Voici un placet du nommé Symiand, Suisse de nation, qui demande permission de continuer sa profession de dessinateur à Lyon. Je vous prie de vouloir bien m'informer des talents de ce particulier pour que je puisse en rendre compte à M. le Garde des Sceaux. Je pense cependant qu'il vaut mieux que cet homme dessine pour nous à Lyon que contre nous à Vienne ou à Turin. » [2] Telle était sa première lettre au sujet de cet aspirant à la maîtrise, lettre sobre

---

[1] Lettre à Flachat de Saint-Bonnet, *Mémoires et lettres de Vincent de Gournay*, p.162
[2] *Ibid.*, p.150

dans l'absolu. Les informations une fois recueillies, Gournay pouvait renchérir sur ce cas. « J'ai reçu la lettre que vous m'avez fait l'honneur de m'écrire le 3 octobre dernier au sujet du nommé Symiand, Suisse et protestant. Puisque les maîtres et gardes de la fabrique et tous ceux de qui vous en avez pris information vous ont assuré qu'il était fort bon dessinateur et que son éloignement porterait préjudice à la fabrique, je vous prie, Monsieur, de voir ce qu'on pourrait faire pour le conserver et quelle tournure on pourrait prendre pour le mettre en état de travailler pour l'avantage de la fabrique de Lyon, afin qu'étant fixé, il n'aille pas enrichir encore de son talent les fabriques de Londres et d'Amsterdam au grand préjudice de celle de Lyon. » [1]

Après de premiers succès, ses demandes prirent un tour vraiment édifiant. Non content d'offrir la maîtrise pour des individus théoriquement exclus par les statuts, Gournay ajoutait des remarques sur l'insanité du système des corporations ou des litanies sur l'état précaire du demandeur, sur son besoin de nourrir une famille nombreuse, sur ses talents dans le métier, etc., détails qui servaient à justifier une conclusion : veuillez l'accepter comme maître, quoiqu'il n'ait pas fait son apprentissage, et sans le faire payer les droits d'accès à la maîtrise ! En voici un exemple : « Frédéric Hildebrand, originaire de Suisse et ouvrier tourneur à Lyon, demande par le placet ci-joint adressé à M. le Contrôleur général par M. le Cardinal du Témion, d'être reçu maître tourneur dans cette ville, où il prétend se fixer, et ce sans payer aucun droit de réception attendu son indigence, et en considération de ce qu'il est sur le point d'abjurer les exercices du Calvinisme. Je vous prie de vouloir bien me mander si dans des circonstances aussi favorables il peut se remontrer des obstacles assez forts pour refuser à ce particulier la grâce qu'il demande. Je suis, etc. » [2] On ne reviendra pas sur la pertinence des motifs invoqués. Il

---

[1] Lettre à Flachat de Saint-Bonnet, *Mémoires et lettres de Vincent de Gournay*, p.155-156
[2] *Ibid.*, p.204

suffit de noter que cette démarche n'était inspirée chez Gournay que par le souhait de rendre libre, entièrement libre, l'accès aux professions, et qu'en l'attente d'une loi générale supprimant les corporations, il était bien décidé à agir à son niveau pour neutraliser les effets néfastes de ce système qu'il abhorrait.

L'action solitaire s'est à plus d'une fois, d'ailleurs, joint à l'action collective, ou du moins à une tentative d'action collective. Car Vincent de Gournay, de par ses relations avec les économistes et sa place enviable dans l'administration, était dans la capacité de mobiliser un réseau afin de former un véritable front anti-corporation en France. C'est ainsi qu'il a soulevé ou fait soulevé la question de l'utilité des corporations dans toutes les sphères de pouvoir auxquelles il pouvait avoir accès. Nous avons vu quel langage il tenait au prévôt des marchands de Lyon, Flachat de Saint-Bonnet, et en quels termes il critiquait les corporations dans son mémoire à la chambre de commerce de Lyon. À la chambre de commerce de Bordeaux, pareillement, il suggère « de porter aussi vos observations sur un projet encore plus intéressant qui est celui du bien général du commerce eu égard à sa situation présente, en discutant si ces sortes de règlements et les statuts des communautés lui sont effectivement avantageux, ou, si, en bornant l'industrie, ils n'en gênent pas les opérations. Quelle que soit votre opinion, je ne doute pas que vous ne la fondiez sur des principes que l'expérience que vous avez acquise dans le commerce vous a rendus familiers. Je suis, etc. » [1] Si ces actions allaient s'avérer peu fructueuses dans l'immédiat, les graines qu'elles laissaient dans le sol administratif français devaient plus tard produire un résultat insoupçonné.

Ce résultat fut celui de son élève, Turgot. Celui-ci, parvenu au ministère, supprima les corporations dans l'un de ses plus fameux édits. Il n'est pas excessif, pour l'historien ayant étudié

---

[1] Lettre à la Chambre de commerce de Bordeaux, *Mémoires et lettres de Vincent de Gournay*, p.145

les attaques portées par Gournay envers les corporations, et considérant les rapports étroits entre Gournay et Turgot — que nous prouverons définitivement dans le chapitre 9 — d'affirmer que le succès de l'abolition des corporations doit aussi, et peut-être autant à l'intendant du commerce qu'à son brillant élève. C'est aussi la conclusion de Sécrestat-Escande, qui écrit dans sa thèse sur Vincent de Gournay : « N'est-ce pas près de Gournay que naquirent les principales convictions du jeune Turgot ? Et n'est-il pas raisonnable de faire remonter à Gournay un peu de l'honneur qu'a acquis le ministre de Louis XVI lorsqu'il fit rendre le fameux édit de 1776 qui supprimait les corporations et dotait la France de la liberté du travail ? »[1]

[1] G. Sécrestat-Escande, *Les idées économiques de Vincent de Gournay*, op. cit., p.90

VI. — GOURNAY ET LA QUESTION DU LIBRE-ÉCHANGE.

Des traces de protectionnisme et de mercantilisme — Sa proposition d'un Acte de navigation — Les idées libre-échangistes chez Gournay. Le libre-échange intérieur. La concurrence entre les ports. La contrebande. La question de la compagnie des Indes. La question des toiles peintes. — Conclusion : comment deux principes différents ont pu cohabiter chez Gournay ?

À l'instar de celle de ses prédécesseurs, l'économie politique de Gournay est encore obnubilée par la concurrence avec l'Angleterre et la Hollande, par les idées de guerre commerciale et de balance du commerce. C'est certainement ce qui, dans l'œuvre de ce précurseur immédiat des physiocrates et des économistes classiques, étonne le plus. Avec l'intendant du commerce, on est encore loin des conceptions larges d'un Jean-Baptiste Say, qui disait qu'une nation doit souhaiter l'enrichissement de ses voisines, car cette prospérité serait dans son intérêt. Ce manquement de Gournay est grave, disons-le, car David Hume, Mirabeau, Turgot ou Dupont de Nemours ont, à peu près à la même époque, énoncé des principes tout à fait contraires aux siens.

Mais en même temps, nous verrons dans ce chapitre que Gournay fut également un grand défenseur du libre-échange et qu'il mena bataille pour la liberté commerciale sur deux questions cruciales à l'époque : le monopole de la compagnie des Indes et la prohibition des toiles peintes. C'est que Vincent de Gournay eut une attitude ambivalente sur la question du libre-échange : il en avait saisi l'enjeu mais son angoisse de la concurrence internationale lui avait masqué quelques vérités. Au fond, c'est avec raison que Sécrestat-Escande a écrit que « les idées de Gournay constituent une transition ; on peut le considérer comme formant un trait d'union entre l'ancienne doctrine mercantiliste, dont la faveur allait rapidement diminuer, et la nouvelle du libre-échangisme, que l'on pouvait alors à peine percevoir. » [1] À ce titre, il ne fut pas le seul, puisque c'est aussi dans ces termes que l'on peut analyser l'œuvre de Richard Cantillon, comme l'a montré Robert Legrand dans son livre *Richard Cantillon : un mercantiliste précurseur des physiocrates*.

§1. — *Des traces de protectionnisme et de mercantilisme*

Le mercantilisme, le protectionnisme, Vincent de Gournay les tire des idées de son temps, tant celles des marchands et commerçants qu'il fréquenta à Cadix, que celles des économistes. Richard Cantillon, dont Gournay admirait l'*Essai sur la nature du commerce en général*, suggérait que la richesse d'une nation s'obtenait au détriment de ses rivales et qu'il fallait user légitimement de certains moyens légaux pour se protéger. Josiah Child, pareillement, restait accroché au mercantilisme le plus étroit. Il avait l'ambition de supplanter les Hollandais, meurtri qu'il était par le développement remarquable de leur marine marchande et de leur prospérité. Gournay avait les mêmes ambitions vis-à-vis de l'Angleterre et de la Hollande.

Les propos qui soutiennent l'idée d'un Gournay resté en partie protectionniste et mercantiliste peuvent être trouvés autant dans ses *Remarques* sur la traduction de Child que dans ses lettres et ses mémoires administratifs. Gournay soutient d'abord, à la suite des auteurs mercantilistes, qu'il existe certains commerces qui sont bénéfiques pour la France, d'autres qui lui sont néfastes. Dans les termes mêmes qu'il emploie, il ne s'écarte pas de la doctrine mercantiliste telle qu'elle fut soutenue depuis le XVIe siècle. « Voici quelques exemples, dit-il, des commerces par lesquels la nation gagne, nos toiles, nos étoffes de soie, nos modes, nos draps, nos vins, eaux de vie, huiles et sels, même dans le cas où le négociant particulier vendrait à Constantinople pour 10 livres le drap qui lui revient à 11 livres l'aune. Les commerces par lesquels la nation perd

---

[1] G. Sécrestat-Escande, *Les idées économiques de Vincent de Gournay*, op. cit., p.74

sont les blés et le tabac que nous tirons des Anglais, le fret que nous payons aux Hollandais pour le transport des provisions navales, et autres marchandises qu'ils nous apportent par leurs vaisseaux et qui ne sont pas de leur cru. » [1] Le commerce, à ses yeux, n'est donc pas intéressant dans tous les cas : dans certains il est bénéfique, dans d'autres il est néfaste.

Gournay soutient en outre que les gains qu'une nation fait dans le commerce international se font au détriment des autres nations. Pour cette raison, « un moyen sûr de resserrer le commerce chez l'étranger, c'est de l'étendre et de le faciliter chez soi. » [2] Ce principe, qui était la suite d'une mauvaise observation des faits, lui fit défendre des mesures les plus agressives. Le titre d'un de ses mémoires est même édifiant : « Moyens simples de nuire aux Anglais en nous fortifiant ». [3] Le titre du mémoire illustre le présupposé très faux à partir duquel raisonne ici Gournay. Et quelles conséquences tire-t-il ! Pour affaiblir l'Angleterre, il faut se passer de leur tabac, et aider nos colonies à employer des nègres pour nous en fabriquer ! [4] « Il n'y a aucun inconvénient à entreprendre dès à présent d'encourager ouvertement la culture du tabac à la Louisiane, afin de nous passer de l'Angleterre et de nous enrichir en l'affaiblissant. » [5] Gournay est incapable d'apercevoir que si les Anglais s'enrichissent, ils nous achèteront davantage de nos produits et répandront leur prospérité au-delà de toutes les mers. C'est ce qu'un contemporain de Gournay, le marquis d'Argenson, avait bien compris, lui qui écrivait : « Il est temps de prendre parti, toutes les nations nous haïssent et nous envient. Et nous, ne les envions pas, si elles s'enrichissent : tant mieux pour elles et aussi pour nous ; elles nous prendront davantage de nos denrées, elles nous apporteront davantage des leurs et de leur argent. Détestable principe que

---

[1] *Remarques*, p.219

[2] *Mémoires et lettres de Vincent de Gournay*, p.60

[3] *Ibid.*, p.84

[4] cf. *Mémoires et lettres de Vincent de Gournay*, p.85 et 87

[5] *Ibid.*, p.87

celui de ne vouloir notre grandeur que par l'abaissement de nos voisins ; il n'y a là que la méchanceté et la malignité du cœur de satisfaites dans ce principe, et l'intérêt y est opposé. »[1]

Gournay, loin de ces conceptions, en reste à ses mesures permettant de fortifier la France en affaiblissant l'étranger. L'une d'elle est restée à la mode, c'est de consommer français, en incitant le Roi et la cour à montrer l'exemple. « Rien n'est plus intéressant pour le bien et l'avantage de nos manufactures que d'empêcher l'introduction et l'usage tant pour meubles que pour habillements des manufactures étrangères ; mais on a déjà éprouvé que les moyens violents ne sont pas les plus efficaces pour ramener la nation aux choses qui lui sont les plus utiles ; l'exemple serait le plus sûr parmi nous, celui du Roi et de la cour est si puissant sur les Français, que si Sa Majesté daignait marquer de l'éloignement pour tout ce qui est de fabrique étrangère et témoigner à ceux qui l'approchent, que c'est le mal servir que de porter chez l'étranger un argent qui servirait à faire vivre et à multiplier le nombre de ses sujets, il n'est pas douteux que les Français ardents à se porter à tout ce qui peut plaire à leur maître s'empresseraient à l'envie à n'user que des choses fabriquées en France, et par là contribueraient encore à les porter à une plus grande perfection. »[2] Si l'intention est louable, la fausseté du point de départ enraye toute la force du raisonnement.

Dans une intention moins louable, et en usant de moyens plus condamnables, Gournay soutient en outre que pour lutter contre la concurrence étrangère, il convient également de favoriser la contrefaçon et la copie. Il faudrait, assure-t-il, que l'État rémunère des artisans pour contrefaire les produits étrangers. « Après l'exemple [du Roi et des élites], c'est encore un bon moyen de chassez chez nous l'usage des étoffes étrangères que d'accorder des facilités pour contrefaire les étoffes

---

[1] *Mémoires du marquis d'Argenson*, éd. Jannet, t. V, p. 369.
[2] *Remarques*, p.244

des étrangers en permettant de les fabriquer dans les mêmes longueurs, largeurs et avec les mêmes matières. »[1] Cela s'applique, dans son esprit, avant tout aux tissus et draps, que la France pourrait produire seule, après avoir acquis quelques secrets de fabrication, comme pour la soie. Dans une lettre du 27 mars 1752, Gournay détaille son intention : « Dans la vue d'empêcher l'usage des étoffes de soie de la Chine, qui n'est devenu que trop fréquent dans le Royaume, il m'a été remis un mémoire par lequel on propose d'employer pour les imiter la soie crue dans la fabrique de nos étoffes. On prétend que si ce projet réussissait, elles en seraient indépendantes de la diminution du prix et plus belles et meilleures. M. le Garde des Sceaux m'a chargé d'avoir l'honneur de vous remettre ce mémoire en vous priant de le communiquer à quelques-uns des principaux et meilleurs fabricants de Tours pour avoir leurs avis ; après quoi on pourrait en faire faire quelque essai pour en voir la réussite. Il serait à souhaiter que l'on pût trouver les moyens de dégoûter le public de ces étoffes de soies étrangères et d'y substituer les nôtres. Je suis, etc. »[2]

§2. — *Sa proposition d'un Acte de navigation*

Marchant dans les pas de Josiah Child, Gournay soutint la proposition qu'il fallait un Acte de Navigation à la France. Par cet acte, par ce traité de commerce, la France se mettrait d'accord avec certaines nations commerçantes, sur des dispositions relatives aux douanes, à la navigation, etc.

Ce point mérite d'être étudié car l'intendant du commerce le considérait comme crucial. « Un acte de navigation est d'autant plus indispensable pour nous que le défaut ne peut en être compensé ni réparé par aucun équivalent » disait-il. [3] « Sans un acte de navigation, écrivit-il aussi, il ne faut pas nous

---

[1] *Remarques*, p.244

[2] *Mémoires et lettres de Vincent de Gournay*, p.134

[3] *Remarques*, p.321

flatter que nous puissions jamais nous ouvrir une navigation directe avec le Nord, et surmonter l'avantage énorme que cette différence de l'intérêt de l'argent, et l'économie qui en est une suite, donnent aux Hollandais sur nous. » [1] Cette raison nous renseigne sur son projet : à défaut de rendre l'économie française la plus attractive possible, ce qu'il n'espérait pas d'accomplir d'un coup, ni même avant longtemps, il souhaitait qu'une négociation fixe les « termes de l'échange » entre les principales puissances économiques européennes, afin de s'assurer un commerce avantageux.

Dans ses *Remarques*, Gournay a fourni des pistes nous permettant de comprendre ce que pourrait être selon lui un bon traité de commerce, donc quels « termes de l'échange » devraient être spécifiés, et avec quels pays. Car un Traité de commerce ne doit être signé qu'avec certains pays, indique Gournay, persuadé qu'il était que certains types de commerce étaient désavantageux à la France. Il écrit explicitement :

> « Les nations avec lesquelles nous devons chercher à faire des traités de commerce sont celles qui ont des fruits et des denrées, c'est-à-dire des matières premières ; il nous convient de leur en faciliter l'apport chez nous directement afin qu'elles puissent enlever les nôtres et de rapporter nous-mêmes les leurs. De pareils traités entre deux nations sont naturels et avantageux à l'une et à l'autre ; mais des traités de commerce avec celles dont les pays ne produisent rien, qui ne font que nous apporter les denrées des autres nations manufacturées et s'entremette entre elles et nous, pour nous les apporter, de pareils traités ne peuvent jamais nous être avantageux, et tous les bénéfices que nous nous en promettons seront illusoires et aux dépens de notre propre navigation et de nos manufactures ; nous ne devons pas même nous effrayer des menaces qu'elles pourraient nous faire de charger de droits les marchandises de notre crû chez elles, car elles ne feraient par là que donner de nouvelles armes contre elles-mêmes et contribuer à ac-

---

[1] *Remarques*, p.141

croître le commerce de ces mêmes nations dont elles ap-
préhendent tant la rivalité. » [1]

Un tel arrangement, dans les termes indiqués par Gournay,
devait selon lui enrichir la France et développer sa marine,
comme il l'avait fait pour l'Angleterre. [2] Il était le fruit de la
face protectionniste de l'intendant du commerce.

Cette face est certaine et aisée à documenter. Cependant,
elle ne fournit pas une représentation complète de Gournay
en tant que penseur de l'économie. Certains commentateurs
se sont même plu à refuser complètement l'allégation de
protectionnisme, comme Simone Meysonnier, pour qui cette
attribution constitue une « interprétation abusive ». Meysonnier en veut pour preuve le fait que les actes de commerce
étaient une pratique courante à l'époque de Gournay. On
pourrait ajouter également que même au XIXᵉ siècle, il n'y
aura pas parfaite unanimité parmi les économistes libéraux
sur le défaut des traités de commerce par rapport à un libre-
échange véritable.

Plus globalement, la face protectionniste, si elle existe, de
l'intendant du commerce, doit être balancée par l'étude de sa
face libre-échangiste, qui ressort tout aussi clairement de la
lecture de ses écrits.

§3. — *Les idées libre-échangistes chez Gournay*

Gournay avait-il une face libre-échangiste ? On l'eut cru
d'emblée et on s'en serait presque convaincu sans preuve, car
on doit s'étonner, à la vérité, que la liberté absolue du travail
et la liberté absolue des échanges à l'intérieur du territoire ait
pu s'allier, dans l'esprit de Gournay, avec un protectionnisme,
même léger. La contradiction, assurément, existe bien chez

---

[1] *Ibid.*, p.243-244
[2] « C'est à l'acte de navigation qui depuis près de cent ans est en vigueur en Angleterre, que les Anglais doivent principalement leur puissante marine. » (*Mémoires et
lettres de Vincent de Gournay*, p.4)

Gournay, et elle ne saurait être écartée. Cependant, dans tous ses écrits traitant du commerce international, l'intendant du commerce a aussi été capable de critiquer les entraves à la liberté du commerce, l'absence de concurrence entre les ports du royaume, comme aussi de décrire la contrebande comme le résultat des prohibitions dans les échanges. Voici donc désormais l'étude de sa face libre-échangiste.

Le libre-échange intérieur

Comme l'ont suggéré les premiers chapitres, Vincent de Gournay était un grand défenseur de l'échange libre. Rien ne le révoltait plus que les lois et règlements qui pesaient sur le métier de commerçant, qui se devait d'être, selon lui, aussi dénué d'entrave que toutes les autres professions. Son sentiment se renforçait par cette considération que, contre toute logique, le pouvoir royal français n'avait eu de cesse, depuis plusieurs décennies, de légiférer sur le commerce. « Depuis 50 ans nous avons fait une infinité de lois qui tendent à resserrer le commerce » se plaignait-il. [1] Ces règlements étaient la conséquence logique de ces faux principes qui conduisaient l'action du gouvernement. « À voir les restrictions que l'on a mises sur le commerce, il faut que nos ancêtres l'aient regardé comme une espèce de drogue dont l'usage pouvait être dangereux et dont il fallait limiter les doses et n'user qu'avec précaution. » [2] Or ces faux principes, Gournay fut celui qui de tous les attaqua avec le plus de virulence.

À l'endroit des lois sur le commerce, il regrettait surtout la charge fiscale qui pesait sur lui, ainsi que les formalités fatigantes qui accompagnaient leur perception. Il écrivait que « l'une des plus grandes charges et des plus grands embarras du commerce en France est la multiplicité des droits qu'il faut payer, qui ralentissent la vivacité des expéditions si nécessaire

[1] *Mémoires et lettres de Vincent de Gournay*, p.51
[2] Note autographe de Gournay, archives M 88/ D1

dans le commerce en obligeant le fermier à avoir un plus grand nombre de bureaux et d'employés et le négociant à avoir un plus grand nombre de commis, choses qui tournent toutes à la charge du commerce. » Et il ajoutait : « Mais ce qu'il y a de plus ruineux pour le commerce en France, et ce qui l'y rend plus difficile, est qu'il y ait des provinces qui soient encore réputées étrangères, quoique les habitants en soient aussi bons Français que ceux des provinces qui ont fait plus anciennement le domaine de la couronne. » [1] Car en effet les régions françaises n'avaient pas alors la liberté de commercer leurs productions dans la liberté qu'elles ont acquises plus tard. En plein milieu de la France, il y avait des douanes, des péages, des droits d'entrée et de sortie, comme si le pays lui-même était divisé, comme si tous ces habitants ne formaient pas un même peuple. [2]

En partisan convaincu des avantages de la liberté des échanges, Gournay aurait préféré que la France soit une foire permanente, que le commerce ne soit plus limité par aucun règlement. Les droits payés à l'entrée ou à la sortie d'une province, les formalités à remplir, n'étaient pas moins pires que la masse de règlements qui spécifiaient quand et comment devaient se tenir les marchés. Le commerçant devrait avoir plutôt le droit de vendre là où il l'entend, quand il l'entend. De ce point de vue il critiquait sévèrement les foires, qui n'étaient

---

[1] *Remarques*, p.240-241

[2] C'est de ce fait qu'est né l'argument, étendu par le marquis d'Argenson puis par les physiocrates, de la nécessité du libre-échange pour cause de fraternité entre les hommes. Si tous les hommes sont égaux, si tous les hommes sont frères, pourquoi élever des murs entre eux ? pourquoi restreindre voire empêcher un libre commerce entre eux, comme entre les hommes d'une même nation ?

Les physiocrates ont cru que le temps leur donnerait raison, et qu'on cesserait vite de se dire Français avant tout, Anglais avant tout, etc. L'histoire a démenti suffisamment leurs espoirs, même sans considérer le cas de l'explosion des nationalismes au cours des deux guerres mondiales. Cependant, leur argument n'a pas perdu de sa force. Ne trouverions-nous pas étrange aujourd'hui que la ville de Bordeaux construise autour d'elle un mur, et prétende limiter le commerce avec les autres villes de France ? Ne le dirions-nous pas également à l'échelle d'une région de France ? Quoique le sentiment puisse être partagé au niveau de l'Europe ou du monde, c'est preuve que les sentiments ont évolué et que l'argument reste pertinent.

autre chose que des marchés organisés, quand le commerce a besoin de spontanéité et de liberté.

> « Je regarde nos foires de Lyon et de Beaucaire comme des marques visibles du peu de progrès que nous avons fait dans les vraies connaissances du commerce et des obstacles que nous apportons nous-mêmes à son accroissement ; notre conduite ressemble à celle d'un homme qui s'abstiendrait de manger pendant plusieurs mois pour avoir le plaisir de manger beaucoup à certains jours marqués, et pendant un certain nombre de jours consécutifs. Tout de même, nous nous interdisons de commercer pendant la plus grande partie de l'année pour pouvoir commercer davantage pendant un très petit nombre de jours. Cependant l'activité et le volume de notre commerce ne peuvent qu'en recevoir de la diminution, parce qu'on ne peut jamais autant commercer pendant un petit nombre de jours qu'on peut le faire pendant toute l'année ; si nous voulons donc avoir un grand commerce et arrêter les progrès que notre méthode fait faire à nos voisins, il faut traiter le commerce en France toute l'année comme nous le traitons pendant les foires, parce qu'alors notre pays sera une foire continuelle ; les nations véritablement commerçantes telles que les Hollandais et Hambourgeois ne connaissent point de foires chez eux, mais par le peu de droits que les marchandises y payent, ils jouissent d'une foire continuelle. » [1]

Tous ces règlements manquaient leur but, soulignait Gournay, parce que leurs effets n'étaient en aucun cas ceux espérés. Le pouvoir, plein de bonnes intentions, avait sans doute espéré établir de l'ordre dans le commerce des marchandises, et avait pour cela distribué des privilèges, fixé des règles, etc. Mais c'était oublier que la liberté et la concurrence ordonnent mieux le commerce que le plus précis des règlements. C'était oublier que l'application de cette espèce de fonctionnarisation du commerce ne pouvait amener que des résultats piteux. L'un d'eux, vivement souligné par Gournay, était que les règlements sans nombre créaient un sentiment de fausse sécu-

---

[1] *Mémoires et lettres de Vincent de Gournay*, p.33

rité et incitaient les commerçants à agir sans discernement, cherchant uniquement à obtenir des autorisations et des permis de la puissance publique. Toutes ces lois, disait Gournay, « nous font presque regarder la faculté de commercer comme une grâce ; or il est naturel de se porter sans examen vers tout ce qui a l'air d'une grâce. Qu'on rende plus de liberté au commerce, chaque négociant, sachant qu'il doit compter sur beaucoup de concurrents ne s'engagera dans une entreprise qu'après l'avoir bien combinée, et cette concurrence le rendra plus habile, plus économe et plus circonspect. » [1] Dans ce cas, ne pouvant compter sur aucun appuis et devant choisir son activité sans incitation, le commerçant serait certainement amené à faire de meilleurs choix.

Dans aucun domaine, cependant, la restriction de la liberté du commerce n'a fait plus de dégâts, selon Gournay, que dans le commerce précisément le plus nécessaire, celui du blé. Ce commerce était sujet à des règlements innombrables, jetant l'opprobre sur le marchand, qu'on traitait d'accapareur et de profiteur. L'Angleterre, soulignait Gournay, avait adopté une autre politique, une politique plus sage, consistant à laisser libre le commerce des subsistances. C'est que les Anglais avaient pris le contrepied de la doctrine française en la matière. En France on disait : puisque le commerce du blé est le plus nécessaire, il faut le réglementer le plus qu'il est possible. L'intendant du commerce préférait la vision anglaise et demandait plutôt : « si c'est une maxime fondamentale que pour que le commerce fleurisse, il faut qu'il soit libre, quel commerce avons-nous un plus grand intérêt à faire fleurir et à rendre libre que celui du blé ? » [2] En France l'État intervenait, édictant des lois sans nombre, ou construisant des entrepôts pour stocker du blé en prévoyance des années de disette, dont Gournay critiquait la régie couteuse et qui devaient nécessairement aboutir selon lui à ce que le peuple se révolte contre

[1] *Remarques*, p.147
[2] *Ibid.*, p.84

l'État, par manque de subsistance. Ce qu'on confiait maladroitement à l'État, il aurait mieux valu le laisser à l'entreprise privée. « S'il est libre à tous les particuliers de faire ce que l'on dit que le gouvernement devrait faire, le blé ne sortira pas tant qu'il sera à vil prix, les particuliers l'achèteront, ils feront eux-mêmes la dépense nécessaire pour les magasins, pour le resserrer et le conserver, et l'État, sans frais et sans soins s'en trouvera toujours suffisamment garni. » [1] Cependant des ministres autorisés prétendaient qu'une telle liberté provoquerait le monopole de riches commerçants sur une denrée de première nécessité et qu'il fallait donc la rejeter. Gournay a bien entendu souligné, non sans un certain effarement, la contradiction qu'il y avait à rejeter la liberté parce qu'elle devrait engendrer une certaine forme de monopole, pour embrasser avec enthousiasme l'idée que, comme solution, l'État devrait s'autoriser un complet monopole sur le commerce du blé. Mais surtout, il réfutait cette idée que le commerce libre engendrerait le monopole de quelques-uns :

> « On entend, je crois, par monopoleur quelqu'un qui cherche à rassembler et à se rendre maître de toute une denrée pour la vendre ensuite le plus cher qu'il lui est possible, par la nécessité où chacun se trouve de passer par ses mains ? Or personne ne peut se rendre maître seul d'une denrée que lorsque le commerce en est gêné, et que quelqu'un a la liberté d'en acheter à l'exclusion des autres : si l'on permet donc à tout le monde d'acheter du blé et d'en faire des magasins sous certaines règles générales, bien des gens auront peut-être envie de devenir monopoleurs ; mais dans le fait, personne ne le sera parce que la concurrence qui naîtra de la liberté fera que beaucoup de gens voulant acheter du blé, personne ne s'en emparera en entier ; cette concurrence soutiendra le blé dans le temps d'abondance à des prix assez haut pour que le gouvernement ne soit pas forcé de le laisser passer à l'étranger lorsqu'il est à vil prix, et mettra le laboureur en état de payer les subsides sans qu'il faille pour cela que le blé sorte du royaume. »

---

[1] *Remarques*, p.85

« Mais cette liberté et cette concurrence qui peuvent être effectivement utiles dans le temps d'une extrême abondance, peuvent, dira-t-on, devenir extrêmement pernicieuses dans le temps de disette. Je réponds que cela est à craindre lorsque le commerce du blé n'est pas assujetti à des règles générales et fixées ; mais que cela ne peut jamais s'appréhender lorsqu'il l'est ; c'est ne pas connaître ceux qui visent au monopole, que de croire qu'ils emploieront leur argent en blé lorsqu'il est cher ; ce sont les gens du monde qui calculent le mieux, et ils sont trop habiles pour ne pas faire savoir qu'il n'y jamais rien à gagner à se charger d'une denrée ou d'une marchandise lorsqu'elle est fort chère, et que le commerce d'ailleurs en est libre, parce que c'est un principe certain que la grande disette et l'extrême cherté amènent l'abondance ; il n'y aura donc que des dupes qui achèteront du blé quand il sera fort cher ; et dès lors, ils ne tarderont pas à s'en repentir, parce que ceux qui auront acheté à un plus bas prix que les autres, voyant le blé augmenter s'en déferont lorsqu'ils y trouveront un peu de profit, dans la crainte d'une diminution qui n'est jamais plus prochaine que dans la cherté. Un magasin ouvert en fait ouvrir cent, personne ne voulant être le dernier, dans la crainte d'être obligé de garder une denrée dont la conservation est fort difficile et fort couteuse ; c'est le concert qui fait les monopoles ; mais la liberté empêchant le concert, empêche le monopole. » [1]

Il n'y avait donc rien à craindre de la liberté du commerce, même dans le commerce le plus nécessaire et le plus précieux de tous. Il y avait en revanche beaucoup à craindre, beaucoup de maux à prévoir, en embrassant un système qui produit le monopole, ou plutôt qui est monopole par nature : le système de la gestion par l'État de l'approvisionnement de la nation en blé et en grains.

La concurrence entre les ports

Par des Lettres patentes de 1717, les commerçants français trafiquant avec les colonies étaient contraints d'utiliser certains

---

[1] *Remarques*, p.86

ports à défaut d'autres, et étaient en outre obligés de décharger dans le port même où ils avaient chargé initialement. Ces dispositions gênaient profondément Gournay : « aucune nation commerçante de l'Europe n'a mis de pareilles entraves au commerce » [1] remarquait-il comme souvent. Elles étaient nées des prétentions de quelques intérêts particuliers, qui tâchaient d'utiliser la puissance publique pour s'enrichir au détriment de la nation toute entière. Ce faisant, ils avaient brisé la solidarité naturelle, l'égalité naturelle qui doit s'établir entre tous les sujets du Roi. « Croirait-on que tous les ports du royaume fussent assujettis au même souverain, demandait Gournay, et ne penserait-on pas plutôt que chaque port est un État particulier qui veut se conserver à lui-même sa navigation, et en éloigner tout ce qui lui est étranger, quoique faisant partie du même État ? » [2]

La conséquence de ces règlements était un affaiblissement du degré de la concurrence. Ils impliquaient aussi des déperditions stupides, des retours à vide, parce que tel bateau ne pouvait se rendre dans tel port, qu'il devait prendre telle route au retour au dépens de telle autre, quoique la première lui fut plus avantageuse. Enfin, ils signifiaient surtout, comble du malheur pour Gournay, un appauvrissement relatif de la France vis-à-vis de ses rivaux anglais ou hollandais. En effet, gêner notre propre commerce, n'était-ce pas encourager celui des étrangers ? Et, lorsque le port de Marseille fait interdire au port de Brest ou de Bordeaux de s'immiscer dans tel ou tel commerce, parvient-il également à faire interdire les Anglais ou les Hollandais ? Bien sûr que non. Le seul impact de ces restrictions est donc d'affaiblir l'économie française, pour la seule et unique raison de protéger quelques particuliers. Dans ce cas comme dans d'autres, dit Gournay, « il paraît que l'on a trop écouté l'intérêt particulier de certaines villes et pas assez

---

[1] *Remarques.*, p.31-32
[2] *Ibid.*, p.144-145

l'intérêt général de l'État » [1] On aurait du voir que l'intérêt de la nation était de bénéficier de la plus large concurrence. En effet, seule la concurrence peut nous permettre de maintenir notre commerce et notre navigation, seule la concurrence, seule la liberté, produira une baisse du prix du fret et abaissera par conséquent le prix des produits transportés.

La contrebande

Comme les libre-échangistes ultérieurs, Vincent de Gournay a parfaitement signalé les défauts de nos conceptions sur la contrebande. Selon lui, non seulement la contrebande est le fruit direct des règlements restrictifs mis sur le commerce, mais si l'on instaurait la liberté, il n'y aurait plus de contrebande. Il a développé ces idées dans un curieux Mémoire sur la contrebande, dont nous détaillerons ici les grandes lignes.

Gournay y insiste en premier lieu sur le fait que la contrebande, fondamentalement, nait et est stimulée par les règlements. C'est parce que des entraves et des formalités contraignantes sont placées dans la voie du commerçant honnête, du fabriquant honnête, que naît chez certains la vocation de se faire contrebandier. Gournay écrit :

> « Une des choses qui favorise encore le plus la contrebande chez nous sont les formalités sans nombre, auxquelles nous avons assujetti le commerce permis et légitime ; souvent un homme après avoir passé par trois ou quatre bureaux est saisi au cinquième, parce que la corde à laquelle son plomb était attachée s'est usée, ou que les plombs sont effacés ; en sorte que jusqu'à ce qu'une marchandise soit arrivée à sa destination, elle est dans un risque continuel d'être saisi, souvent sans la faute du propriétaire ; tout cela favorise le contrebandier qui n'ayant qu'un seul risque à courir, qui est celui d'être pris, met toute son étude à s'en garantir soit par force ou par adresse et y réussit ordinairement ; si quelqu'un est pris, il est bientôt remplacé par un autre ; car tel

[1] *Remarques.*, p.146

est le sort des professions lucratives qu'elles recrutent sur toutes les autres et ne manquent jamais de sujets. »[1]

Selon l'intendant du commerce, en effet, on ne naît pas foncièrement mauvais et aucune société n'est condamnée à abriter des malfrats. Si les penchants d'une minorité d'hommes les poussent dans la criminalité, l'extrême majorité préfère la voie légale, pour peu qu'elle soit ouverte, et pour peu qu'elle ne soit pas plus contraignante que la voie illégale. S'il est plus difficile de faire passer légalement les marchandises à la frontière, qu'il ne peut l'être de le faire illégalement, comment s'étonner que le nombre de contrebandiers n'augmente ? Il est de la responsabilité de la puissance publique, dit Gournay, d'assurer la plus grande sûreté, la plus grande liberté, et la plus grande immunité au commerce libre, si l'on souhaite se prémunir de la contrebande.

Ce message, à l'époque de Gournay, ne passait pas, et il n'est pas certain qu'il soit même populaire de nos jours. Le pouvoir royal préférait la solution de police, celle des douanes, des contrôles, des enquêtes. Seulement, l'intendant du commerce faisait bien remarquer qu'un stimulant puissant était en action : l'intérêt personnel. Il était dans l'intérêt personnel de certains individus, compte tenu des contraintes, des vexations et des prohibitions, d'enfreindre les lois. En raison de cet état de fait, la contrebande passerait toujours, quoi que le gouvernement puisse faire pour l'arrêter ou même la contenir. Dans une comparaison lumineuse, l'intendant du commerce signalait que « penser qu'on empêchera la contrebande en multipliant les commis, c'est croire qu'on peut se garantir d'une inondation en multipliant les brins d'une haie d'osier ou les barreaux d'une grille de fer. »[2] L'impossibilité matérielle est fondée sur le fait que l'intérêt personnel est un stimulant invincible. « C'est chercher à s'abuser que de croire que l'on

---

[1] *Réflexions sur la contrebande*, Grenoble, septembre 1753, *Mémoires et lettres de Vincent de Gournay*, p.29

[2] *Mémoires et lettres de Vincent de Gournay*, p.32-33

pourra parvenir à faire agir continuellement plusieurs millions d'hommes contre leur intérêt particulier ; plus cet intérêt sera considérable, et plus la chose sera difficile. L'intérêt particulier de tout habitant du Dauphiné et de nos frontières le porte à faire la contrebande, surtout en tabac et en toiles peintes, parce qu'il y a beaucoup à gagner à tirer des toiles peintes de Genève et de Savoie pour les introduire en France. Tant que le tabac vaudra en Savoie 22 s. et en Dauphiné 58 s. en détail, il y aura toujours des gens violemment tentés de faire la contrebande. Le bon marché se fait jour au travers de toutes les prohibitions et de toutes les barrières ; pour empêcher donc qu'il ne se fasse de la contrebande dans un pays, il faut faire en sorte qu'il n'y ait aucun profit à la tenter. » [1] Or comment faire qu'il n'y ait aucun profit, si ce n'est de laisser libre, permettant à la concurrence d'établir un niveau commun pour les prix des différents pays ?

C'est bien en laissant libre, c'est bien en limitant toute contrainte, toute entrave contre le commerce, qu'on peut supprimer la contrebande. C'est d'ailleurs ce que nous montre la Hollande, dit Gournay, « où tout est permis et où les droits sont très modiques, et où on ne connaît point la contrebande. » [2] C'est ce qu'illustrent toutes les nations commerçantes de l'Europe. Ce qu'ils ont compris et que le pouvoir français néglige, c'est qu'on ne peut lutter contre l'intérêt personnel des individus ; c'est qu'il est dangereux et funeste d'aiguiller cet intérêt dans un sens illégal, par des prohibitions, des taxes, des règlements et des procédures fatigantes, pour réprimer ensuite sévèrement les hommes qui ont marché dans ce sens.

C'est donc bien une certaine ambivalence que nous trouvons dans la pensée de Gournay relative au commerce. Par certains côtés, il s'annonce et se revendique comme un digne

[1] *Ibid.*, p.27
[2] *Ibid.*, p.30

héritier des mercantilistes, marchant dans les pas de son maître Josiah Child. Par d'autres, néanmoins, il saisit la liberté du commerce dans un sens positif, la présente comme une nécessité, veut l'étendre à tous les ports et à tous les produits, pour favoriser la concurrence et supprimer la contrebande.

Est-ce à dire cependant que Gournay était favorable à la liberté du commerce intérieur, et sceptique sur la liberté du commerce extérieur ? Les choses ne sont assurément pas si simples, d'autant que la liberté des ports ou la suppression de la contrebande par la liberté du commerce extérieur ne peuvent pas être considérées comme des considérations nationales. On ne peut pas non plus soutenir que malgré quelques ambivalences, Gournay était surtout un mercantiliste. En effet, à certains endroits, l'intendant du commerce a paru se défaire de ses idées mercantilistes. Tout d'abord, il n'a jamais soutenu que la richesse des nations fût à trouver dans l'abondance des métaux précieux. Ensuite, même s'il souhaitait le déclin du commerce des Anglais et des Hollandais, Gournay a parfois reconnu que la prospérité de nos voisins pouvait nous être utile : « C'est la rivalité et la concurrence, dit-il une fois dans ses *Remarques*, qui ont perfectionné les connaissances du commerce ; ainsi bien loin d'être dérangés par les progrès des étrangers, nous devons nous réjouir de ce qu'ils nous forcent à tirer un meilleur parti de notre sol, de la bonté de notre pays, et à développer toute notre industrie ; avantages qui nous rendront toujours supérieurs à eux quand ces sources intarissables de l'abondance et du commerce ne seront pas étouffées chez nous, et seront favorisées par le petit nombre de bonnes lois dont nous avons besoin. »[1] Nous devons nous *réjouir*… les mots sont clairs. Ce seront ces mots qu'emploiera aussi Jean-Baptiste Say en soutenant que, dans touts les cas, c'est-à-dire partout et toujours, nous devons nous réjouir de la prospérité des nations voisines, car elle nous profite nécessairement aussi.

---

[1] *Remarques*, p.163

En outre, non seulement Gournay a déclaré que la richesse consistait essentiellement dans le travail des hommes, mais il a également combattu avec la plus grande âpreté cette idée que la détention d'or et d'argent pouvait être bénéfique pour une nation. Citons ses mots :

> « Un pays ne s'appauvrit jamais davantage en laissant sortir sa monnaie qu'en voulant l'y retenir par des lois ; on sait assez l'inutilité de celles d'Espagne et du Portugal sur ce point ; elles ne font que leur enchérir les marchandises qu'ils consomment, parce que celui qui les leur vend, cherche à retrouver sur le profit de quoi se dédommager des frais qu'il fait et du risque qu'il court pour en retirer le produit ; quand un État doit à ses voisins, il faut que la balance sorte en argent, quelque précaution que l'on prenne pour l'empêcher, sans cela l'étranger à qui il est dû cesserait tout commerce ; si au contraire, c'est l'étranger qui doit à l'État et que cependant il enlève vos espèces, c'est alors une branche du commerce de plus sur laquelle vous gagnez, car il ne les enlève pas gratuitement et l'argent entrant d'un côté et sortant de l'autre fait travailler vos monnaies, en sorte que vous y gagnez, comme dit l'auteur anglais, la main d'œuvre de quelque façon que ce soit. Le trésor d'un État ne diminue jamais par la liberté de l'exportation de l'espèce, parce que si l'État doit une solde, il faut qu'il la paye en argent, quelque défense que l'on fasse pour l'empêcher ; si au contraire il lui est dû quelque quantité d'espèces que l'on enlève, il ne lui sera pas dû un sol de moins, et il faudra toujours que la balance lui soit payée. » [1]

C'est une réfutation très claire de la politique mercantiliste traditionnelle.

Sur ce fondement, que reste-t-il de mercantilisme chez Gournay ? La question mérite d'être posée. Certainement, l'intendant du commerce est patriote, inquiet de l'économie de la France, à une époque où des puissances rivales montrent une puissance remarquable et où, surtout, la guerre est encore une situation courante. Mais il n'en reste pas moins convaincu

---

[1] *Remarques*, p.104

que la richesse naît du travail, que l'accumulation de métaux précieux est une préoccupation futile, et surtout que l'essentiel pour un gouvernement est de garantir la liberté de l'exportation, de l'importation, de la fixation des prix, du choix du port, etc. « Toutes ces libertés sont tellement de l'essence de tous les commerces, que sans elles il n'y a plus de commerce » [1] écrit-il dans l'un de ses mémoires.

Pour finir de convaincre du libéralisme de Gournay, nous évoquerons deux questions où il l'a particulièrement témoigné : la question de la compagnie des Indes et celle de la prohibition des toiles peintes.

La question de la compagnie des Indes

Jusqu'au XVIIIᵉ siècle, le commerce avec les Indes était constitué en monopole et administré par l'État, à travers la célèbre Compagnie des Indes orientales. Instaurée par Colbert en 1664, cette compagnie forte d'un capital de plus de huit millions de livres avait établi son siège à Lorient et faisait espérer à ses actionnaires, toujours plus nombreux, d'importants bénéfices. Ayant obtenu le monopole exclusif sur tout le commerce avec l'Extrême-Orient, elle pouvait à bon droit nourrir l'enthousiasme, et justifier avec grande pompe son élégante devise : *Florebo quocumque ferar* ; comprenez « Je fleurirai là où je serai portée ».

En 1720, mise à mal par le scandale lié aux opérations de John Law, la Compagnie semblait fragile, et sa mort envisageable. Soutenue par l'État, qui investissait beaucoup et espérait beaucoup en retour, elle finit par regagner la confiance et rétablir sa situation. Ce ne fut qu'une trêve passagère : dès 1750, la Compagnie se mit à essuyer de lourdes pertes. La concurrence des Anglais et des Hollandais, si elle mettait nécessairement à mal les prétentions commerçantes de la

---

[1] « Résultat de la tournée de M. de Gournay en Languedoc relativement aux draps pour le Levant », *Archives départementales de l'Aude*, Carcassonne, IX C 20, 1753.

France, n'était pas le plus grand mal qui rongeait la Compagnie des Indes. De par sa constitution en monopole et son inféodation à l'État, elle était impropre au succès. Les choix commerciaux étaient d'ailleurs également contestables, et déçurent les actionnaires. Les dirigeants de la Compagnie, rapportera-t-on même plus tard, passaient leur temps à profiter des établissements de celle-ci pour commercer pour leur compte.

Le désordre croissant de la Compagnie, s'il n'attira pas immédiatement l'attention des ministres de la France, devint un sujet majeur de préoccupation dès que ses comptes furent en perte. On chargea alors Étienne de Silhouette, en passe de devenir Contrôleur général des Finances, de mener son enquête. Celui-ci envoya un rapport accablant sur la Compagnie, immédiatement contesté par M. de Montaran, commissaire du roi en charge des opérations de celle-ci. Bref, l'affaire n'avançait pas. Pour mettre enfin de l'ordre dans le fonctionnement de la Compagnie des Indes, et tirer au clair cette affaire qu'on savait d'avance peu glorieuse pour l'État, Vincent de Gournay, dont on connaissait vraisemblablement l'intégrité et la rigueur, fut missionné de mettre au clair les différentes vues sur l'état de la compagnie. En 1755, il écrivit donc un mémoire, intitulé « Observations sur le rapport fait à M. le Contrôleur Général sur l'état de la Compagnie des Indes ».

Gournay y expliquait que les vices inhérents au monopole provoqueraient tôt ou tard la chute de la Compagnie, et que les solutions qu'on proposait étaient illusoires.

Dans le débat qu'on lui proposait de trancher, il avait donc pris la position de Silhouette. Ce ministre, disait-il, avait vu parfaitement juste lorsqu'il avait présenté la Compagnie des Indes comme emmêlée dans des difficultés inextinguibles. « Quelque affligeant que soit le tableau de la situation de la Compagnie des Indes, que présente M. de S *** dans le Mémoire que M. le Contrôleur-Général m'a fait l'honneur de me confier, écrit-il au début de son mémoire, j'ose dire que je n'en ai point été surpris, et qu'il n'y a point de particulier, à qui les matières de commerce soient un peu familières, et qui ait voulu suivre avec un peu de réflexion les opérations de la Compagnie, qui n'ait jugé, il y a longtemps, que ses affaires ne devaient pas être bonnes. »[1]

Plusieurs raisons compromettaient à jamais l'état de la Compagnie, dont la première et la principale était sa constitution en monopole. Ce monopole entrainait ce que l'on a plus tard appelé la « tragédie des communs » : toute chose gérée en commun l'est nécessairement mal, comme tout service public rend nécessairement de mauvais services. Il en était ainsi à cause du monopole lui-même, parce qu'avec lui on ne pouvait faire sans « la négligence et le peu d'intérêt que prennent les Régisseurs à conduire une affaire qui n'est proprement celle de personne. »[2] Personne n'avait d'intérêt direct à rétablir la situation, car tous étaient rémunérés, mais aucun n'était propriétaire. De ce fait, il ne fallait pas cacher la vérité : il n'y a pas de solution car la constitution même de ce genre de compagnie est viciée. Gournay le détaille dans un passage qui mérite d'être cité :

> « On ne pourrait se flatter de soutenir la Compagnie des Indes, quand même on serait parvenu au moyen des expédients proposés, ou d'autres auxquels on pourrait avoir recours, à faire face aux besoins présents, sans une bonne administration : et quoique je ne pense pas qu'il soit tout à fait impossible de l'établir pour un temps dans la régie des affaires de la Compagnie, je crois qu'il serait imprudent de se flatter qu'elle put être longue de durable. En effet, l'esprit d'économie nécessaire, pour réussir dans les affaires du commerce, ne peut se perpétuer que chez les particuliers : ceux d'entre eux qui l'ont le plus pour leurs affaires propres, le perdent bientôt quand il est question d'agir pour des Compagnies. Cet esprit subsistera encore plus difficilement dans une Compagnie qui sera régie à Paris que partout ailleurs, surtout si le Roi y est intéressé et il est bien difficile que la brigue ou la faveur n'influe un peu plus tôt ou un

---

[1] « Observations sur le rapport fait à M. le Contrôleur Général sur l'état de la Compagnie des Indes », in André Morellet, *Mémoire sur la situation actuelle de la Compagnie des Indes*, Paris, 1769, supplément, p.x

[2] *Ibid.*, p.xi

peu plus tard sur le choix des Directeurs. D'ailleurs une façon de voir ou de penser différente dans ceux qui se succé-
deront pour veiller à la régie, suffira toujours pour déranger
le système d'administration le mieux établi. » [1]

L'exemple de l'Angleterre et de la Hollande, ici comme ailleurs, le prouve. Dans ces pays, les compagnies privilégiées
n'ont pas connu de succès et ont du leur maintien à l'abondance des fonds publics qui les ont toujours soutenus. Dans
ces pays comme en France, au fond, les compagnies, disposant de monopole, ont freiné l'activité marchande au lieu de la
développer. [2] « L'effet de la Compagnie n'a été autre que de
resserrer notre commerce, et de nous faire acheter beaucoup
plus cher les mêmes marchandises que nous aurions pu acheter à beaucoup meilleur marché, s'il eut été permis aux sujets
du Roi d'aller négocier aux Indes. Si ce commerce devenait
libre aujourd'hui, bien loin que les Étrangers fussent en état
de verser chez nous des marchandises de l'Inde, nous les éta-
blirions à si bon marché, qu'ils préféreraient de les acheter de
nous plutôt que de leurs Compagnies même. » [3] C'est donc le
public, la grande masse des consommateurs, qui est surtout
pénalisé par le monopole de la compagnie des Indes, car les
produits de consommation sont plus chers. En conséquence,
Gournay conclut sévèrement. « Je crois avoir assez prouvé par
tout ce qui a été dit ci-dessus, que la Compagnie n'ayant été
utile, ni à elle-même, ni au Roi, et n'ayant pas rempli non plus
les vues que l'on pouvait avoir eues en l'établissant, pour l'utilité générale de la Nation, il y aurait du danger pour les Actionnaires eux-mêmes, ainsi que pour le Gouvernement, à la
perpétuer sur les mêmes errements. » [4]

---

[1] « Observations sur le rapport fait à M. le Contrôleur Général… », p.xiv
[2] Dans ses *Remarques*, Gournay remarquera plusieurs cas curieux de frein à l'activité
commerciale dus aux Compagnies, et qui n'étaient d'aucune utilité pour personne :
« La Compagnie des Indes renferme dans son privilège l'Ile de Madagascar et plusieurs autres contrées du côté d'Afrique où par elle-même elle ne fait aucun commerce, où elle empêche les sujets du Roi d'en faire ». (*Remarques*, p.127)
[3] « Observations sur le rapport fait à M. le Contrôleur Général… », p.xvii
[4] *Ibid.*, p.xviii

On disait, en réponse à cet argument, qui était plutôt une constatation, que la compagnie avait besoin de l'État car elle n'arrivait pas à survivre de par le commerce seul. Gournay signale tout le ridicule de ce propos. « Dire qu'aucune Compagnie ne peut se soutenir par le commerce seul, c'est reconnaitre de la façon la plus formelle, qu'aucun commerce quelque avantageux qu'il soit, ne peut soutenir l'administration des Compagnies. Il faut donc tôt ou tard que le commerce abandonne les Compagnies, ou que les Compagnies abandonnent le commerce, et c'est, je pense, le parti le plus sûr pour elles, et le plus avantageux pour l'État que la nôtre puisse prendre. » [1]

La solution qu'on proposait dans le camp de la Compagnie était d'émettre de nouvelles actions pour la renflouer avec de l'argent frais. Cependant, dit Gournay, il risque d'être difficile de lancer de nouvelles actions sur le marché, car qui voudrait les acheter ? La situation de la compagnie est trop mauvaise. « La Compagnie n'ayant pas fait de profit jusqu'à présent, le Public n'aurait guère lieu de se flatter qu'elle en ferait à l'avenir : on ne pourrait même donner aucune bonne raison pour le lui faire espérer. » [2] Et il ne faut pas compter sur le mensonge ou la dissimulation pour dissiper les doutes, car ce sont de mauvais outils dans les mains des dirigeants d'un État.

Peu satisfait des propositions dans ce genre, Gournay proposait d'informer pleinement les actionnaires de la situation de la Compagnie des Indes, en indiquant les frais de fonctionnement, les pertes régulières, les renflouements publics successifs. Après quoi, on pourrait autoriser le commerce à tous les particuliers du royaume sans distinction, en les obligeant seulement à payer un droit de douane de 5% au maximum sur les produits échangés. Ce droit, Gournay le présentait comme un moyen de maintenir la Compagnie des Indes à flot, lui attribuant ainsi des revenus enfin stables. Tout le commerce

---

[1] *Ibid.*, p.xvi
[2] *Ibid.*, p.xiii

de la Compagnie serait ainsi transporté aux particuliers, sans pour autant supprimer entièrement la Compagnie, solution de compromis qui devait assurer, selon Gournay, le succès de sa réforme.

L'intendant du commerce était d'autant plus disposé aux compromis qu'il anticipait que cette réforme aurait les plus grands avantages pour le commerce de la France. « Le commerce des particuliers sera plus analogue au bien de l'État, que celui que faisait la Compagnie ; d'ailleurs l'économie et la concurrence qui seront la suite nécessaire de ces expéditions nombreuses que feront les particuliers, multiplieront chaque jour les branches de notre commerce, qui sera porté à un point d'étendue et d'activité qui nous est encore inconnu. [...] La proposition que l'on fait de rendre le commerce libre et ouvert à toute la Nation, dans toutes les possessions de la Compagnie, augmentera considérablement notre navigation, nos manufactures, et la culture de nos terres : toutes ces choses sont la source des richesses ; elles se tiennent entre elles, et découlent naturellement d'un commerce libre ; on ne peut jamais se les promettre des commerces exclusifs. » [1]

Parfaitement à charge, ce mémoire était un coup très grave porté à la Compagnie des Indes, mais il resta sans réponse. Gournay, qui proposait de privatiser cet ancien monopole qu'on croyait encore pouvoir sauver, ne pouvait être écouté. Dans les rangs de l'administration des finances, on s'étonna même du ton du mémoire, très rare chez un intendant.

Ce mémoire fut pourtant un déclencheur. Pendant les années qui suivirent, et jusqu'à la suspension de la fameuse Compagnie en 1769, tous les économistes que comptait la France — à l'exception notable de Necker — se rallièrent au combat contre la Compagnie des Indes. Elle fut attaquée de toutes parts, et de toutes parts elle prit l'eau. Quesnay fit valoir qu'elle coûtait plus qu'elle ne rapportait. Dupont de Nemours la considéra même comme une cause potentielle de

---

[1] « Observations sur le rapport fait à M. le Contrôleur Général... », p.xxiii-xxiv

guerre, écrivant qu'il « est impossible que ces établissements et ces colonies exposées à 6 000 lieux de la métropole, à la jalousie des barbares de l'Inde, et à celle des différentes compagnies européennes, qui ne sont pas beaucoup moins barbares, n'excitent point de guerres. » [1] Après une décennie de vives critiques de la part des économistes physiocrates, le coup de grâce fut porté par un ami et collaborateur de Gournay, l'abbé André Morellet. En 1769, il publia un *Mémoire sur la situation actuelle de la Compagnie des Indes*. Il y reprenait les arguments de Gournay, citait les thèses du mémoire de l'ancien intendant du commerce, et notait, après avoir résumé les idées de son ancien maître :

> « Tel est le précis des observations de M. de Gournay, dans lesquelles on reconnaît tous les bons principes du commerce. Nous renvoyons nos Lecteurs à l'original, que nous imprimerons à la fin de cet ouvrage. Nous nous contenterons de remarquer ici que ce Mémoire, fait il y a quatorze ans par un homme impartial, suffirait seul pour mettre en état de décider les questions que l'on agite aujourd'hui, relativement à la situation actuelle de la Compagnie ; parce qu'elle se trouve aujourd'hui dans les mêmes circonstances où elle était alors, et qu'il est évident, que si on eût suivi en 1755 l'avis de Monsieur de Gournay, les Actionnaires auraient aujourd'hui 50 millions de plus en capital, et un dividende proportionné. » [2]

Et avant l'impression du mémoire en annexe, il inséra la note suivante :

> « La pièce qui suit, est si analogue à la question qu'on vient de traiter, que j'ai cru faire plaisir à mes Lecteurs en la rendant publique. Elle est de feu M. de Gournay, Intendant du Commerce, et a été écrite en 1755. La Compagnie se trouvait alors dans la même situation qu'aujourd'hui. Comme

---

[1] Cité dans Alain Clément, « Du bon et du mauvais usage des colonies : politique coloniale et pensée économique française au XVIIIᵉ siècle », *Cahiers d'économie politique*, 2009, 1, n°56, p.117

[2] André Morellet, *Mémoire sur la situation actuelle de la Compagnie des Indes*, p.61

aujourd'hui quelques-uns de ses Administrateurs soutenaient qu'elle pouvait rétablir son Commerce, et qu'elle n'avait besoin pour cela que de 30 millions, d'autres convenant qu'il lui en fallait 55. Comme aujourd'hui un certain nombre de personnes, à la tête desquelles il faut placer l'Auteur même de ce Mémoire, pensaient que la Compagnie faisait un commerce ruineux ; que les moyens qu'on prendrait pour la soutenir, ne feraient que retarder sa chute de quelques années, pour la rendre plus éclatante et suivie de plus d'inconvénients, et qu'il n'était pas de l'intérêt de l'État d'employer une partie du revenu public à soutenir ce Privilège exclusif. L'événement a prouvé depuis et la grandeur des besoins qu'avait alors la Compagnie, et la légitimité des craintes qu'on avait de les voir renaître bientôt. Le plan que propose M. de Gournay est, à peu de chose près, le même que celui qu'on vient d'exposer ; c'est-à-dire, de rendre le commerce libre, en laissant subsister les Comptoirs de l'Inde, etc. L'autorité d'un Magistrat éclairé, qui avait passé sa vie dans l'étude de l'économie politique, et qui remplissait une place importante d'administration, doit donner un grand poids aux principes que nous venons d'exposer. C'est l'effet que nous attendons du Mémoire qu'on va lire. » [1]

Gournay avait encore correctement anticipé les choses. Pour une fois, on lui en savait gré.

Il avait tiré ses idées, comme dans les autres domaines, de la lecture des économistes autant que de son observation des faits. Il était convaincu que seule la liberté pouvait faire prospérer le commerce. Il avait lu en outre chez Child ou Jean de Witt des critiques des compagnies privilégiées. « Jean de Witt, écrit-il dans les *Remarques*, un des plus grands hommes d'État et de commerce qu'il y ait eu en Europe, depuis que le commerce fait un objet dans la politique, a toujours regardé les compagnies comme nuisibles à l'industrie publique et à l'augmentation du commerce. » [2] Il avait en outre suivi l'exemple de l'Angleterre, qui avait récemment réformé sa pratique en la matière. Gournay remarqua ce fait digne de réflexion : « les

[1] André Morellet, *Mémoire sur la situation actuelle...*, supplément, p.ix
[2] *Remarques*, p.128-129

Anglais s'étant aperçu que le commerce du Levant qui était gêné chez eux par une Compagnie diminuait, ils n'ont pas cru trouver de moyen plus sûr pour le conserver que de le rendre libre. » [1] Il n'y avait donc pas de doute sur la route à emprunter par la France : la liberté. [2]

La question des toiles peintes

Vincent de Gournay a défendu la liberté du commerce dans une autre controverse où il a été lié de près, celle des toiles peintes. Vers 1750, les toiles de coton imprimées, appelées « toiles peintes », font l'objet d'une large consommation en France, ce qui inquiète les manufacturiers car ces toiles sont importées de l'étranger. Après quelques échanges contradictoires au sein du Bureau du commerce et dans les hauts cercles de l'administration, le débat est étouffé au début de la décennie 1750. Gournay et Forbonnais ont l'ambition, en 1755, de ranimer la controverse. Dans leur *Examen des avantages et des désavantages de la prohibition des toiles peintes*, les deux économistes étudient la position libérale et la position prohibitionniste — Forbonnais soutenant la seconde dans son *Examen* et dans ses réponses, et Gournay défendant la première dans des *Observations*.

Gournay explique pourquoi, contrairement à l'avis soutenu par Forbonnais, la consommation de toiles peintes ne se fait pas au détriment des productions nationales, mais apporte de l'émulation par la concurrence. Il signale parfaitement le fait

---

[1] *Ibid.*, p.30

[2] D'une remarque de Gournay, selon laquelle « il est à croire que la première nation qui s'avisera de rendre libre le commerce aux Indes orientales ruinera les compagnies. » (Gournay, *Remarques*, p.131) on pourrait en conclure qu'il gardait surtout un esprit nationaliste, uniquement préoccupé de la perte des voisins. Encore une fois, il est certain que l'une des principales préoccupations de l'intendant du commerce fut la prospérité de la France et l'affaiblissement des rivaux commerciaux. Cependant, il est paradoxal de prétendre le ranger dans les protectionnistes du fait de ce sentiment seul, quand il réclame à grand cris la liberté du commerce, en opposition parfaite avec les protectionnistes.

que l'interdiction de ce commerce ne le supprime pas dans les faits, mais provoque uniquement de la contrebande. S'il en est ainsi, c'est parce que « les rigueurs ne font point cesser les besoins, et il suffit de connaître un peu les hommes pour savoir que les plus grands risques ne les forceront jamais à agir autrement que conformément à leur intérêt. » [1] C'est, outre la reconnaissance de l'importance du mobile de l'intérêt personnel, qui inspirera à Adam Smith sa main invisible, une juste représentation des principes qui guident le commerce : ces principes sont dans les hommes, non dans les lois.

Or la contrebande a des effets les plus néfastes, que les partisans de la prohibition des toiles peintes doivent avoir à l'esprit. Son plus grand défaut est de pousser une quantité d'honnêtes hommes, de commerçants utiles à la nation, dans le rang des criminels. En outre, puisque le commerce illégal ne se fait jamais dans un climat de tranquillité et de paix, la contrebande des toiles peintes « occasionne journellement la perte d'un grand nombre d'hommes, tant du côté de ceux qui l'introduisent, que de ceux qui s'y opposent ; c'est une guerre continuelle sur toutes nos frontières, qui fait périr un monde infini les armes à la main, dans les prisons, aux galères et sur l'échafaud, et cela uniquement pour vouloir forcer 20 millions d'hommes à agir contre leur penchant, au lieu de s'accommoder à ce même penchant et d'en tirer parti. » [2] Cette position est hautement illogique pour Gournay, puisque les hommes, avec leurs besoins et leurs désirs, n'ont pas à être sacrifiés pour telle ou telle idée que se fait le ministère du développement des manufactures nationales.

La solution, celle qu'il a toujours soutenu à l'endroit de la contrebande, c'est de laisser faire, c'est-à-dire de remettre le commerce illégal dans la légalité, puisque aucune raison valable ne contraint à l'y maintenir, autre que les prétentions du pouvoir royal. Arrêtons donc de vouloir surveiller un com-

---

[1] *Examen des avantages et des désavantages de la prohibition des toiles peintes*, 1755, p.78
[2] *Examen*, op. cit., p.75-76

merce qui n'a pas besoin de l'être, qui mériterait même d'être porté à sa plus grande perfection, plutôt que rétréci par les règlements. Que le pouvoir, en peu de mots, comprenne la futilité de la pénalisation de cette contrebande. En effet, soutient Gournay, « il est impossible d'empêcher l'entrée des toiles en contrebande par les lois les plus sévères ; il n'est pas plus aisé d'en empêcher l'usage, (ce qui se passe sur le sel et sur le tabac en sont des preuves). On ne pourrait le tenter qu'en employant une portion de la nation à surveiller l'autre portion qui n'est déjà que trop considérable, et qui arrache une infinité d'hommes aux arts utiles et au travail de la terre. »[1] Ainsi, si l'on veut éviter de pousser des hommes honnêtes dans l'illégalité ou le chômage forcé, ouvrons les bras à ce commerce des toiles peintes, plutôt que de l'enserrer dans des prohibitions qui n'apportent aucun profit à quiconque. Et comment le pouvoir royal peut-il oser, après avoir limité l'entrée dans les professions par les corporations, comment peut-il encore interdire aux hommes de se vêtir à bon marché, et à certains commerçants de les servir ?

Que nous disent les exemples de l'Angleterre ou de la Hollande, si ce n'est justement que nous avons tout intérêt à adopter la liberté sur cette question ? « L'exemple de ce qui se passe chez l'étranger, et particulièrement chez les Anglais, avec qui nous pouvons plus naturellement nous comparer à cause des mêmes manufactures, prouve que les Toiles peintes n'apporteront que peu ou point de préjudice aux plus anciennes fabriques, et qu'elles peuvent prospérer toutes ensemble sans se nuire. [...] La même chose est arrivée chez les Suisses et chez les Hollandais ; je ne vois pas de bonnes raisons pour me convaincre qu'il en serait autrement chez nous. »[2] Encore pour nous une raison, donc, de suivre la voie libérale.

---

[1] *Examen*, op. cit., p.84
[2] *Examen*, op. cit., p.79 ; p.84

Comment, cependant, appliquer la liberté dans cette matière ? Gournay recommande une réforme douce, comme pour la Compagnie des indes. Pour adoucir la libéralisation, il propose de mettre un droit de 6 à 7% sur les toiles blanches tirées de l'étranger, et de 12% pour les toiles peintes. Là encore, cet impôt est considéré par l'intendant du commerce comme une nécessité, afin de rendre sa réforme acceptable par les ministres en place, qui rejetteraient d'instinct une libéralisation pure et simple, n'y trouvant pas leur intérêt.

§4. — Conclusion : comment deux principes différents ont pu cohabiter chez Gournay ?

Nous avons vu tout au long de ce chapitre comment, chez Gournay, deux principes antagoniques sont tour à tour et même parfois simultanément à l'œuvre. Ces deux principes sont d'un côté le mercantilisme ou le protectionnisme, de l'autre le laissez-passer, le libre-échange. Quand l'histoire a retenu de Gournay son adage, laissez faire, laissez passer, elle a effectué un tri parmi les idées de l'intendant du commerce, un tri qui dénature en partie son intention, mais pas toujours ses conclusions. Son intention, en effet, est ancrée dans l'idéologie mercantiliste : Gournay entend supplanter l'Angleterre et la Hollande sur les marchés commerciaux du monde. Au surplus, il a soin de distinguer les productions qui sont sensées enrichir la nation française, et celles qu'il convient pour elle d'acquérir de l'étranger. Toutefois, dans ses conclusions, l'intendant du commerce rejoint les positions libérales les plus pures. Il comprend que la contrebande nait de prohibitions contraires à l'intérêt personnel des peuples et qu'en outre vouloir la surprendre et la contrarier par des gendarmes est un effort destiné par nature à s'avérer vain. Prenant parti dans les discussions économiques de son temps, il soutient la supériorité de l'échange libre et démontre pourquoi il est supérieur à tous les systèmes de prohibition.

S'il a pu mêler deux principes différents voire opposés dans son œuvre, ce n'est donc pas sciemment, mais en partant de

prémisses plus ou moins mercantilistes, pour aboutir finalement à des conclusions rigoureusement libérales, non que sa
logique ait failli, mais parce que les arguments en faveur du
laissez passer l'emportaient dans tous les cas. L'exemple de la
Hollande et de l'Angleterre, ayant adopté une politique de
libre-échange modéré, tout en partageant encore certaines
idées mercantilistes, est une autre raison qui a pu influer sur le
jugement et les écrits de Vincent de Gournay.

VII. — LE SOUTIEN À L'AGRICULTURE ET LA SOCIÉTÉ DE BRETAGNE

Misère dans les campagnes françaises et bretonnes. — Les plaintes des agronomes et économistes. — Proposition d'une Société d'Agriculture en Bretagne. — Effets de cette société sur l'économie de la Bretagne. — Rôle que Vincent de Gournay a pris à sa création.

Les terres bretonnes du milieu du XVIIIe siècle offraient aux esprits attentifs à la misère du bas peuple des occasions historiques de servir. Depuis plusieurs décennies déjà, les questions économiques étaient abondamment débattues en France. La pluralité des causes de ce développement ne saurait masquer ce qui en fut la raison fondamentale : la situation économique de la France de l'époque, des plus catastrophiques, attirait l'attention des réformateurs et des amis de l'humanité.

Cela faisait en effet des décennies que des écrivains, qui se disaient tels, et que l'on dira économistes, avaient porté leurs yeux sur la misère du peuple. Le maréchal Vauban, au début du XVIIIe siècle, notait déjà que « le menu peuple est beaucoup diminué ces derniers temps, par la guerre, par les maladies, et par la misère des dernières années, qui en ont fait mourir de faim un grand nombre et réduit beaucoup d'autres à la mendicité. »[1] Il proposa une vaste réforme fiscale comme moyen d'endiguer le mal. Par son livre, il fournissait surtout une description saisissante de la misère des masses à l'époque de Louis XV, et quelques phrases, comme « leurs bras sont affaiblis par la mauvaise nourriture », obtinrent un écho dans les classes littéraires de l'époque.

Vauban n'était pas le seul, dès cette époque, à énoncer de tels aperçus lugubres. Des quatre coins du royaume, on récol-

[1] Vauban, *Dîme Royale*, in E. Daire (éd.), *Économistes financiers du XVIIIe siècle*, Paris, 1843, p. 89

tait des témoignages du même acabit. Il faut dire que dans de nombreuses régions françaises, la misère sévissait de manière préoccupante. On raconte ainsi que durant les périodes de famine, hélas récurrentes, des femmes étaient assassinées sur les chemins parce qu'elles portaient du pain, et qu'aucun marchand n'osait apporter cette denrée précieuse à Paris, de peur d'être attaqué par des hordes de gens affamés.

La Bretagne ne faisait hélas pas exception. Confrontée à la disparition de ses débouchés suite au conflit avec l'Angleterre, la région entrait alors dans un « siècle noir », selon l'expression de Joël Cornette. [1] La sous-nutrition d'une partie importante de la population, additionnée à l'extrême virulence des épidémies, provoquèrent en outre la stagnation inquiétante de la population bretonne entre 1680 et 1780.

Le marquis d'Argenson, fin observateur, remarquait bien cet appauvrissement général de la France. « La misère avance au-dedans du royaume à un degré inouï » témoignera-t-il durant l'année 1739, après des décennies d'un appauvrissement sensible. [2] Depuis plusieurs décennies, les famines étaient régulièrement violentes, et les pertes humaines étaient considérables. Dans les registres de la paroisse de Molinet, dans l'Allier, on lit en 1709 : « Je certifie à tous qu'il appartiendra, que toutes les personnes qui sont nommées dans le présent registre sont tous morts de famine à l'exception de M. Descrots et de sa fille. » Le même curé faisait remarquer que ce n'était pas une situation propre à sa région : « L'an 1709, il n'y eut ni blé ni vin dans tous les pays voisins. Les pauvres peuples ont vendu tout ce qu'ils avaient, pour avoir quelques pains d'orge ou de sarrasin. On a mangé les charognes mortes depuis quinze jours. Les femmes ont étouffé leurs enfants de crainte de les nourrir. » [3]

---

[1] Joël Cornette, *Histoire de la Bretagne et des Bretons*, Paris, Éditions du Seuil, 2008

[2] Marquis d'Argenson, *Journal et Mémoires*, éd. Rathery, p.149

[3] M. Barrois, curé à Molinet (Allier), *Extrait des registres de la paroisse de Molinet, année 1709* (1er janvier 1710)

Dans les provinces de la première moitié du XVIIIᵉ siècle, en vérité, les esprits semblaient être plus clairs qu'à Paris, où une apparente richesse voilait encore le paysage des maux de l'époque. Si la capitale restait comme enveloppée dans un nuage de prospérité, dans les provinces, on souffrait. D'un côté la richesse, de l'autre côté le plus atroce dénuement : telle est la conclusion que tirèrent de nombreux observateurs sociaux de l'époque ou du siècle suivant. « La France, écrira par exemple l'économiste Sismondi, présentait alors le contraste le plus étrange, le plus difficile à concevoir. La vraie nation, celle qui habitait les provinces, qui payait les impôts, qui recrutait les armées, était réduite à un état de souffrance, de pénurie, d'oppression, qu'elle n'avait jamais connu, même dans les siècles de la plus grande barbarie. La France au contraire que connaissaient les étrangers, celle qui se montrait à Paris, à Versailles et dans quelques grandes villes, était plus brillante, plus opulente, plus enjouée qu'aux plus beaux temps du règne de Louis XIV. Dans les campagnes, la taille, la gabelle, écrasaient l'agriculture. À Paris, d'immenses richesses circulaient parmi les fermiers-généraux et tous les financiers. Les courtisans, comblés des faveurs de la cour, y répandaient l'argent d'une main prodigue sur tous ceux qui servaient à leurs plaisirs. De très grandes fortunes s'étaient élevées dans la banque et le commerce ; les emprunts publics, les actions de la compagnie des Indes attiraient les capitaux de tous ceux qui voulaient s'assurer un revenu régulier sans prendre de souci. »[1]

Au début des années 1720, un autre événement participa au bouleversement des représentations « traditionnelles » de l'économie, et à la formation d'une élite intellectuelle dévouée à la recherche, à l'exposition, et à la popularisation des principes économiques : la faillite du fameux système de John Law. Cette « monstrueuse banqueroute » eut quelques effets positifs, et l'un fut de diriger les esprits spéculatifs vers l'étude

---

[1] Sismondi, cité par L. de Lavergne, *Les économistes français du dix-huitième siècle*, Paris, 1870, p.60

des questions économiques. Si, vers 1750, on vit apparaître, au sein de la « République des Lettres », de riches et très nombreuses contributions à cette nouvelle science de l'économie politique, c'était d'abord et avant tout parce que la faillite retentissante du système de Law avait questionné toutes les intelligences sur les causes de la prospérité des nations. Dès 1738, Voltaire avait bien fait remarquer ce fait curieux : « On entend mieux le commerce en France depuis vingt ans qu'on ne l'a connu depuis Pharamond jusqu'à Louis XIV. C'était auparavant un art caché, une espèce de chimie entre les mains de trois ou quatre hommes qui faisaient en effet de l'or, et qui ne disaient pas leur secret. Le gros de la nation était d'une ignorance si profonde sur ce secret important, qu'il n'y avait guère de ministre ni de juge qui sût ce que c'était que des actions, des primes, le change, un dividende. Il a fallu qu'un Écossais, nommé Jean Law, soit venu en France, et ait bouleversé toute l'économie de notre gouvernement pour nous instruire. »[1]

Hantés par le souvenir de cet effondrement monétaire malheureux, et pressés d'en trouver des palliatifs réalistes, les réformateurs économistes de l'époque étaient aussi assez généralement habités par un vague mais très expressif sentiment de *c'était mieux avant*. À la vue des difficultés du siècle, on se souvenait que les temps avaient été meilleurs par le passé, et on en vint même à célébrer très pieusement d'anciennes gloires, comme le ministre Sully. « Plus grand homme d'État qui ait jamais paru », selon le marquis de Mirabeau[2], Sully était très apprécié, et cité constamment en exemple des bonnes pratiques. Déjà vanté par le grand Boisguilbert[3], il acquit dans les yeux de François Quesnay un prestige encore plus considérable, et sera plus tard pareillement célébré par les écono-

---

[1] Lettre de Voltaire à M. Thiérot, sur l'ouvrage de M. Melon et sur celui de M. Dutot, 1738 ; in *Œuvres complètes de Voltaire*, Tome 1, Paris, 1827, p.9

[2] Mirabeau, *Ami des Hommes*, t. II, p.50-51

[3] Pierre Le Pesant de Boisguilbert, *Traité des grains*, II, 6, p.383

mistes proches de Gournay. [1] La prospérité historique qui marqua son ministère, et la réussite des mesures fortes comme la libéralisation du commerce des grains, firent émerger sur la scène intellectuelle de la première moitié du XVIIIᵉ siècle une idéalisation certaine de Sully. Selon Quesnay, les succès de ses réformes économiques étaient telles que, comme il l'écrira, « les Anglais se plaignaient en 1621 de ce que les Français apportaient chez eux des quantités de blé si considérables et à si bas prix que la nation n'en pouvait soutenir la concurrence dans ses marchés. » [2]

Dans le cadre d'analyse de cette idéalisation progressive, et selon toute logique, la plainte la plus communément formulée durant les premières années de la décennie 1750 concernait l'agriculture. Elle se résumait à ces six mots : *on ne fait rien pour l'agriculture*. À cette époque, en Bretagne comme ailleurs, on eut vent d'un livre alors fort fameux, qui venait de paraître : *L'Ami des Hommes*, par le marquis de Mirabeau, plus tard cofondateur, avec Quesnay, de l'école physiocratique, et père du Mirabeau héros de la Révolution française. « L'Agriculture, écrivait Mirabeau dans ce livre, cet Art par excellence, qui peut se passer de tous les autres, tandis qu'aucun d'eux ne saurait exister sans lui, l'Agriculture, dis-je, est encore dans son enfance : les premiers hommes de chaque société l'ont tous honorée ; les seconds se sont, pour ainsi dire, hâtés de la négliger. La Fable du chien, qui laisse le corps pour courir après l'ombre, a toujours dépeint l'humanité en général. Eh ! Quel art mérita jamais d'être étudié et perfectionné avec plus de soin ? » [3] Et plus loin, on lisait : « L'Agriculture est non seulement de tous les Arts le plus admirable, le plus nécessaire de l'état primitif de la Société ; il est encore, dans la forme la plus compliquée que cette même Société puisse recevoir, le

[1] Voir notamment l'*Éloge de Sully* par Simon Cliquot-Blervache, économiste du cercle de Gournay.

[2] François Quesnay, cité par L. de Lavergne, *Les économistes français du dix-huitième siècle*, p.63-64

[3] Mirabeau, *Ami des Hommes*, p.8

plus profitable. » [1] Cet ouvrage, qui eut un succès considé-rable[2], aida à la diffusion de cet amour pour l'Agriculture dans la population lettrée.

La situation des campagnes, et de celles de la Bretagne en particulier, justifiait à bien des égards ce sentiment et ces plaintes. Les terres, au grand désespoir de beaucoup, étaient laissées en friche, et comme abandonnées. En Bretagne, ce constat fut partagé par tous les observateurs et économistes du siècle. Certains écrivirent directement sur cette question et présentèrent des solutions pour endiguer le mal. Avant de voir l'action que les économistes bretons firent ensemble, voyons d'abord la description des maux de la campagne bretonne vers 1750, telle qu'exprimée par l'économiste Duhamel du Mon-ceau :

> « J'ai traversé deux fois la Bretagne dans toute sa longueur, et par des routes différentes. C'est un spectacle affligeant que la quantité immense de terres incultes qu'on y ren-contre. J'oserais presque assurer que tout le cœur de la Bre-tagne est en friche, et que la partie cultivée, qui ne va pas à la moitié, n'est qu'une ceinture qui entoure la stérilité même. Les landes, par leur étendue, sont au moins compa-rables à celles de Gascogne. Mais il m'a paru qu'elles résis-teraient moins aux améliorations. Ce ne sont pas des plaines de sable : c'est de la terre qui a du fonds. » [3]

Duhamel du Monceau n'était pas, à l'époque du moins, un inconnu, et il comptera beaucoup dans l'histoire des idées économiques au siècle des Lumières. Agronome et écono-miste de tendance libérale, proche de Vincent de Gournay et de son cercle, Duhamel du Monceau fut aussi un proche col-laborateur et conseiller du Contrôleur général Bertin, et sera en relation avec de nombreux économistes bretons proches de Gournay, dont Montaudoin et Abeille.

---

[1] *Ibid.*, p.32

[2] Cf. Henri Ripert, *Le marquis de Mirabeau : ses théories politiques et économiques*, 1901, p.24-25

[3] Henri-Louis Duhamel du Monceau, *École d'Agriculture*, Paris, 1759, p.68

Un autre grand observateur du siècle, l'anglais Arthur Young, consigna des aperçus similaires dans ses *Voyages en France*. Quand il arrive en Bretagne, à Combourg, il est saisi par la présence de ces vastes étendues incultes au milieu de beaux pâturages. « Jusqu'à Rennes, note-t-il, même confusion bizarre de déserts et de cultures ; pays moitié sauvage, moitié civilisé. »[1]

Quelques années plus tôt, Jacques Cambry remarqua avec la même désolation le triste état des campagnes bretonnes, et l'expliqua par la victoire des préjugés des paysans sur les principes de l'agronomie.

> « Si les principes d'économie rurale, qui se propagent dans le reste de la France, s'établissaient dans la Bretagne, si l'on pouvait arracher à leur routine les habitants de ce riche pays, s'ils ne craignaient pas, avec superstition, de labourer un champ qu'a négligé leur père, si l'absurde croyance que la lande est le meilleur des engrais était détruite, s'ils voulaient former des prairies artificielles comme ils pourraient sans frais et presque sans travail, leur pays serait le plus riche, le plus fécond de la nature. »[2]

La situation catastrophique de l'agriculture bretonne, pourtant manifeste, ne faisait naître de son observation aucune évidence de réforme. Quelles étaient donc les solutions possibles pour endiguer le mal ? Durant de nombreuses décennies, on s'était figuré que la publication d'ouvrages spécialisés était un moyen à privilégier, pour fournir aux cultivateurs la capacité de mettre davantage en valeur leurs terres. Seulement, il était clair que dans la population française, peu de gens lisaient, et qu'en tout cas les laboureurs, qui étaient les cibles de ces travaux, se désintéressaient de ces publications et devenaient ainsi inatteignables par ce canal. La publication des

---

[1] Arthur Young, *Voyages en France pendant les années 1787, 1788, 1789*, Tome 1, Paris, 1860, p.147

[2] J. Cambry, *Voyage dans le Finistère ou état de ce département en 1794 et 1795*, Paris, 1835, p.14

travaux d'agronomes produisait ainsi des effets timides, sinon imperceptibles. Le risque de tout perdre, qui blessait trop fortement l'esprit des agriculteurs, constituait un frein évident. L'avis d'un agronome ne pouvait suffire : on n'abandonne pas ses routines pour si peu.

C'est d'un fils de commerçants nantais que naîtra la solution au problème : institutionnaliser la défense de l'agriculture et la promotion des moyens de la faire prospérer. En 1756, un certain Jean-Gabriel Montaudoin de la Touche fit parvenir un mémoire aux États de Bretagne, réclamant la création d'une société d'agriculture et de commerce. L'idée soumise était de constituer un cercle de spécialistes des questions économiques et agricoles, pour éclairer les paysans bretons, les ministres et les intendants, sur les mesures capables de solutionner le désastre économique de l'époque, que nous avons rappelé plus tôt dans ce chapitre. Cette proposition tout à fait novatrice fut examinée lors de la réunion annuelle des États de Bretagne, dans les premiers jours du mois de janvier 1757. Un homme influent y apporta son soutien : Vincent de Gournay, intendant du commerce natif de Saint-Malo. La commission des États de Bretagne soumit ce projet aux avis de ses membres, et après délibération, le 28 janvier 1757, elle émit sa réponse : « Vous nous avez fait l'honneur de nous renvoyer un excellent mémoire de M. Montaudoin sur l'agriculture, les arts et le commerce ; il propose comme très utile l'établissement d'une société qui ferait son étude de ces trois objets. Monsieur de Gournay, intendant du commerce, nous exhorte à adopter ce projet. Nous avons pensé comme lui, que rien ne pouvait être plus avantageux à la Province que cet établissement, nous l'avons même regardé comme essentiel. » [1]

L'instigateur de ce projet, Jean-Gabriel Montaudouin de la Touche, encore un inconnu, était sur le point de faire une

---

[1] Reproduit dans *Corps d'observations de la Société d'Agriculture, de Commerce et des Arts, établie par les États de Bretagne*, Rennes, 1760, p.2

entrée remarquée sur la scène de l'économie politique. [1] Né à Nantes en 1722, il était adossé à une longue tradition familiale d'expertise dans le commerce. Au sein de cette ville que ses ancêtres avaient enrichie par leurs activités commerciales, dans l'armement et la construction de navires, Jean-Gabriel se fit armateur et développa parallèlement un talent peu commun pour la résolution des questions les plus ardues et les plus controversées de l'économie politique. Son activité commerçante eut un certain succès, mais c'est en théorie économique qu'il fut amené à faire ses armes et à faire œuvre de bâtisseur. À la fin de l'année 1756, il transmit aux États de Bretagne un mémoire préparant la constitution d'une Société d'Agriculture, de Commerce et des Arts, en Bretagne. Il en fut l'un des fondateurs, et aussi l'un des membres les plus actifs. C'est lui qui, avec l'économiste Louis-Paul Abeille, en rédigera plus tard les *Corps d'observations*. Sa carrière d'économiste sera liée de près à celle de Vincent Gournay et aux débats sur le commerce des grains.

Quoi qu'il en soit, un vif enthousiasme suivit l'annonce de la création de cette première Société d'agriculture de France. « Un événement très inattendu, nota Duhamel du Monceau, et digne par son importance de devenir une époque principale dans la Monarchie, doit nous rassurer. Les États de Bretagne viennent de ranimer les espérances de tous les patriotes, en formant le plus sage, le plus estimable de tous les établissements. Je parle de cette Société d'Agriculture, de Commerce et des Arts, annoncée par quelques exemplaires des délibérations de cette Province, qui se sont répandus à Paris, et par les éloges qu'on en trouve dans les Journaux. » [2] Dès avant la formation d'un cercle d'économistes autour de Vincent Gournay, Duhamel du Monceau avait œuvré pour le développement de l'agriculture, et voyait peut-être dans cette Société de Bretagne

---

[1] *Supplément à l'Essai sur la police générale des grains*, 1757, qui fut son premier et plus influent écrit économique.

[2] Henri-Louis Duhamel du Monceau, *École d'Agriculture*, Paris, 1759, p.26-27

la matérialisation de ses espérances, si ce n'est même le fruit de ses conseils.

D'autres auteurs, versés comme lui dans les questions économiques et agricoles, réagirent avec la même ferveur. Henry Patullo, qui mettait à l'époque la dernière main sur un *Essai sur l'amélioration des terres*, qui paraîtra en 1758, ne cacha pas son enthousiasme : « Les États de Bretagne, écrivit-il, viennent de faire un établissement d'un genre supérieur, capable de changer la face de cette Province, et peut-être dans la suite de tout le Royaume, soit qu'il s'y en fasse de semblables à son exemple, ou qu'on y profite seulement des lumières qu'on en verra infailliblement sortir. »[1]

Cette société, admirée par tous, travailla d'abord à bâtir son organisation. La Bretagne, divisée en neuf Évêchés, vit être disposés sur ses terres neuf bureaux, une dans chaque ville épiscopale. La Société fixa son point central à Rennes, où elle avait en effet le plus de membres : dix-huit contre une moyenne de dix dans le reste des bureaux.[2] Ce bureau central fut chargé de coordonner et diriger les travaux de la Société. C'est de Rennes qu'on imprimerait d'ailleurs, en 1760, les *Corps d'observations* de la Société, pour les années 1758 et 1759, que le rennais Abeille et le nantais Montaudouin allaient composer.

Les différents bureaux de la société étaient établis à travers la Bretagne. À côté du bureau central de Rennes, on comptait ainsi des bureaux à Nantes, Vannes, Quimper, Saint-Malo, Dol, Saint-Brieuc, Tréguier, et Léon. Pour composer les différents bureaux avaient été nommées pas moins de cinquante-quatre personnes, soit six pour chaque localité.

Montaudoin de la Touche gérait le bureau de Nantes, et en était l'une des personnalités les plus savantes. Au sein du bureau central de Rennes, des neufs le plus influent, on comptait

---

[1] Henry Patullo, *Essai sur l'amélioration des terres* ; cité dans Henri-Louis Duhamel du Monceau, *École d'Agriculture*, Paris, 1759, p.18-19
[2] John Shovlin, « The Society of Brittany », in Koen Stapelbroek & Jani Marjanen, *The Rise of Economic Societies in the Eighteenth Century*, Plagrave Macmillan, 2012, p.73

deux économistes très talentueux : Julien-Joseph Pinczon du Sel des Monts, et Louis-Paul Abeille.

Armé, si l'on peut dire, des meilleurs esprits que comptait la toute récente science économique, la Société d'Agriculture de Bretagne pouvait alors agir pour la régénération de l'économie bretonne. Assurés, comme ils le noteront dans les *Corps d'Observations*, que « les deux tiers de la Bretagne sont incultes » et surtout que « la plupart des terrains cultivés produiraient le double de ce qu'on en retire aujourd'hui, si la culture y était perfectionnée et protégée », les membres de cette Société n'auront de cesse de chercher les moyens les plus propres pour améliorer la production agricole de la Bretagne. [1]

La Société, ayant pour objectif annoncé « de recueillir ces connaissances éparses, de les rapprocher et de les répandre » cherchera constamment à obtenir des principaux intéressés, les agriculteurs eux-mêmes, des conseils et des informations nouvelles susceptibles d'accroître la production. [2] L'Agriculture se développerait aussi si des gens indiquaient quelles productions entreprendre dans quels lieux : « Il serait très essentiel que des personnes intelligentes examinassent dans chaque canton les branches d'Agriculture qui y sont ou qui y seraient les plus avantageuses. Si l'on connaissait bien la situation et l'exposition des lieux, les besoins locaux, les consommations qui sont abondantes, et qui peuvent le devenir encore plus, les ressources qui pourraient trouver ceux qui établiraient des Fabriques de matières de crû ; on aurait les meilleurs guides pour toutes les opérations économiques. » [3]

La Société de Bretagne parvint, par ses activités, par ses publications, et par sa haute estime pour l'activité agricole, à redynamiser de manière très nette l'économie régionale. « Pendant ses quatre ans d'existence, confirmera Bourdais, la Société d'agriculture, du commerce et des arts de Bretagne

---

[1] *Corps d'observations de la Société d'Agriculture, de Commerce et des Arts, établie par les États de Bretagne*, Rennes, 1760, p.v-vi

[2] *Ibid.*, p.vi-vii

[3] *Ibid*, p.xvi

donna une active impulsion à la vie économique de la province. »[1] Ce fait est également confirmé par Villers, dans son étude sur l'*Histoire de la Société d'Agriculture, du Commerce et des Arts de Bretagne.*[2]

Les observateurs, agronomes et économistes furent les plus grands promoteurs de cette institution, et en diffusèrent l'exemple dans leurs cercles. « Les États de Bretagne, écrivit par exemple Duhamel du Monceau, ne pouvaient donner une preuve plus frappante de leur amour pour le bien public, et de leurs lumières dans le choix des moyens de le procurer. Une Société d'Agriculture n'est plus pour eux, comme pour nous, un projet utile, un objet d'impatience et de désir ; c'est un bien dont ils jouissent ; un bien qu'ils ont créé et qui sera le germe de la félicité publique, si la Nation sait profiter d'une politique si humaine et si éclairée. [...] La Bretagne aura l'honneur d'avoir donné le ton à la France entière, sur l'objet le plus essentiel. Elle a ouvert la carrière, elle y marchera, sans doute, d'un pas plus ferme et plus rapide que les Provinces qui ne feront que l'imiter. »[3]

Cet agronome, très élogieux, était aussi tout à fait perspicace. L'éloge que nous venons de citer fut publié en 1759, quelques mois à peine avant que Bertin ne soit nommé Contrôleur général des Finances. Dès 1760, admiratif devant cette Société de Bretagne, ce ministre de tendance libérale décida de favoriser la création d'académies similaires, afin de diffuser les notions justes d'économie politique. Les Sociétés Royales d'Agriculture furent implantées peu à peu dans les régions françaises, à partir de 1761. Elles joueront, pour la diffusion, mais aussi pour le développement de la science économique dans notre pays, un rôle qu'il n'est pas permis de minimiser.

---

[1] Bourdais, « Un gentilhomme manufacturier à Rennes au XVIIIe siècle. Julien-Joseph Pinczon du Sel des Monts (1712-1781) », *Revue de Bretagne, de Vendée et d'Anjou*, Volume 42, p.12

[2] L. de Villers, *Histoire de la Société d'Agriculture, du Commerce et des Arts de Bretagne*, Rennes, 1898

[3] Henri-Louis Duhamel du Monceau, *École d'Agriculture*, Paris, 1759, p.125-126

La fiscalité, les réglementations, le commerce international (surtout celui des grains), et bien sûr les techniques agricoles : le champ des sujets embrassés par ces Sociétés Royales d'Agriculture fut étonnamment vaste. En outre, les sociétés d'agriculture aideront beaucoup le développement de la physiocratie, l'école de pensée économique fondée par François Quesnay, et qui fut, de l'avis des historiens de la pensée économique, la première à avoir posé les bases de l'économie politique scientifique. De nombreux physiocrates furent employés dans ces Sociétés Royales d'Agriculture : Dupont de Nemours, par exemple, fut secrétaire au sein de celle de Soissons, Le Trosne de celle d'Orléans. Il faut dire également que les sociétés d'agriculture furent de bons clients pour les ouvrages des physiocrates ainsi que pour leur journal économique, les *Éphémérides du Citoyen*, auquel de nombreux bureaux étaient abonnés. [1]

Utile pour la diffusion de la pensée économique éclose depuis peu en France, ainsi que pour les progrès de la culture agricole sur les terres fertiles mais délaissées de Bretagne, cette Société d'Agriculture constitue l'une des plus influentes contributions de notre région à l'histoire du progrès des connaissances économiques. Gustave Schelle, le grand historien de la pensée économique française, le confirmait déjà en son temps : « La Société d'agriculture de Bretagne rendit les plus grands services ; elle facilita la mise en valeur des terres de la Bretagne, alors inculte sur les deux tiers de sa superficie, et contribua grandement, par la publication d'un exposé de la situation économique de la province, dû presque entièrement à la plume d'Abeille et rempli de faits intéressants, à tourner les esprits du côté de la liberté industrielle. » [2]

Ce sont à des hommes dont l'humilité même a empêché le souvenir de la postérité que nous devons cette institution si

---

[1] Georges Weulersse. *Le mouvement physiocratique en France (1756-1770)*, Tome I, Paris, Alcan, 1910, p.142-143
[2] Gustave Schelle, *Vincent de Gournay*, Paris, 1897, p.156

glorieuse. Le premier d'entre eux est Vincent de Gournay. Au cours des années 1750, animé par une curiosité naturelle et par un sens vraiment touchant du devoir et du dévouement, Gournay s'était lancé dans un grand voyage à travers la France, pour mieux connaître les rouages de l'économie française et les maux qui l'accablaient. En 1753, il avait visité le Lyonnais et la Bourgogne, puis le Languedoc, le Dauphiné, et la Province. En 1755, il reprit ses pérégrinations en direction de l'ouest : il visita le Bordelais, Bayonne, et La Rochelle. L'année suivante, il acheva son grand tour par des terres qu'il connaissait bien : d'abord l'Orléanais, l'Anjou, et le Maine, puis enfin la Bretagne, de Saint-Malo, sa ville natale, à Nantes, en passant par Rennes. C'est dans cette dernière ville, où il parvint en décembre 1756, qu'il conseilla aux États de procéder à la création de cette Société d'Agriculture que Montaudoin de la Touche, une proche connaissance, avait appelé de ses vœux. Il aida même à la composition des 14 articles de ses statuts, qui furent arrêtés le 2 février 1757, et qui reçurent, en mars de la même année, l'approbation enthousiaste du Roi.

L'utilité de cette contribution de Gournay a été contestée par certains de ses contemporains et amis, comme Turgot, qui considérait que ces sociétés étaient inutiles voire nuisibles. Arthur Young le suivit dans cette appréciation critique. « Je n'assiste jamais à aucune Société d'agriculture, soit en France, soit en Angleterre, écrivit-il, sans me demander à part moi si, même bien dirigées, elles ne font pas plus de mal que de bien. » [1] Il faut cependant remarquer que Turgot vivait à une époque où l'institution des sociétés d'agriculture, récupérée par les pouvoirs publics, avait bien évolué, et où, en tant qu'intendant, ses rapports avec la Société d'Agriculture de Limoges étaient pour le moins difficiles.

---

[1] Arthur Young, *Voyages en France pendant les années 1787, 1788, 1789*, Tome 1, Paris, 1793, p.314

VIII. — LA QUESTION DU NIVEAU DE L'INTÉRÊT

Origines de cette idée. — Avantages d'une baisse de l'intérêt. — Conséquences libérales qu'en tire Vincent de Gournay. — Défense de l'instauration d'un crédit public.

Présentée comme accessoire, la question du niveau du taux d'intérêt a reçu peu d'attention de la part des commentateurs de l'œuvre de Gournay, à commencer par Gustave Schelle. Une lecture attentive de ses écrits — dont certains avaient certes été perdus — nous amène nécessairement à conclure que le sujet n'était pas en marge du projet économique de l'intendant du commerce, mais qu'il en représentait, comme l'écrit Philippe Steiner, « une pièce centrale ». [1] Aussi paradoxal que ce puisse être, Gournay réclamait donc de front la liberté du travail, la liberté du commerce, et une réduction du taux de l'intérêt. Cela semble à première vue paradoxal, parce que la mesure est aujourd'hui associée à l'intervention étatique en matière de crédit, une doctrine que l'on trouve dans le *Manifeste communiste*, chez les keynésiens et dans la gauche socialiste moderne. Or cette réduction de l'intérêt, que l'on rattache instinctivement à une forme d'antilibéralisme, était réclamée avec vigueur par notre intendant du commerce. « Le seul moyen de fertiliser nos terres, écrivait-il explicitement, de soutenir nos manufactures et de nous rendre puissants est de réduire l'intérêt de notre argent ; sans cela tous les autres seront insuffisants et mêmes inutiles. » [2] Cette question mérite donc une étude séparée, car non seulement Gournay la considérait comme essentielle, mais sa présence dans l'œuvre de l'économiste breton étonne à première vue.

---

[1] Philippe Steiner, « Commerce, commerce politique », in C. Théré, L. Charles, & F. Lefebvre (éds.), *Le cercle de Vincent de Gournay. Savoirs économiques et pratiques administratives en France au milieu du XVIIIᵉ siècle*, Paris, INED, 2011, p.193

[2] *Remarques*, p.38

Si l'on considère les sources habituelles dans lesquelles Vincent de Gournay a puisé le reste de ses idées économiques, tant sur le travail que sur le commerce ou l'industrie, l'étonnement ne se soutient pas. La littérature économique qu'il a étudiée foisonne de réflexions favorables à une réduction du taux de l'intérêt. Ainsi sont Child et Culpeper, deux écrivains qui, remarque Gournay lui-même, « se sont accordés à penser que le bas prix de l'intérêt de l'argent est le mobile le plus puissant pour exciter à la culture des terres, et au commerce, les deux seules sources permanentes de la puissance des États. » [1] Le *Traité sur le commerce* de Child s'ouvre même sur une pétition de principe à ce sujet. L'auteur y écrit : « J'avance positivement que c'est la réduction de l'intérêt qui a déterminé les Français à s'appliquer au commerce et aux manufactures ; et si l'on ne m'en croit pas sur ma parole, on n'a qu'à lire, pour s'en convaincre, les Édits et Déclarations du Roi de France. [...] Je soutiens que les Français ne doivent les progrès qu'ils ont faits dans les manufactures et dans le commerce, qu'à l'attention qu'ils ont eue d'amener l'Intérêt de l'argent de 7 à 6 et de 6 à 5 pour cent, sans quoi toutes les peines qu'ils ont prises d'ailleurs eussent été inutiles. » [2] L'étude du cas de l'Angleterre est suivi des mêmes conclusions. « Les progrès qu'a fait ce Royaume depuis cinquante ans sont dus à la réduction de l'intérêt. La proposition me paraît d'autant plus évidente, que ce principe a produit le même effet dans tous les autres pays de l'Europe, et du monde entier où il a été mis en pratique. En sorte que pour savoir si un pays est riche ou pauvre, dans quelle proportion il est l'un ou l'autre, quel est le degré de ses connaissances et de son habileté dans le commerce, il ne faut pas faire d'autre question que celle-ci : quel y est le prix de l'intérêt de l'argent ? » [3]

[1] *Remarques*, p.3
[2] Child, *Traités sur le commerce*, p.5
[3] *Ibid.*, p.44

L'expérience du commerce, acquise par Gournay à travers plusieurs nations commerçantes de l'Europe, l'incita également à considérer la réduction de l'intérêt comme un arrangement souhaitable. Le premier exemple est évidemment l'Angleterre. « La grandeur du commerce des Anglais est datée des époques où ils ont diminué l'intérêt de l'argent » note l'intendant du commerce. [1] « C'est au bas prix de l'intérêt de l'argent, peut-être plus qu'à aucune autre cause, que les Anglais doivent les progrès étonnants qu'ils ont fait dans l'art de cultiver les terres ; progrès tels, qu'ils ont presque changé la face de l'Angleterre en moins de 70 ans, et ont mis la nation en état de lever un tribut sur la plupart des autres peuples de l'Europe, en pourvoyant à leur subsistance, sans jamais avoir d'inquiétude pour la sienne propre. » [2] Et en effet, il semble que le rapport de force entre la France et l'Angleterre, en matière de commerce, se soit inversé à l'époque même où le taux d'intérêt de l'argent y connaissait une diminution sensible, de 5 à 3%. De la même manière, la Hollande a profité de la réduction du taux de l'intérêt pour accroître son commerce. « C'est par le bas prix de l'intérêt de l'argent, disait Child, et l'économie, qui en est une suite nécessaire, que les Hollandais sont parvenus à pouvoir acheter plus cher et vendre à meilleur marché que leurs voisins ; et que par là, ils ont su faire de leur pays, l'un des moins favorisés de la nature, le Magasin général de l'Europe, et se rendre propres les denrées de presque toutes les Nations de l'Univers. » [3] Et la même conclusion, soutient Gournay, peut être tirée de l'étude de toutes les nations du monde :

> « Jetons les yeux sur les pays qui nous environnent, et nous verrons que les richesses, l'aisance et les connaissances du commerce marchent partout d'un pas égal avec la proportion de l'intérêt : en Angleterre et en Hollande il y a plus de

---

[1] Mémoire sans titre, 1747-1748, *Mémoires et lettres de Vincent de Gournay*, p.10
[2] *Remarques*, p.3
[3] Child, *Traités sur le commerce*, p.3

circulation, plus de commerce, et par conséquent plus d'aisance que parmi nous, où l'intérêt est plus haut ; à Hambourg où l'intérêt est comme en Hollande, il y a plus de richesses à proportion qu'en Suède, en Danemark, en Allemagne, où l'intérêt n'est pas aussi bas ; les Génois sont plus riches et plus commerçants que les sujets du Roi de Sardaigne, l'intérêt à Turin, quoique réduit depuis peu à 4% étant encore plus haut qu'à Gênes ; nous avons nous-mêmes plus de commerce et d'industrie, et nos terres sont encore mieux cultivées que celles des Espagnols où l'intérêt est encore plus haut que chez nous. » [1]

Comment Gournay explique-t-il ce phénomène ? Pourquoi les nations qui ont un plus faible taux d'intérêt disposent-elles pour cela d'un commerce plus florissant ? Dans l'immédiat, la relation entre les deux phénomènes ne semble pas évidente : tâchons donc de rendre concrète la pensée de Gournay sur ce point.

Selon Gournay, le haut prix de l'intérêt de l'argent fonctionne comme un désavantage comparatif, et le bas prix de l'intérêt comme un avantage comparatif. En effet, si nous considérons deux industries identiques, rapportant les mêmes bénéfices, l'une en France, l'autre en Hollande, si l'intérêt de l'argent est, en France, de 3%, et en Hollande, de 6%, la manufacture hollandaise doit peu à peu dominer sa rivale française. Supposons que l'exploitation de cette manufacture fournisse un profit de 6% annuel, si le fabricant français et son confrère hollandais empruntent tous deux le capital mettant en mouvement leur fabrique[2], l'un aura un gain net de 3%, quand l'autre n'aura strictement rien gagné. De ce fait, pour obtenir une même rentabilité nette, l'un peut se contenter de moindres profits que le second.

Sans une baisse de l'intérêt, on ne pourra s'enrichir et nous subirons la concurrence des autres nations :

---

[1] *Remarques*, p.56
[2] C'est l'exemple fourni par Gournay, Mémoire sans titre, 1747-1748, *Mémoires et lettres de Vincent de Gournay*, p.10

« Notre pays est meilleur que la Hollande, aussi bon que l'Angleterre et ses productions plus variées ; pourquoi cependant y'a-t-il plus de mendiants en France qu'en Hollande et en Angleterre ? Je crois qu'entre plusieurs causes qui concourent à cela une des principales est la différence de l'intérêt de l'argent, qui étant dans ces deux pays communément à 2% et à 3%, et quelquefois au-dessous, fait que partout où nous nous trouvons en concurrence avec elles, nous gagnons toujours moins et nous perdons toujours plus, et nous empêche d'entreprendre plusieurs branches de commerce et nous forme à en abandonner d'autres qui donneraient beaucoup d'occupations à notre peuple ; la différence du prix de l'intérêt de l'argent fait naître l'industrie chez eux et l'étouffe chez nous. En effet ils entreprennent avec ardeur tout ce qui peut donner plus de 3% de bon compte et nous sommes obligés d'abandonner tout ce qu'on ne rapporte pas à 5 ou 6% ; quels avantages n'ont-ils donc pas vis-à-vis de nous pour étendre leur commerce, les nouveaux établissements, la culture, etc. ? » [1]

Si la modicité du taux de l'intérêt est considérée comme un avantage comparatif, au sens que David Ricardo fournira à ce terme, que peut-on attendre de sa réduction en France ? La principale conséquence serait de rétablir l'équilibre de la balance entre la France et les nations rivales, en offrant une égalité des conditions sur le marché. « On ne peut instaurer la liberté des échanges que s'il y a égalité entre les acteurs » explique Simone Meyssonnier pour résumer la position de Gournay. [2] La liberté doit passer par l'égalité, tant sur le marché du travail que dans le commerce international : telle est l'idée fondamentale de l'intendant du commerce.

L'abaissement de l'intérêt s'avère donc être une mesure à finalité libérale. C'est pour fournir une base stable et solide à la liberté du commerce, pour assurer que cette liberté ne verra pas ses bons effets paralysés par une inégalité d'origine légale, que l'intendant du commerce mena ce combat pour la réduction du taux de l'intérêt.

[1] *Mémoires et lettres de Vincent de Gournay*, p.90
[2] Simone Meyssonnier, « Préface » aux *Traités de commerce de Josiah Child*, p.xvii

Faut-il cependant cautionner le recours à des mesures auto-
ritaires, à une intervention étatique, pour fournir ce résultat
désirable pour la liberté du commerce ? Gournay ne peut être
mis en cause de ce point de vue, puisque le moyen qu'il indique pour provoquer la baisse de l'intérêt en France est la
liberté. C'est par la liberté des prêts à intérêt, du commerce de
l'argent, que l'on obtiendra ce résultat souhaitable. En supprimant les dispositions abusives de la loi et en réformant nos
mentalités sur le prêt d'argent, on peut favoriser ces crédits et,
amenant ainsi plus de concurrence, réduire le prix de l'intérêt.
Dans une lettre au marquis de Stainville, ambassadeur français
à Rome, l'intendant du commerce explique longuement pour
quelle raison c'est la liberté des prêts à intérêt qu'il faut obtenir pour réduire de manière durable le taux de l'intérêt en
France. Cette lettre, qui n'est pas reprise dans les études ré-
centes sur Gournay, mérite d'être citée dans toute sa longueur,
tant elle éclaire les motivations de Gournay sur cette question,
et sa conviction que la liberté de l'intérêt peut seule être la
cause de la modicité de l'intérêt, tout comme la liberté de tout
commerce provoque la baisse du prix des produits.

> « Je profite des moments que vous voulez bien me donner
> pour vous entretenir d'un objet que je crois digne de l'at-
> tention de la Cour de Rome et de l'intérêt qu'elle prend à la
> prospérité des pays catholiques.
>
> Il s'agirait de faire revoir par des gens bien au fait du
> commerce, les lois et les constitutions relatives au prêt de
> l'argent. Celles que nos casuistes ont établies sur cette ma-
> tière sont si peu analogues au temps où nous vivons, et si
> peu compatibles avec les progrès de l'agriculture et du
> commerce, qu'elles donnent un avantage sensible et conti-
> nuel aux pays protestants sur les États catholiques, en sorte
> que les pays protestants sont toujours en état de nous four-
> nir de l'argent à un intérêt plus bas que celui que nous pou-
> vons trouver chez nous-mêmes ; d'où résulte que nous
> sommes continuellement leurs débiteurs, et, le débiteur
> étant toujours dans la dépendance du créancier, nos terres
> et notre industrie se trouvent nécessairement hypothéquées
> aux États protestants qui nous ont prêté et ils retirent le
> plus clair de leur produit.

La facilité que l'on a chez eux de prêter sur billets et sans être forcés comme chez nous d'aliéner le fonds, celle de prêter sur gages, tout cela multipliant le nombre des prêteurs, fait que celui qui voudrait exiger un prêt excessif de son argent est contenu par un autre qui l'offre à meilleur marché, en sorte que l'argent circule nécessairement à un intérêt plus bas que dans les pays catholiques et que l'on peut dire que, quoique l'usure ne soit pas défendue chez eux, la multitude des prêteurs la rend impraticable, au lieu que, quoiqu'elle soit très sévèrement prohibée par toutes nos lois, tant ecclésiastiques que séculières, elle est très commune par la rareté du fonds, ce qui fait que ceux qui ne le sont pas, trouvant peu de concurrents, sont maîtres des conditions et imposent les lois les plus dures à leurs débiteurs.

Ce mal est encore infiniment plus sensible dans nos provinces que dans la capitale ; d'où il s'ensuit que nos terres sont bien moins cultivées que celles des Protestants, que notre commerce est infiniment plus resserré et moins avantageux que le leur, le bas prix de leur intérêt les mettant en état de gagner là où nous perdons et qu'enfin nous nous affaiblissons et nous appauvrissons continuellement vis-à-vis d'eux. Les pays qui sont en état de prêter aux autres attirent d'abord l'argent, et ensuite le peuple des pays auxquels ils prêtent. Ce mal ne vient sans doute que de ce que casuistes n'ont point connu la nature du commerce et la liaison qu'il y a nécessairement entre la culture des terres, l'augmentation du peuple et le prix de l'intérêt de l'argent qui ne saurait être bas que dans les pays où les facilités pour prêter son extrêmement multipliées. S'ils avaient connu cette liaison, ils se seraient sans doute attachés à rendre le prêt aussi facile qu'ils l'ont rendu difficile par les conditions qu'ils y ont mises.

Personne ne peut mieux que vous, Monsieur, faire connaître le préjudice qui en résulte à tous les pays catholiques ; quelle circonstance peut jamais être plus favorable pour y remédier que le règne du souverain Pontife qui gouverne aujourd'hui si heureusement l'Église ! » [1]

Beaucoup pourrait être dit sur le caractère novateur, presque révolutionnaire de ces vues. Vingt-ans avant Turgot, trente

---

[1] *Mémoires et lettres de Vincent de Gournay*, p.199-201

ans avant Jeremy Bentham, Gournay fournissait les bases de la défense de la liberté des prêts à intérêt. Nous n'insisterons cependant pas sur ce point ici, réservant son traitement au chapitre suivant, où nous nous sommes promis d'investiguer la place de l'intendant du commerce dans l'histoire de la pensée économique.

Cela suffit cependant pour écarter les accusations que l'on pourrait porter contre l'interventionnisme de Gournay en matière de taux d'intérêt. Gournay n'est pas interventionniste. À considérer d'ailleurs ses maîtres à penser, on aboutirait à la même conclusion, que nous avons pour notre part voulu fonder sur l'étude même de ses écrits. Prenant en compte les idées de Child ou Locke, Simone Meyssonnier a pu cependant écarter les critiques, et écrit : « On a discuté longtemps sur cette analyse de Gournay, l'accusant de vouloir fixer le taux de façon autoritaire et soulignant par là son interventionnisme soi-disant mercantiliste, ainsi que sa confusion des flux monétaires avec le marché des capitaux. Or quand on a analysé, en cette matière, les textes des prédécesseurs qui avaient nourri sa réflexion, il est évident que ces critiques ne sont plus recevables. » [1] Par des voies volontairement différentes, c'est là précisément que notre raisonnement nous a mené.

Gournay serait-il cependant interventionniste en ce qu'il était favorable à l'instauration d'un crédit public, d'une banque publique ? Cela ne peut pas se tenir davantage, car le peu qu'il nous a indiqué de sa pensée sur ce point signale son intention de développer le crédit public d'une manière très modérée. Au surplus, un passage de ses *Remarques*[2] prouve que Gournay est surtout marqué par le coup d'arrêt que la faillite du système de John Law a provoqué sur toute idée de banque publique. Enfin, Gournay, sur ce point, croit si peu au besoin d'une intervention étatique d'envergure, qu'il écrit plutôt,

---

[1] Simone Meyssonnier, *La Balance et l'Horloge. La genèse de la pensée libérale en France au XVIIIᵉ siècle*, éditions de la Passion, p.192
[2] *Remarques*, p.161-162

après avoir soumis son souhait de l'institution d'un crédit public, que celui-ci « sera la suite naturelle d'une grande culture, d'un grand commerce et d'une grande navigation » [1] Signe d'un certain réalisme et d'une confiance fort modérée en l'initiative étatique.

[1] *Remarques*, p.307

IX. — GOURNAY DANS L'HISTOIRE
DE LA PENSÉE ÉCONOMIQUE

Gournay, précurseur des physiocrates ? — Influence de Gournay sur le mouvement intellectuel de son époque. Ses rapports avec Turgot. — Succès pratiques de ses idées.

L'interprétation de son œuvre n'ayant pas été aisée, notamment du fait de la disparition de certains textes, fixer le rôle véritable que Gournay a joué dans l'histoire de la pensée économique, et dans l'histoire de son siècle, a longtemps été une tâche ardue, presque impossible. C'est ainsi qu'on l'a dit tantôt pionnier majeur de la physiocratie, précurseur des classiques, tout comme aussi lointain descendant des mercantilistes, ou auteur tout simplement sans intérêt. À tout prendre, sa place dans l'histoire est en effet restée longtemps « indéterminée » et « controversée », comme le notait bien Simone Meyssonnier dans sa réédition des *Remarques*. [1]

Ce n'est pas cependant que cette difficulté fut perçue par les premiers commentateurs. Après avoir jeté ses regards sur quelques-uns des grands thèmes traités par Vincent de Gournay, Gustave Schelle conclut sans difficulté que l'intendant du commerce « est le premier qui ait entamé la lutte contre les procédés pédantesques des gouvernants et contre la cupidité particulière des protégés. Il a devancé Quesnay de quelques années, Turgot de près de vingt ans. » [2] Assurément, son affirmation n'est pas dénuée de fondement ; mais le rapprochement avec Quesnay et Turgot — et surtout avec le premier des deux — ne peut être fait qu'avec la plus grande précaution.

Gournay a acquis un semblant de célébrité à une époque charnière, qui a vu la préparation du mouvement physiocra-

---

[1] Simone Meyssonnier, « Préface » aux *Traités de commerce de Josiah Child*, p.ix
[2] Gustave Schelle, *Vincent de Gournay*, op. cit., p.9

tique. De ce fait, il est tentant de le présenter comme le trait d'union, jamais vraiment trouvé, entre les premiers anti-mercantilistes comme Boisguilbert, et les physiocrates. Seule-ment, précurseur des Physiocrates, l'est-il vraiment ?

§1. — *Gournay, précurseur des physiocrates ?*

Les temps d'activité de Gournay et de Quesnay ne permet-tent pas de douter du fait que le premier a précédé le second. Il est indiscutable que Gournay ait devancé Quesnay. Les deux hommes s'étaient rencontrés en 1758, à une époque où Gournay, malade, achevait sa carrière de haut fonctionnaire et d'économiste, et où Quesnay, établi à Versailles depuis peu, venait d'abandonner la chirurgie pour l'économie politique. Mirabeau lui-même, bras droit de Quesnay, convient que son maître n'avait pas produit son œuvre ni à l'époque de cette rencontre, ni même à la mort de Gournay. « Nous perdîmes cet excellent citoyen avant que le *Tableau économique* eût paru : c'était là la base de la science économique, et Gournay l'ignora. »[1] Le propos est factuellement faux, car le *Tableau* est de 1758 et la mort de Gournay n'est intervenue qu'en 1759 ; cependant l'intendant du commerce ne connut effectivement pas le *Tableau économique*.[2] Ce n'est toutefois pas la dernière inexactitude. Mirabeau avoua sur Gournay : « Je ne l'ai vu qu'une fois », et cependant il dit aussi que « Gournay connais-sait notre maître et le regardait comme le sien ».[3] Les deux affirmations sont contradictoires. Les mots de Dupont de Nemours, affirmant que Gournay et Quesnay « se lièrent in-timement »[4], sont aussi peu dignes d'être crus. Car ce serait très étonnant, après une seule brève rencontre ! En vérité

[1] Cité par G. Sécrestat-Escande, *Les idées économiques de Vincent de Gournay*, p.38.

[2] Dans ses idées, Gournay est d'ailleurs très loin du *Tableau* de Quesnay. « On ima-gine difficilement Gournay penser cette forme simplifiée pour traduire la complexité des mécanismes » (S. Meyssonnier, *La Balance et l'Horloge*, op. cit., p.283)

[3] Georges Weulersse, *Les manuscrits économiques de François Quesnay et du marquis de Mirabeau aux archives nationales*, Paris, Paul Geuthner, 1910, p.122

[4] Dupont de Nemours, *De l'origine et des progrès d'une science nouvelle*, Paris, 1768, p.12

Gournay était peu proche des physiocrates et de Quesnay, et il ne reconnut jamais Quesnay comme son maître, quoiqu'il l'estima peut-être. Il n'eut presque aucune relation avec Quesnay, ni avec Mirabeau ; inutile de dire qu'il ne faisait pas parti de leur école.

Selon les dires de Dupont de Nemours, après leur unique rencontre, Gournay et Quesnay reconnurent l'exacte convergence de leurs vues, et repartirent satisfaits. En ardent défenseur de la physiocratie, Dupont de Nemours passe en réalité sous silence les deux grands sujets sur lesquels ces deux économistes étaient en désaccord, et qui ont très certainement été au centre de leur discussion.

La première, fondamentale, tient au rôle de l'agriculture dans le processus économique. Les physiocrates, comme nous le savons, firent de l'agriculture la seule activité productive, et considérèrent l'industrie comme « stérile ». Ils en tirèrent des conséquences très fausses du point de vue fiscal, et arguèrent en faveur d'un impôt unique sur les terres. Gournay était loin de partager cette position, et considéra toujours que toute activité économique était productive. Son expérience de commerçant et ses origines malouines l'aidèrent sans aucun doute à se prémunir contre cette erreur. « D'après l'impression qui se dégage de son œuvre, il paraît bien difficile d'admettre qu'il ait consenti à appliquer à tous les travaux en dehors de ceux des champs l'épithète de stériles » dit Sécrestat-Escande. [1] C'est aussi ce qu'affirme d'ailleurs Turgot en écrivant dans son *Éloge de Gournay* : « Il pensait qu'un ouvrier qui avait fabriqué une pièce d'étoffe avait ajouté à la masse de la richesse de l'État une richesse réelle ». [2] De ce fait, Gournay était certainement contre l'impôt unique sur les terres. « Si donc Gournay avait sur la productivité de l'industrie les idées que nous indique Turgot dans ce passage, continue Sécrestat-Escande, il

---

[1] G. Sécrestat-Escande, *Les idées économiques de Vincent de Gournay*, op. cit, p.43

[2] Gustave Schelle (éd.), *Œuvres de Turgot et documents le concernant*, volume 1, Paris, 1913, p.600

paraît de toute évidence qu'il devait être en désaccord avec les physiocrates sur la question de l'impôt unique, puisque, en somme, ce n'est qu'une conséquence de la productivité exclusive de l'agriculture ». [1] Et en effet, nulle part dans l'œuvre de Gournay ne voit-on la moindre trace de cette idée que la terre doive porter seule tout le poids de l'impôt. C'est donc que Gournay n'avait pas la même conception de l'impôt.

La seconde source de désaccord, qui pourrait apparaître, à tort, comme une subtilité de théoricien, signalait bien l'opposition de caractère et la divergence de philosophie générale. Il s'agissait de la question de savoir si l'État devait fixer le taux de l'intérêt. Bien que reconnaissant tous deux qu'un plus faible taux d'intérêt constituerait un vif encouragement pour l'industrie et, d'une manière générale, pour la production, le rôle que l'État devait jouer dans ce processus divisait les deux grands fondateurs de l'économie politique. Tandis que chez les physiocrates, on portait ses suffrages sur l'intervention de l'État, Gournay restait fidèle à sa grande maxime et préférait laisser à la concurrence la fixation du taux d'intérêt.

Ces deux divergences suffisent pour sortir l'intendant du commerce du giron de la physiocratie. Né à une époque où elle n'existait pas encore, il en a même réfuté les dogmes par avance. S'il peut être présenté comme l'un des premiers économistes, il ne saurait être décrit ni comme un physiocrate, ni comme un précurseur des élèves de Quesnay.

C'est la conclusion à laquelle a abouti également Simone Meysonnier. Si elle refuse de reconnaître à l'œuvre de Gournay un caractère pré-physiocratique, elle établit cependant en quoi cette œuvre crée une perspective nouvelle dans l'histoire des idées, en initiant le mouvement libéral qui s'épanouira dans la seconde moitié du XVIIIᵉ siècle. « Avant que ne s'impose le mouvement physiocratique en France, au milieu du XVIIIᵉ siècle, écrit-elle, il a bien existé dans notre pays des économistes capables de penser un système libéral tout à fait

---

[1] G. Sécrestat-Escande, *Les idées économiques de Vincent de Gournay*, op. cit, p.43

original et cohérent. » [1] C'est ici qu'apparait l'antécédent qu'a formé Gournay pour les physiocrates : ce n'est pas un antécédent de doctrine, c'est un antécédent idéologique. Meysonnier écrit bien également que « quand les Physiocrates se lanceront à leur tour dans le libéralisme, le chemin est tracé, la doctrine est établie, et les réformes légales sont engagée. » [2] C'est en cela, et en cela seulement que Gournay peut être appelé un pré-physiocrate.

Ce n'est pas cependant que les protégés de Gournay, comme Turgot ou Cliquot-Blervache, ne se soient rapprochés, après sa mort, de la nouvelle école physiocratique. Turgot garda bien quelques distances, mais Cliquot-Blervache évolua plus tard vers un physiocratisme assez pur. Preuve en est le fait qu'en 1755 il écrivait : « L'agriculture tire de la terre des matières premières ; les manufactures donnent à ces richesses une forme nouvelle ; le commerce en augmente la valeur par l'échange et l'exportation. » [3] En 1778, devenu un quasi physiocrate, il disait plutôt : « Le travail de la terre fortifie et perfectionne l'espèce humaine ; les manufactures l'abâtardissent. » [4]

Mais n'est-ce pas pour essayer maladroitement de le sauver qu'on a essayé, plus tard, de présenter Gournay comme un précurseur oublié des physiocrates ? À lire ses premiers commentateurs, cette crainte est assurément présente. Cependant, elle est loin d'être fondée, car s'il ne fut en aucun cas un physiocrate, l'intendant du commerce eut une vraie influence sur son époque et a fait valoir d'autres mérites.

---

[1] Simone Meyssonnier, *La Balance et l'Horloge. La genèse de la pensée libérale en France au XVIIIe siècle*, éditions de la Passion, p.333

[2] *Ibid*, p.232

[3] Simon Cliquot-Blervache, *Dissertation sur les effets que produit le taux de l'intérêt de l'argent sur le commerce et l'agriculture*, Paris, 1775, p.3

[4] Discours sur les avantages et les inconvénients du commerce extérieur, envoyé à l'Académie d'Amiens, dans le mois d'août 1778 ; cité par Jules de Vroil, *Étude sur Clicquot-Blervache, économiste du XVIIIe siècle*, Paris, 1870, p.217

§2. — Son influence sur la pensée économique
au siècle des Lumières

À ce qu'il semble, Gournay eut certes une influence assez faible sur le bureau du commerce, ou du moins elle est impossible à mettre au jour de manière exacte et ne peut pas être postulée sans preuve. Mais son influence fut très grande sur les économistes de la seconde moitié du XVIIIᵉ siècle. « L'influence véritable qu'exerça Gournay doit être recherchée en dehors de l'administration, dit Sécrestat-Escande. Il l'exerçait sur les jeunes gens qui l'entouraient, agissant surtout par ses mémoires, sa conversation, ses conseils et aussi par la part qu'il prit à la rédaction de quelques ouvrages. Et quoique l'influence qu'il exerça fût souvent très difficile à préciser, il est certain qu'elle fut considérable lorsque l'on voit Turgot, Morellet et surtout les physiocrates se réclamer constamment de lui et ne pas craindre même souvent, ainsi que nous l'avons vu plus haut, de commettre des inexactitudes pour rattacher plus sûrement Gournay à leur doctrine et s'appuyer sur son autorité. » [1] En effet, bien qu'il ne forma pas une école au même titre que les physiocrates, l'intendant du commerce eut des élèves, on peut même parler de disciples, comme Turgot et Morellet, qui lui restèrent même assez fidèles.

Nous étudierons la composition et les réalisations du « cercle » de Gournay dans le chapitre suivant et nous nous cantonnerons par conséquent ici à ces relations qui prouvent l'influence que l'intendant du commerce eut sur le mouvement des idées de son siècle.

On peut ainsi citer André Morellet, lié très tôt à Gournay. La correspondance de l'intendant du commerce fait état de plusieurs lettres envoyées à Morellet, dans lesquelles on constate une grande familiarité et surtout une véritable proximité intellectuelle. Gournay y félicite Morellet d'avoir abouti aux conclusions que l'économie française a besoin de liberté, de

---

[1] G. Sécrestat-Escande, *Les idées économiques de Vincent de Gournay*, op. cit, p.128-129

protection, et d'une égalité entre les nations par la baisse de l'intérêt. « J'espère que vos observations, lui dit-il, serviront un jour à nous ramener à la raison en faisant voir à quel point nous nous en sommes écartés, et avec combien de facilité nous aurions un grand commerce si l'intérêt de l'argent était bas, si nos vrais marchands étaient protégés en temps de guerre, et si nous laissons faire les sujets du Roi sans vouloir leur ordonner des choses que nous n'entendons pas, et que les besoins du commerce font varier à chaque instant. » [1] Plus loin, il se félicite lui-même d'avoir vu juste, tout autant que Morellet. « Je suis charmé que vous trouviez que les principes que j'ai cherché à établir sont vrais et ne sont point contraires aux détails. Il faut du temps pour déraciner les routines sur tout, le gouvernement n'y voulant rien hâter sur cette matière. » [2] Cet échange date de 1751 ; la proximité de doctrine de Morellet et Gournay ne cessa jamais depuis lors.

Anne-Robert-Jacques Turgot, bien qu'il se rapprocha ensuite des Physiocrates, fut néanmoins très nettement influencé par Gournay, et adopta par exemple sa position sur le taux d'intérêt. Il faut le redire, Turgot avait suivi Gournay dans ses voyages à travers les régions françaises, et l'avait très tôt considéré comme un mentor. Selon lui, Vincent de Gournay était un modèle d'intransigeance, de hauteur morale et de plus parfait désintéressement. Gournay, rappela Turgot, s'était toujours refusé à vivre aux dépens de l'État en obtenant un privilège auprès du Roi, qui en donnait à l'époque beaucoup : « je ne veux point qu'on puisse me reprocher de me prêter, pour mon intérêt, à des exceptions à mes principes » disait-il. [3] Gournay était aussi, pour Turgot, un modèle de clarté en matière d'économie politique. Lorsque Galiani, dix ans après la mort de Gournay, publia des *Dialogues sur le commerce des grains* pour contester la théorie de la liberté du commerce, Turgot

---

[1] Lettre à Morellet, 27 octobre 1751, *Mémoires et lettres de Vincent de Gournay*, p.104
[2] *Ibid.*, p.103
[3] Gustave Schelle, *Vincent de Gournay*, op. cit., p.20

s'offusqua dans une lettre à Mlle Lespinasse : « Il a l'art de tous ceux qui veulent embrouiller les choses claires, des Nollet disputant contre Franklin sur l'électricité, des Montaran disputant contre de Gournay sur la liberté du commerce. » [1]

Turgot, ensuite, nous a laissé un *Éloge de Gournay*, qui renferme les idées économiques de celui que l'éphémère Contrôleur général des Finances considérait comme son maître. Dans ce texte précieux, Turgot nous renseigne de manière précise sur le sens que donnait Gournay à une expression qui restera célèbre, et que Gournay utilisait pour résumer ce qu'il appelait son système : « laissez faire, laissez passer ». Par ces quatre mots raisonnait pour la première fois tout l'idéal de la liberté économique, tant vanté et tant ardemment soutenu par Gournay. Laisser faire les hommes, laisser passer les marchandises : telle était, telle devait être la première et la seule maxime de la puissance publique, eu égard aux grandes questions économiques. Dans son *Éloge*, cherchant à résumer ce que pouvait signifier dans l'esprit de son maître à penser cette si belle et pourtant si simple expression, Turgot lui accorda une autre grande découverte. Cette découverte, c'est celle qui, plus de quinze ans après la mort de Gournay, fera la célébrité de l'écossais Adam Smith : le concept de « main invisible » — cette idée que la recherche de l'intérêt personnel, aussi égoïste qu'on puisse la supposer, mène irrémédiablement à l'intérêt général. En avance sur son temps, Gournay avait déjà parfaitement compris ce principe, et l'avait énoncé. Turgot écrit : « M. de Gournay concluait que lorsque l'intérêt des particuliers est précisément le même que l'intérêt général, ce qu'on peut faire de mieux est de laisser chaque homme libre de faire ce qu'il veut. Or, il trouvait impossible que dans le commerce abandonné à lui-même l'intérêt particulier ne concourût pas avec l'intérêt général. » [2] Autrement dit, Gournay considérait

---

[1] Lettre de Turgot à Mlle Lespinasse du 26 janvier 1770, *Œuvres de Turgot et documents le concernant*, op. cit., Tome 3, p.420

[2] Turgot, *Éloge de Gournay*, in Turgot, *Écrits économiques*, Calmann-Lévy, 1970, p.87

que dans la sphère économique, on pouvait, et en réalité, on devait laisser les hommes agir librement, convaincus qu'ils connaîtraient toujours mieux que des ministres ce qui constitue leur intérêt propre, et qu'en le suivant, il était impossible qu'ils ne fassent du mal à la société ; mieux : qu'il était impossible qu'ils ne lui fassent quelque bien. Toutes ces idées, Turgot les fit siennes et les développa dans tous ses écrits.

Qu'il nous soit permis d'insister sur un écrit en particulier, qui indiquera à quel point, même sur des sujets mineurs, Turgot avait suivi les idées de son maitre. Encore intendant du Limousin, il écrivit un mémoire sur les mines et carrières, dans lequel il explique que « 1° chacun a droit d'ouvrir la terre dans son champ ; 2° personne n'a droit d'ouvrir la terre dans le champ d'autrui, sans son consentement ; 3° il est libre à toute personne de pousser des galeries sous le terrain d'autrui, pourvu qu'elle prenne toutes les précautions nécessaires pour garantir le propriétaire de tout dommage. » [1]

Il est piquant d'apprendre qu'en 1753, Gournay avait composé un projet d'édit au sujet des mines et carrières, étrangement similaire. Meyssonnier le commente dans ces termes :

> « Ce projet dépouille le roi de son droit de souveraineté. Le droit d'exploiter revient, dès lors, soit aux seigneurs, soit aux propriétaires, soit à des concessionnaires, toute exploitation abandonnée pendant six mois pouvant être reprise par l'une de ces personnes sans que celui qui y a renoncé puisse s'y opposer.
>
> La concurrence entre exploitants devient la règle. Les juges royaux, et non plus le souverain ou les intendants, ont le pouvoir d'accorder les concessions et de régler les différends entre voisins. »
>
> L'obligation de sécurité pour les mineurs demeure mais n'est plus l'objet de contrôles ou de fermetures de fosses.
>
> En cas de décès des ouvriers, les entrepreneurs et propriétaires sont responsables solidairement de verser 200 livres de rente aux veuves, orphelins et héritiers pendant dix ans.

[1] *Œuvres de Turgot et documents le concernant*, op. cit., Tome 2, p.373

> Gournay rétablit donc la totale liberté d'exploiter les mines dans la concurrence et le respect des droits individuels de propriété et d'entreprise sans discrimination. Les ouvriers ont la même liberté de travailler pour l'employeur le plus offrant, et ce dernier de débaucher chez son concurrent grâce à un plus fort salaire.
>
> Par cet édit, l'exploitation des mines n'aurait plus concerné ni le roi ni son administration et se serait déroulée selon la plus pure logique libérale. » [1]

Turgot, d'ailleurs, ne cacha jamais de telles influences.

Cette influence de Gournay ne signifie pas que Turgot n'ait rien ajouté au fond commun, ni qu'il n'avait pas des idées libérales bien arrêtées avant même d'entrer en relations avec l'intendant du commerce. Cette dernière réalité apparaît clairement à la lecture des œuvres de jeunesse de Turgot.

Néanmoins, la personnalité de Gournay eut sur le futur ministre de Louis XVI une influence considérable. En 1755, les deux hommes parcourent ensemble la France, l'intendant du commerce effectuant des tournées dans tout l'ouest de la France, de Bayonne à Rennes. Les proches de Turgot ont bien noté l'importance de cette expérience. Elle fut « l'un des évènements qui ont le plus avancé son instruction » selon le premier d'entre eux, Dupont de Nemours. [2] Gustave Schelle, éditeur des *Œuvres de Turgot*, écrit pour sa part que « les deux articles économiques qu'il donna à l'*Encyclopédie*, Foire et Fondations, sont le résumé des conversations qu'il avait eues avec Gournay. » [3]

Nous savons que la mort de l'intendant du commerce fut une perte dont souffrit beaucoup Turgot et nous connaissons les circonstances dans lesquelles il rédigea l'*Éloge de Gournay*, dont le titre dit tout. Ce qu'il reste à signaler, c'est l'influence

---

[1] Simone Meyssonnier, *La Balance et l'Horloge. La genèse de la pensée libérale en France au XVIIIe siècle*, éditions de la Passion, p.208

[2] Dupont de Nemours, *Mémoires sur la vie et les ouvrages de M. Turgot*, Philadelphie, 1788, p.44

[3] *Œuvres de Turgot et documents le concernant*, op. cit., Tome 1, p.73

que Gournay conserva sur son brillant élève et ami, après même qu'il ne soit plus.

Quoique l'époque soit devenue tout entière acquise à la physiocratie, Turgot fit valoir plusieurs fois les mérites de Gournay et sa supériorité dans certains domaines. Lorsqu'on lui présentait Quesnay comme le maître de la science économique, il n'avait de cesse de rappeler l'antériorité de Gournay, et d'indiquer sa supériorité. Dans une lettre à Dupont de Nemours, il écrit :

> « Quelquefois, je trouve que vous ne donnez pas assez d'étendue à vos principes, que toujours guidés par la marche qu'a suivie notre Docteur, toujours appuyés sur la base de l'analyse profonde qu'il a le premier faite de la formation, de la circulation, de la reproduction du revenu, vous ne vous servez pas assez du principe moins abstrait, mais peut-être plus lumineux, plus fécond ou du moins plus tranchant par sa simplicité et par sa généralité sans exception : le principe de la concurrence et de la liberté du commerce, conséquence immédiate du droit de propriété et de la faculté exclusive qu'a chaque individu de connaître ses intérêts mieux que tout autre. Ce seul principe avait conduit M. de Gournay, parti du comptoir, à tous les mêmes résultats pratiques auquel est arrivé notre Docteur, en partant de la charrue. Je me ferai honneur toute ma vie d'avoir été le disciple de l'un et de l'autre et la mémoire de celui que j'ai perdu me sera toujours chère, comme celle d'un ami tendre et d'un citoyen enflammé de l'amour du bien public. » [1]

Quand, pareillement, les Physiocrates étaient loués pour leur défense de la liberté du commerce des grains, Turgot ne manquait pas l'occasion de rappeler que son maître et quelques autres de ses associés ou amis avaient défendu les mêmes principes, dans des termes analogues, quelques années auparavant. Or à cette époque là l'école physiocratique n'existait pas encore. « Lorsque M. Dupin, M. de Gournay, M. Herbert et beaucoup d'autres établirent en France les mêmes prin-

---

[1] *Œuvres de Turgot et documents le concernant*, op. cit., Tome 2, p.506-507

cipes, aucun des écrivains qu'on nomme économistes, n'avait encore rien publié dans ce genre, et on leur a fait un honneur qu'ils n'ont pas mérité, lorsque, pour déprimer l'opinion qu'ils ont défendue, on leur a imputé d'en être les seuls promoteurs. » [1] Cela dérangeait d'autant plus Turgot qu'il n'admettait pas qu'on puisse présenter la liberté économique comme le système exclusif d'une secte de fanatiques. Devant toute attitude sectaire, devant l'excès d'enthousiasme comme devant l'intolérance, il faisait valoir ses critiques. À Dupont de Nemours, pourtant son ami fidèle et son partenaire, il rappelait qu'en science, le fanatisme n'est jamais souhaitable, raillant régulièrement le trop grand respect que les Physiocrates montraient à l'égard de la personne de François Quesnay. Leur tort collectif était plus grand encore quand ils poussaient la déraison jusqu'à célébrer en grande pompe les auteurs du passé. « Il y aurait trop de cruauté à critiquer votre dernier volume, dit une fois Turgot à Dupont de Nemours au sujet des *Éphémérides*, dans lequel plusieurs choses m'ont fâché, comme par exemple vos doléances sur Sully, Fénelon et l'abbé de Saint-Pierre, qui m'ont rappelé ces savants qui s'assemblaient tous les ans pour pleurer la mort d'Homère. Il n'y a que M. de Gournay qu'il soit raisonnable de regretter, parce que, suivant le cours de la nature, il serait encore dans la force de l'âge. » [2] La remarque est curieuse, parce qu'elle contredit la position de Turgot au sujet du sectarisme, du fanatisme scientifique et de l'enthousiasme excessif des écoles de pensée. Elle s'explique cependant, comme le reste de ses remarques, par la grande fidélité qu'il manifesta jusqu'au bout à l'endroit de son maître à penser.

Devant la suprématie soudaine des Physiocrates, Turgot insista toujours pour défendre l'influence de Gournay sur le mouvement intellectuel de son siècle :

---

[1] *Œuvres de Turgot et documents le concernant*, op. cit., Tome 3, p.270
[2] *Ibid.*, Tome 3, p.77

« M. de Gournay mériterait la reconnaissance de la nation, quand elle ne lui aurait d'autre obligation que d'avoir contribué plus que personne à tourner les esprits du côté des connaissances économiques. Cette gloire lui serait acquise quand ses principes pourraient encore souffrir quelque contradiction ; et la vérité aurait toujours gagné à la discussion des matières qu'il a donné occasion d'agiter. La postérité jugera entre lui et ses adversaires. Mais en attendant qu'elle ait jugé, on réclamera avec confiance pour sa mémoire l'honneur d'avoir le premier répandu en France les principes de Child et de Jean de Witt. Et, si ces principes deviennent un jour adoptés par notre administration dans le commerce, s'ils sont jamais pour la France, comme ils l'ont été pour la Hollande et l'Angleterre, une source d'abondance et de prospérité, nos descendants sauront que la reconnaissance en sera due à M. de Gournay. » [1]

Cette influence doit bien être reconnue à Gournay, car, si le témoignage de Turgot n'est pas entièrement digne de foi, il est soutenu par celui de certains des adversaires mêmes des idées de Gournay. C'est le cas de Grimm, déjà cité. C'est aussi le cas de Mably, qui luttera très âprement avec les physiocrates, notamment sur la liberté du commerce. Celui écrivit :

« Vous vous rappelez sans doute qu'il n'y a que vingt à vingt cinq ans on observait avec une sorte de religion les règlements de M. Colbert sur l'administration du commerce (...) Il jouissait de toute sa gloire, lorsqu'un homme de beaucoup de génie et qui avait fait le commerce à Cadix avec succès, ayant acheté une charge d'intendant du commerce, dérangea toutes les idées de son bureau, et porta la première atteinte à la réputation de M. de Colbert. (...) Il parla avec beaucoup de liberté contre les lois prohibitives, et mit d'autant plus de force et de constance dans ses discours, qu'il ne pouvait convertir ses confrères, et qu'il était écouté avec avidité par une foule de petits maîtres de requêtes qui se destinaient à être intendants ou ministres, et croyaient tout savoir en criaillant : liberté, liberté ; il ne faut que laisser faire, et se tenir tranquille. » [2]

[1] *Œuvres de Turgot et documents le concernant*, op. cit., Tome 1, p.617
[2] Mably, *Du commerce des grains, Œuvres*, XII, p.290-291

L'influence de Gournay sur le mouvement d'idée de son siècle peut donc être considérée comme un fait.

Elle s'illustre d'ailleurs en dehors du cercle des économistes, comme avec l'exemple de Voltaire. Comme le montrait récemment Patrick Neiertz dans *Voltaire et l'économie politique*, le « libéralisme de Gournay et de Turgot » fait partie des nombreuses et contradictoires références théoriques de Voltaire en matière d'économie politique. [1] Si, au cours de son existence, Voltaire a été lié à de nombreux économistes et des plus divers, il resta fidèle, continue l'auteur, à la tradition de Gournay, Morellet, Forbonnais, et Turgot. « C'est dans cette lignée intellectuelle, celle du libéralisme commerçant et industriel, que se situe l'économie politique de Voltaire. » « Au plan idéologique, ajoute Neiertz, Voltaire est un libéral défendant un certain interventionnisme étatique, par exemple pour la régulation de l'import-export des denrées ou la protection des manufactures. » [2]

Voltaire connaissait les idées de Gournay grâce à sa fréquentation de la société lettrée du siècle, où elles s'étaient répandues, mais aussi par une correspondance directe avec lui. C'est ce que prouve une lettre de Voltaire à Jean-Robert Tronchin, du 5 mai 1758 : « J'ai répondu à M. de Gournay, y écrit Voltaire. C'est un homme dont je fais grand cas. Je crois que personne n'entend mieux le commerce en grand et ne mériterait mieux d'être écouté. » [3] Selon Patrick Neiertz, Gournay et Voltaire auraient également pu être en relation d'affaire lorsque ce dernier « arrondissait sa fortune naissance en prenant des quirats de cargaison par l'intermédiaire de Gilly au départ de Cadix. » [4] Nous savons enfin que Voltaire a lu la traduction que Gournay donna des Traités sur le commerce de Josiah Child. Dans une lettre à Mme Denis, en avril 1754, Voltaire

---

[1] Patrick Neiertz, *Voltaire et l'économie politique*, Voltaire Foundation, Oxford, 2012, p.xiii

[2] *Ibid.*, p.210

[3] *Œuvres complètes de Voltaire*, éd. Theodore Besterman, 1971, volume 103, p.25

[4] Patrick Neiertz, *Voltaire et l'économie politique*, op. cit., p.19

demande qu'elle lui envoie le « Traité du commerce » de Child. L'ayant reçu, il le lit avec avidité. « J'ai dévoré aujourd'hui le livre de Bolingbroke et le Commerce, répondit-il quelques jours après. Le Commerce me paraît utile, et Bolingbroke pitoyable. »[1] Toutefois, si Voltaire a lu la traduction de Child par Gournay, il ne put pas prendre connaissance des *Réflexions* de Gournay, car celles-ci n'avaient pas obtenu le droit d'être publiées conjointement, comme l'intendant du commerce en avait eu initialement l'intention.

L'influence qu'eurent les idées de Gournay sur la pensée économique de Voltaire est aisément perceptible. Patrick Neiertz mentionne trois manifestations concrètes de cette influence. La première, c'est que si Voltaire a accepté la doctrine de Gournay, il est resté très ambivalent face à la physiocratie.[2] Ensuite, c'est selon Neiertz en « disciple de Gournay et de Turgot », que Voltaire faisait grand cas du « développement des manufactures au sein d'une politique générale de libre circulation des biens et des espèces. »[3] Enfin, en considérant que la monnaie est une marchandise comme une autre, Voltaire aurait été disciple de Gournay, Child et Turgot.[4]

Au-delà de la pénétration de ses idées dans les cercles philosophiques, littéraires, économiques ou administratifs, il est certaines réalisations pratiques de Gournay, qui, au surplus, lui ont valu d'être copié ou célébré. C'est le cas de la fondation de la Société d'agriculture de Bretagne, dont les statuts, composés par Gournay, furent envoyés aux intendants de province par Bertin, contrôleur général, afin que ceux-ci s'en inspirent pour former de pareilles sociétés dans leur région respective. C'est aussi et peut-être surtout dans sa lutte contre les corporations et les règlements que Gournay, ainsi qu'on y reviendra plus en détail, eut une influence remarquable, quoiqu'il ait été un précurseur sur cette question. Ainsi que l'écrit Simone

---

[1] *Œuvres complètes de Voltaire*, éd. Theodore Besterman, 1971, volume 99, p.93

[2] Patrick Neiertz, *Voltaire et l'économie politique*, op. cit., p.169

[3] *Ibid.*, p.47

[4] *Ibid.*, p.50

Meyssonnier, « tout en se heurtant à l'ignorance, aux préjugés, au conservatisme et aux intérêts politiques, Vincent de Gournay réussit à ouvrir une brèche dans le régime réglementaire, dans la pratique des monopoles et des privilèges. » [1]

§3. — *Succès pratiques de Vincent de Gournay*

L'activité critique de Gournay face aux règlements portant sur l'activité économique ne pouvait rester sans résultat. De son vivant déjà, il emporta une victoire décisive sur la question du commerce des grains. Le 17 septembre 1754 un édit, signé Machault et Trudaine, mais préparé en sous-main par Gournay, Herbert et Dangeul, auteurs de textes sur le sujet, instaura la libre circulation des grains et farines à l'intérieur du royaume et autorisa les exportations dans les années d'abondance, dans les deux ports d'Agde et de Bayonne. Sur la question des corporations de métiers, second des deux sujets économiques majeurs au siècle des Lumières, il obtint le succès grâce à la persévérance de son élève et successeur, Turgot. En 1776, devenu Contrôleur Général des Finances, Anne-Robert-Jacques Turgot saisit cette occasion pour réformer ce qui avait été le cheval de bataille de son maître : il prépara et fit signer un édit qui supprimait les corporations de métiers et déréglementait massivement l'industrie française.

Il ne faut pas croire que Turgot ait imposé ces vues à l'administration des finances et que tout, à son arrivée, était à faire. À l'époque où il entra au ministère, les esprits, sur cette question, étaient déjà changés. Turgot put s'en convaincre lui-même quand, en 1775, il s'enquirit auprès des membres de son ministère pour préparer une réduction du nombre des lois sur l'industrie, afin de « libérer enfin le commerce de la France ». S. Cliquot-Blervache, devenu son Inspecteur Général des Manufactures et du Commerce, répondit que « ces

---

[1] Simone Meyssonnier, « Préface » aux *Traités de commerce de Josiah Child, suivis des Remarques de Jacques Vincent de Gournay*, L'Harmattan, 2008, p.xlii

règlements sont tous nuisibles », conseilla leur suppression complète, et demanda l'avis de ses Inspecteurs régionaux. J. M. Roland de La Platière, Inspecteur des Manufactures pour la généralité d'Amiens, répondit ceci : « Je cherche vainement quels règlements de fabrique il conviendrait de laisser subsister pour le bien du commerce. Je les ai tous lus, j'ai longtemps médité sur cette froide et longue compilation ; j'en ai envisagé l'effet et suivi les conséquences ; je crois qu'on les doit tous supprimer. J'ai également cherché s'il résulterait quelque avantage de leur en substituer d'autres ; partout, en tout, je n'ai rien vu de mieux que la liberté. » [1] Telle fut l'œuvre, telle fut l'influence de Gournay.

Signe que son avis s'imposait à beaucoup de consciences, autour de lui, ses partenaires dans la lutte contre la réglementation étaient très admiratifs de son combat. « J'ai eu hier une conversation avec M. de Séchelles, écrit par exemple le marquis d'Argenson dans son journal, en août 1755 ; je me suis réjoui du système où je l'ai vu et où je l'ai tant excité, depuis qu'il est en place : c'est de laisser une grande liberté au commerce. Il se plaît à entendre discourir M. de Gournay, qui pousse cette idée et l'applique merveilleusement. M. de Séchelles dit que M. de Gournay va jusqu'à lui proposer de rompre les jurandes, c'est-à-dire les communautés d'artisans et de marchands, de façon que les métiers soient ouverts, ce que j'approuve fort. » [2]

Il faut dire aussi que, non content de défendre ces vues dans ses lettres et mémoires, Gournay tachait aussi de les mettre en application dans sa pratique quotidienne de l'intendance du commerce, ce qui, ajouté à l'influence que pouvaient avoir ses conseils et ses théories, apporte à son actif l'influence crucial des actes. Avec cette intransigeance qui tenait à sa rigueur mais qui le fit passer pour un homme à système, il repoussa

---

[1] Repris dans *Économie Politique. Recueil de monographies*, 1843, Tome 1, Bruxelles, 1851, p.94

[2] Cité dans Gustave Schelle, *Vincent de Gournay*, Paris, 1897, p.122

190 Vincent de Gournay : l'économie politique du laissez-faire

indéfiniment les privilèges qui lui étaient demandés. Lorsqu'un industriel, vers 1756, lui écrivit pour demander un tel privilège exclusif d'exercer sa profession, Gournay lui répondit sèchement : « Vous ne devez compter sur aucun privilège exclusif. Le Conseil étant résolu de n'en point accorder. » Les années passant, toute autre demande de cette nature fut suivie d'une réponse semblable. « On est trop convaincu par l'expérience du préjudice que causent ces sortes de privilèges, écrivait-il à un autre industriel, pour en accorder davantage. » [1]

Pour soutenir ses arguments encore tout à fait audacieux pour l'époque, Gournay encouragea les économistes réunis autour de lui à dénoncer également dans leurs écrits ces règlements qui paralysaient l'industrie. En 1754, Plumard de Dangeul publia ses *Remarques sur les avantages et les désavantages de la France et de la Grande-Bretagne par rapport au commerce et aux autres sources de la puissance des États*, ouvrage revu, si ce n'est plus, par Vincent de Gournay, et dans lequel l'auteur dénonçait ouvertement les réglementations sur l'industrie comme l'une des principales causes de l'infériorité économique de la France. « Les corporations, écrivait-il par exemple, sont des corps hors de la République, qui de leurs chartes et privilèges se font un rempart contre l'industrie de leurs compatriotes. » [2] Sur les privilèges royaux accordés à certains industriels, Dangeul n'était pas moins avare de critiques : « Il n'y en a pas un privilège exclusif qui ne soit injuste et déraisonnable. C'est un vol fait à la société. L'industrie de plusieurs est arrêtée et découragée par la crainte qu'après bien du temps et de la dépense, un privilège ne vienne leur faire perdre sans ressources leurs avances et leur peine. Tous ceux qui sollicitent un privilège n'appellent pas un seul prétexte plausible qui puisse l'obtenir. Si c'est un secret que ce qu'ils proposent, ont-ils besoin de privilège pour garder un secret ? Allèguent-ils qu'on

---

[1] Cité dans Gustave Schelle, *Vincent de Gournay*, Paris, 1897, p.143
[2] *Ibid.*, p.125

contrefera leurs ouvrages ? Si les leurs sont meilleurs, ils sont sûrs de la préférence. » [1]

En 1757, les efforts de Gournay et Dangeul ayant été infructueux, malgré l'attention qu'on prêtait aux affirmations du premier, et malgré le succès de l'ouvrage du second, l'intendant du commerce décida de revenir à la charge sur cette question importante. Étant membre de l'Académie d'Amiens, il la mit au concours de celle-ci, et rédigea les questions de la façon suivante : « Quels obstacles les corps de métiers opposent-ils à l'industrie ? Quels avantages résulteraient de leur suppression ? Les secours que les corporations ont donnés à l'État ont-ils été nuisibles ou avantageux ? Quelle serait la meilleure méthode de procéder à la suppression de ces corps ? » Il chargea l'un de ses proches collaborateurs, l'économiste Simon Cliquot-Blervache, de composer un mémoire pour y répondre, et de le soumettre aux votes de l'Académie. Son *Mémoire sur les corps de métiers* fut, selon l'avis de Dupont de Nemours, « composé sous les yeux et sur les conseils de l'illustre Gournay. On y reconnaît, comme dans tout ce qui émanait de ce digne magistrat, d'excellents principes sur la liberté du commerce. On y trouve les observations les plus justes et les mieux fondées sur le tort que font à la société les règlements des manufactures et les exemples les plus singuliers du dommage que causent les inspecteurs qui s'attachent à faire exécuter ces règlements, toujours inutiles quand ils ne sont pas dangereux et le plus souvent inexécutables. » [2]

Dix ans plus tard, ce sera encore d'un proche de Gournay, et dans un ouvrage composé, semble-t-il, avec son aide, que les critiques reviendront. L'abbé Coyer, écrivain assez talentueux mais peu connaisseur des faits et des principes économiques, publia un roman mettant au pilori les corporations et autres réglementations de l'industrie. Subtilement intitulé *Chinki : Histoire cochinchinoise, applicable à d'autres pays*, ce court

[1] cité dans Gustave Schelle, *Vincent de Gournay*, Paris, 1897, p.143
[2] *Ibid.*, p.126-127

roman très agréable à lire racontait l'histoire d'un agriculteur de Cochinchine, actuel Vietnam (mais, comme l'indique le titre, c'est d'un « autre pays » dont on parle : la France) qui fut forcé de quitter sa campagne suite à l'augmentation des impôts sur les terres. Souhaitant placer ses enfants dans un métier, il découvrit avec étonnement les barrières qu'une folie réglementaire avait apposées partout. Cette description, toujours très fine, dut beaucoup à Gournay, qui avait visité à de nombreuses reprises les grandes villes françaises, où sévissait cette sur-réglementation. Autre ouvrage qui, avec le *Mémoire sur les corps de métiers*, fit pencher la balance en faveur des opposants aux corporations et prépara les esprits avant leur complète abolition.

Ainsi, Vincent de Gournay peut être considéré non seulement comme le pionnier du combat pour la liberté du travail et contre les corporations, mais, par son travail infatigable et son concours à toutes les forces qui emportèrent finalement le système corporatif tout entier en 1776 puis 1789, comme l'architecte de la liberté du travail au XVIIIe siècle.

X. — LE CERCLE DE GOURNAY.

Histoire générale du cercle de Gournay — Composition — Esprit général :
traductions, modestie, liberté de débats — Réalisations — Comparaison
avec l'école physiocratique — Le mérite d'avoir fait naître la science économique revient-il au cercle de Gournay ?

Vincent de Gournay, en partant du comptoir, avait abouti à
la liberté économique et à la science du commerce. Il ne fut
pas le seul à faire ce chemin. Autour de lui, ou plutôt avec lui,
de nombreux économistes mirent leurs forces en commun
pour venir à bout de cette société d'Ancien Régime paralysée
par les réglementations et meurtrie par une fiscalité oppres-
sive, que l'intendant du commerce avait passé sa vie à condamner, et que ses idées, jointes à celles des philosophes et
des économistes physiocrates, allaient finalement emporter
dans la grande tourmente révolutionnaire.

Ce chapitre sera tout entier consacré à ce groupe d'économistes que l'histoire de la pensée a fini par nommer, avec
justesse, le « cercle de Gournay ». Ce chapitre montrera en
quoi, dix ans avant leurs successeurs les Physiocrates, ce cercle
d'économistes développa tous les thèmes de l'économie politique avec une puissance théorique, des intuitions, et un succès qui ne méritent pas l'oubli dans lequel il est aujourd'hui
tombé. Comme le disent les trois co-éditeurs du *Cercle de
Gournay* dans leur introduction, « en parallèle à un courant de
pensée qui liait la richesse et la puissance à l'agriculture, et
dont la physiocratie est l'archétype, il en existait un autre, né
autour de Gournay, qui mettait en avant les vertus du commerce. Si ces courants se retrouvaient sur certains points — la
liberté du commerce des grains, la critique des corporations
par exemple — ils divergeaient le plus souvent, créant un
espace de discussion au centre duquel se trouvaient les sujets

économiques. » [1] Or les principaux manuels d'histoire de la pensée économique, ou du moins ceux qui ne se contentent pas naïvement de commencer avec « Adam Smith fondateur de la science économique », négligent habituellement toute cette série d'économistes qui, quelques années avant les Physiocrates, fondèrent la science économique en France. Quand on lit les écrits de l'époque, ceux des philosophes et des commentateurs, on est frappé du succès des écrits économiques, et de la popularité des questions qu'ils traitent, à une époque où les Physiocrates n'existaient pas encore, et où François Quesnay n'était encore qu'un simple médecin. Melchior Grimm, fin observateur de la scène littéraire française, écrivit par exemple, dès mars 1755, que « rien n'est si commun, depuis dix-huit mois, que les ouvrages sur le commerce ». [2]

C'est là un passage très étonnant, et inexplicable si l'on écoute nos manuels, selon lesquels Quesnay, en 1757, fonda la science économique. L'école physiocratique, en effet, prit corps en 1757, après la conversion du marquis de Mirabeau aux idées du futur « maître » Quesnay. Les premiers recrutements intervinrent dès après : Mercier de la Rivière, encore intendant en Martinique, se lia à l'école de Quesnay en 1758. Dupont de Nemours ne fut recruté par Mirabeau qu'en 1763. Le Trosne s'y inséra à la même époque, et parvient à convaincre Nicolas Baudeau, qui devient physiocrate en 1766. Ce n'est qu'à cette date qu'est constitué le noyau dur de l'école physiocratique. Les premiers écrits qualifiés de physiocratiques avaient été les articles « Fermiers », « Grains », et « Hommes », que Quesnay fournit pour l'*Encyclopédie* de Diderot et d'Alembert, en 1757-1758.

La vérité est que c'est durant la décennie 1750 que nous trouvons le début de l'économie politique scientifique. Le *Journal Oeconomique* est créé en 1751, le cercle de Gournay se

---

[1] Loïc Charles, Frédéric Lefebvre et Christine Théré (dir.), *Le cercle de Vincent de Gournay : Savoirs économique et pratiques administratives en France au milieu du XVIIIe siècle*, INED, 2011, p.14

[2] Melchior Grimm, *Correspondance littéraire*, t.II, p.506-507

forme la même année ; l'école physiocratique, à l'inverse, ne se constituera qu'à la fin de cette décennie. Dans son étude sur l'édition des ouvrages économiques au XVIIIᵉ siècle, Christine Théré indique que pas moins de 349 ouvrages d'économie furent publiés entre 1750 et 1759, contre seulement 83 entre 1740 et 1749. [1] Cette hausse sensible d'activité littéraire dans la science économique est en grande partie de la responsabilité du cercle de Gournay, qui sera à l'origine d'une quarantaine d'ouvrages, dont certains rencontreront un très large succès : l'*Essai sur la police générale des grains* de Herbert (6 éditions en 4 ans), la *Noblesse commerçante* de Coyer (5 éditions en 2 ans), *Remarques sur les avantages...* par Plumard de Dangeul (3 éditions en 1754) et *Mémoire sur les corps de métiers* par Cliquot-Blervache et Gournay (2 éditions en 1758).

C'est à la connaissance de ce cercle prolifique que nous souhaitons contribuer avec ce chapitre. Il est à rappeler qu'une étude générale, qui manquait encore, a été produite récemment par l'INED, sous la direction de Loïc Charles, Frédéric Lefebvre et Christine Théré. Elle est intitulée : *Le Cercle de Gournay : Savoirs économiques et pratiques administratives en France au milieu du XVIIIᵉ siècle*. Le lecteur qui trouverait dans la très sommaire présentation que constitue ce chapitre, une source nouvelle de réflexions qu'il souhaiterait approfondir, obtiendra avec ce très érudit et très complet ouvrage de quoi satisfaire sa curiosité. Le présent chapitre ne peut prétendre à embrasser la somme de toutes les problématiques soulevées par l'ouvrage de l'INED. Nous tâcherons de nous acquitter du mieux que nous pourrons de la tâche difficile de présenter en si peu de pages l'activité littéraire d'un groupe aussi prolifique, aussi influent, et aussi savant que le cercle de Gournay. Pour cela, la première partie sera consacrée à la description des grands objectifs que Gournay avait fixé à son cercle d'économistes, et aux réalisations qu'on peut porter à son

[1] Christine Théré, « Economic publishing and authors, 1566-1789 » in *Studies in the History of Political Economy. From Bodin to Walras*, Londres, 1997, p.13-18

crédit. La seconde, plus biographique, présentera en détail quelques membres de ce cercle.

***

C'est en mars 1751 que naquit le cercle de Gournay. À cette date Gournay fut nommé intendant du commerce, une position qui le mit peu à peu en relation avec tout le réseau des économistes français de l'époque, qu'il parvint à réunir autour de lui. D'abord constitué des hauts fonctionnaires que son fondateur, Gournay, côtoyait au sein de l'appareil d'État, et de quelques économistes proche de leurs réseaux, le cercle fut conçu comme une association de libre penseurs désireux de populariser, en France, cette nouvelle science de l'économie politique.

Trudaine, le supérieur direct de Gournay au sein de l'administration du commerce, fut le premier membre du cercle. On peut considérer que son adhésion date de 1752, année à partir de laquelle, apprenant à mieux connaître son brillant intendant, il en mesure les qualités et accepte de s'associer à lui. Il n'apporta toutefois aucune aide, au niveau littéraire du moins, à la diffusion des principes économiques, mais travailla à mobiliser des troupes dans le combat de pédagogie économique engagée par Gournay puis par son cercle. C'est lui, par exemple, qui dirigera le jeune Turgot, alors presque inexpérimenté sur ces questions d'économie, vers le cercle.

En cette même année de 1752, un économiste décida de lier son destin avec celui de Gournay : Véron de Forbonnais. Recrue de prestige, Forbonnais restera longtemps l'un des économistes les plus capables du cercle. C'est en 1751, tandis qu'il travaillait à plusieurs articles économiques pour l'*Encyclopédie* de Diderot et d'Alembert, qu'il fit la rencontre de Gournay puis décida de travailler en collaboration avec lui. Dès 1752, il traduisit un ouvrage de l'économiste espagnol Ustariz, peut-être sous la demande expresse de Gournay. Sa « traduction libre » paraîtra en 1753, la même année que ses articles pour l'*Encyclopédie*.

Originaire du Mans, Forbonnais se rattachait à la Bretagne par ses intérêts commerciaux. La famille Véron produisait des draps et travaillait avec les grands ports bretons, et notamment celui de Nantes, ce qui mettra plus tard Forbonnais en contact avec Montaudoin de la Touche, économiste et armateur nantais. Après son départ de Nantes, la production drapière des fabriques de Forbonnais partaient en partie en destination de Cadix, pour être ensuite exportée dans les colonies. Bien que cela ne soit qu'une conjecture, il est donc possible que Gournay et Forbonnais se soient connus avant leur rencontre physique en France, laquelle date, comme nous l'avons dit, de 1751.

En 1752, Forbonnais introduisit son cousin, Plumard de Dangeul, auprès de Gournay, et celui-ci l'inséra au sein du cercle. Il lui fit traduire un autre ouvrage espagnol, celui-ci d'Ulloa. La traduction paraîtra en 1753. Plumard de Dangeul, possédant alors un grand réseau de connaissances, apporta à son tour au cercle plusieurs nouvelles recrues : Malesherbes, l'abbé Le Blanc, et l'abbé Coyer. Ces deux derniers s'illustrèrent immédiatement par leur activité : l'abbé Le Blanc traduisit les *Discours politiques de David Hume* (publication en 1754), et Coyer s'attaqua à une question épineuse, destinée à nourrir un vif débat : l'entrée des nobles dans la vie économique et le commerce, avec un bien-nommé *La Noblesse commerçante*. Plumard de Dangeul favorisa plus tard l'entrée dans le cercle du breton O'Héguerty.

Si Forbonnais avait embrassé la science de l'économie politique et en avait fait une spécialité, les questions économiques étaient étrangères aux préoccupations de plusieurs des nouvelles recrues du cercle. Gournay les poussa à s'y intéresser et son influence sur la destinée de ces hommes de lettres est parfaitement claire : il sut les tourner vers les recherches économiques. Une lettre d'un des membres du cercle, Butel du Mont, illustre cette influence externe. Celui-ci écrivit à un ancien ami d'étude : « Depuis notre séparation, je n'ai cessé de travailler avec la dernière opiniâtreté. Des hommes éminents ont tourné mes études du côté du commerce. J'ai publié deux ouvrages sur cette matière : l'un intitulé *Essai sur le commerce de l'Angleterre*, en deux volumes in 12° assez épais. L'autre a pour titre *Histoire et commerce des colonies anglaises*. » [1]

Vers 1754, Turgot, amené par Trudaine, rejoignit le cercle et, plutôt que de traduire, il accompagna Gournay dans ses tournées à travers les régions de France. À la même époque, un autre membre de la haute administration, Étienne de Silhouette, se rapprocha du cercle. Quelques années plus tard, il fera entrer l'abbé Morellet, un ancien ami d'enfance de Turgot, au sein du cercle. Gournay le mit immédiatement à contribution, sur un sujet qu'il avait lui-même traité auparavant : le commerce des toiles peintes.

Vers 1755, renforcé par plusieurs vagues d'adhésions nouvelles, le cercle de Gournay aborda le débat avec une posture toute changée. C'est le début d'une radicalisation, ou plutôt d'une affirmation plus ferme des principes de réforme défendus par Gournay et ses amis. Simone Meyssonnier justifie ce changement d'attitude par le climat positif dans lequel sont désormais accueillies leurs idées ainsi que par la concurrence croissante de l'Angleterre, qui a fait les réformes demandées :

> « Les membres du groupe de Gournay changent brusquement d'attitude à partir de 1755 en devenant plus agressifs dans leur action et plus incisifs dans leurs discours, comme s'il s'agissait pour eux de lancer une attaque en règle à un moment jugé propice sur le front des réformes. Sans doute cherchent-ils à exploiter l'intérêt qu'ils ont réussi à susciter pour la politique économique, ainsi que l'ébranlement qui s'est produit après les derniers évènements politiques et littéraires, mais plus probablement encore veulent-ils accélérer l'avancée institutionnelle devant l'imminence du danger de l'ambition anglaise. » [2]

Après la création de la Société de Bretagne, en 1757, Montaudoin de la Touche, son inspirateur, se rapprocha de

---

[1] Bibliothèque de l'institut, Ms 1266, f°446-447 ; cité par Loïc Charles, « Le cercle de Gournay : usages culturels et pratiques savantes », *Le cercle de Gournay*, op. cit., p.73
[2] Simone Meyssonnier, *La Balance et l'Horloge*, op. cit., p.263

Vincent Gournay. Les deux se connaissaient déjà : par ses activités d'armateur à Nantes, Montaudoin était en contact régulier avec Cadix, plate-forme indispensable du commerce négrier, où opérait Gournay. Autre membre de Société de Bretagne, Louis-Paul Abeille rejoignit le cercle en 1757. Avec cette dernière entrée, le cercle de Gournay atteint sa dimension finale, dimension qu'il gardera pendant deux ans, jusqu'à sa dissolution en juin 1759, avec la mort de Gournay.

***

Éloigné l'un de l'autre par quelques années à peine, le cercle de Gournay et l'école physiocratique ont au moins deux grandes différences, qu'il nous faut approfondir ici. La première, et celle qui peut-être est la plus évidente, concerne l'activité même des deux groupes : le cercle se concentra beaucoup sur la traduction des grandes œuvres étrangères d'économie politique, tandis que les physiocrates eurent pour unique ambition de bâtir un système qui leur fût propre. La seconde, non moins fondamentale, a trait à un point de doctrine. Tandis que les physiocrates semblaient n'estimer que l'agriculture, les économistes du cercle de Gournay — et, outre Gournay, le breton O'Heguerty, nous le verrons, en est un parfait exemple — n'eurent de cesse de vanter les mérites du commerce et le rôle éminemment social du commerçant.

Si les raisons de ces grandes divergences sont nombreuses, la plus décisive parmi elles semble provenir de la personnalité même des chefs des deux groupes. Nous avons rappelé et illustré dans les chapitres précédents la grande modestie de Gournay et son zèle infatigable pour diffuser les idées qu'il savait justes. Ce fait en apparence banale eut de nombreuses conséquences. D'abord, et du fait même de cette modestie extrême chez leur leader, les relations des membres du cercle de Gournay n'eurent pas le ridicule de celles des Physiocrates. Non seulement ils n'appelaient pas Gournay le « maître » ou même le « Confucius d'Europe », comme les physiocrates appelaient François Quesnay, mais ils échangeaient avec lui en égaux. Cela ne les empêchait pas, bien sûr, de vanter sa hauteur et sa supériorité, et l'*Éloge* de Turgot, ou les *Mémoires* de Morellet, en sont deux flagrantes illustrations. Néanmoins, dans leur attitude ou dans leurs productions, nulle part on ne peut apercevoir un quelconque esprit de secte.

La révérence et le respect provenaient uniquement des différences dans l'origine sociale. Ainsi Turgot ou Malherbes, fils de grandes familles de la noblesse de robe, recevaient un traitement particulier, qui s'illustre particulièrement dans la correspondance que les membres du cercle pouvaient avoir avec eux. Pour le reste, et bien que les coups d'éclats littéraires et la supériorité du savoir de quelques-uns leur attiraient de la considération, le cercle fonctionnait sans véritable hiérarchie, et la discussion des idées était libre, ouverte, et bienvenue. Là surgit, bien évidemment, une différence majeure avec l'école des Physiocrates, qui se complaisait de son caractère sectaire. « À l'opposé de la physiocratie, lit-on bien dans *Le Cercle de Gournay*, le cercle apparaît comme un groupe ouvert. Il est ouvert dans son fonctionnement, qui laisse une place essentielle à la discussion contradictoire et ne cherche pas à réduire les divergences de pensée sur tel ou tel point de doctrine. »[1] Cela explique pourquoi les membres du cercle de Gournay furent inspiré par une même ambition plutôt que guidé par une même doctrine uniforme. Ainsi que l'écrit Loïc Charles dans le même ouvrage, « la nature de l'identité du cercle de Gournay n'a jamais reposé sur un corps d'analyse bien défini et partagé par tous, mais plutôt sur une volonté commune d'imposer un nouveau mode de pratique de la politique basé non plus sur les hiérarchies traditionnelles, mais sur le langage de l'intérêt, tout particulièrement de l'intérêt économique, et de la raison. »[2] Cette disposition particulière, étonnant les

---

[1] Loïc Charles, Frédéric Lefebvre et Christine Théré (dir.), *Le cercle de Vincent de Gournay : Savoirs économique et pratiques administratives en France au milieu du XVIIIe siècle*, INED, 2011, p.19

[2] Loïc Charles, « Le cercle de Gournay : usages culturels et pratiques savantes », *Le cercle de Gournay*, op. cit., p.86

commentateurs et les historiens, n'a pas facilité le travail de réhabilitation. C'est qu'on n'a pas suffisamment douté de cette relation traditionnelle, que groupement d'intellectuel signifie école de pensée, et école de pensée signifie dogme commun. Des intellectuels peuvent s'assembler avec d'autres motifs que la popularisation d'un quelconque évangile, et la libre recherche, la collaboration scientifique est l'un de ces motifs.

Comme nous l'avons posé précédemment, l'insistance avec laquelle les membres du cercle de Gournay ont manifesté leur préférence pour la traduction d'œuvres économiques étrangères, plutôt que pour la production propre, est une caractéristique fondamentale, qui distingue en outre sensiblement le cercle de l'école physiocratique.

C'est par la modestie de Gournay, que l'on peut parvenir à s'expliquer sa reconnaissance très pieuse de la domination des autres pays dans la sphère de l'économie politique, et son effort de traduction des œuvres anglaises et hollandaises. Tandis que les physiocrates réclameront avec vigueur pour la France le mérite d'avoir fait naître la science de l'économie politique, Gournay semblait tout à fait indifférent à de telles préoccupations, et n'hésitait pas, à l'inverse, à considérer et à écrire que l'Angleterre avait l'avantage historique de ce point de vue. Pour cette raison même — et contrairement aux Physiocrates, qui restaient enfermés dans la tradition française — les proches de Gournay viendront puiser dans les richesses des écrits anglais et hollandais. Nombreux, parmi les économistes du cercle de Gournay, y étaient les polyglottes. La maîtrise de la langue anglaise était en tout cas la norme, ce qui s'explique d'abord et avant tout par le milieu commerçant dans lequel avaient été recrutés ces auteurs : parmi les grands marchands, la connaissance de l'anglais était tout à fait courante. Ainsi, le cercle pouvait compter non seulement sur les qualités de traduction de Gua de Malves, de Butel du Mont ou de l'abbé Le Blanc, mais les économistes, les théoriciens principaux du groupe maîtrisaient tous une ou plusieurs langues étrangères : c'est le cas de Gournay, de Turgot, de Forbon-

nais, de Morellet et de Dangeul. Cette activité intense de traduction permit en tout cas au groupe de s'enrichir des écrits
étrangers, et d'enrichir la France par la même occasion. Véron
de Forbonnais, membre très actif du cercle de Gournay, a
bien écrit cette nécessité de se former par l'exemple extérieur,
dans son introduction à la traduction d'Uztariz : « Nous avons
si peu de livres dans notre langue sur le commerce, que j'ai
regardé les détails de celui-ci comme très utiles à l'instruction
de ceux qui veulent étudier cette grande partie [...] Il y a plus
de vrai mérite à bien saisir l'esprit des bons principes connus
et à suivre, qu'à en imaginer de nouveaux. [...] La connaissance des pratiques employées par les étrangers, est la voie la
plus sûre pour y parvenir. » [1]

Le rythme très soutenu des traductions issues du cercle de
Gournay, bien que résultant d'abord du talent et des efforts
individuels des personnalités très éclairées qui le composaient,
s'explique aussi par le soin que son leader, Gournay, eut pour
les inciter dans cette voie. Non seulement il leur présentait les
ouvrages dignes d'être traduits, mais en fin connaisseur des
langues, il les aidait aussi activement dans la tâche et les corri-
geait quand ils avaient besoin de l'être.

Parmi les écrits économiques d'auteurs étrangers, que l'intendant du commerce participa à mettre sur le devant de la
scène, une mention particulière doit être réservée à l'*Essai sur
la nature du commerce en général*, par l'irlandais R. Cantillon,
quoique l'auteur ait laissé, semble-t-il, un manuscrit français.
Ce grand ouvrage, aujourd'hui reconnu comme l'un des chefs-
d'œuvre de la pensée économique, Gournay le fit lire aux
économistes de son groupe. Il œuvra ensuite pour en agrandir
la diffusion, et le fit publier en 1755.

Ces activités ont paru trop peu aux yeux des historiens.
Traduire, leur est-il visiblement apparu, est une activité qui ne
permet pas de faire ressortir les qualités de théoricien d'un

---

[1] Geronymo de Uztariz, *Théorie et pratique du commerce et de la marine, traduction libre sur l'espagnol*, Paris, 1753, préface du traducteur, p.ix-x

économiste. Cela est tout à fait vrai, dans le cas où nous avons une traduction pure et simple. Toutefois, lorsque la traduction est agrémentée d'un travail théorique additionnel, et que la traduction elle-même n'apparaît que comme une pratique de dissimulation, conçue dans le but d'éviter la censure, le jugement doit être entièrement revu.

En l'espèce, le choix de la traduction comme véhicule de transmission des idées libérales en France se joint à un effort à peine caché de théorisation nouvelle. Des ouvrages issus du cercle de Gournay et présentés comme des traductions, une infime minorité seulement représente ce qu'on peut appeler une traduction pure. Pour les autres, les techniques de dissimulation sont diverses : une longue introduction ou d'épaisses notes sont insérées dans la traduction ; un travail théorique nouveau est ajouté, mêlé au texte original traduit ; ou le livre entier, parfaitement nouveau, est présenté abusivement comme une traduction.

En considérant la production propre du cercle, à la fois par les traductions remaniées ou apocryphes, et par les ouvrages présentés comme originaux, ce qui frappe surtout, c'est la considération qu'ont ces économistes pour les commençants. Qu'il nous soit permis de nous y arrêter.

Si l'on se souvient des origines sociales des membres de ce cercle, et de celles de son fondateur, il faut dire que nous sommes peu surpris d'un tel fait. Un grand nombre de ceux qui s'associeront avec Gournay au sein de son cercle provenaient en effet comme lui de familles commerçantes. Pour la Bretagne, on comptait Montaudoin et O'Heguerty. S'ajoutaient les cousins Plumard de Dangeul et Forbonnais, originaires du Mans, mais avec de forts intérêts commerciaux avec les ports bretons. Étienne de Silhouette, né à Bayonne, et Simon Cliquot-Blervache, né à Reims, avaient quant à eux rompu leurs attaches en entrant dans la haute administration des finances. Le cercle de Gournay était donc, au fond, un mouvement de fils de commerçants, essentiellement breton.

Très illustratif de cette grande estime pour le commerce et pour l'action des commerçants est l'œuvre de Pierre-André O'Heguerty. Fils d'un capitaine puis lieutenant-colonel d'origine irlandaise, Pierre-André naquit à Dinan en septembre 1700. Après des études au collège des Jésuites de Caen, il fit des études de droit et devint avocat au parlement de Normandie. S'étant fait remarqué par ses grandes qualités, on envisagea pour lui d'autres postes, dans la haute administration. En 1733, il devint ainsi procureur général au sein du conseil supérieur de l'île Bourbon, l'actuelle Réunion. Il quitta l'île en 1745, après avoir obtenu l'estime de la population… et une belle fortune. Son père ayant quitté la Bretagne pour Nancy, Pierre-André l'y suivit. Il y décéda en 1763.

Sous les conseils de Gournay, qu'il rencontra dans des conditions et pour des raisons dont nous ignorons tout, O'Heguerty traduisit des ouvrages d'histoire et d'économie, et publia également ses propres vues sur les matières économiques. Le premier de ces ouvrages est un *Essai sur les intérêts du commerce maritime*, paru sans nom d'auteur en 1754, ouvrage qui eut un véritable succès, surtout à partir de 1761, après qu'il ait été imprimé à la fin des *Discours politiques de M. Hume*, préparés par Gournay et traduits par l'abbé Le Blanc. Le second suivit trois ans plus tard, et porte le titre *Remarques sur plusieurs branches de commerce et de navigation*. En passant ces deux ouvrages successivement sous nos regards, nous obtiendrons une illustration satisfaisante de ce fort intérêt pour le commerce, qui faisait l'une des singularités du cercle de Gournay. Les deux ouvrages de cet économiste respirent tellement un vif amour pour les commerçants qu'il est impossible d'ouvrir l'un ou l'autre à une page au hasard, sans en retrouver la manifestation sensible. Si nous prenons l'*Essai sur les intérêts du commerce maritime*, nous lisons, dès les toutes premières pages, un éloge du commerce d'une vigueur telle qu'on en a rarement publié de pareils : « En s'occupant de sa fortune, écrit l'auteur, le Négociant s'occupe nécessairement du bien public. Il répand chez les Nations étrangères le superflu de nos denrées et les fruits de notre industrie. Il nous procure par les retours ce qui est nécessaire à notre consommation, et fait payer dans les mains industrieuses qu'il emploie, une partie des trésors du Mexique et du Pérou. En s'enrichissant, il enrichit ceux qu'il intéresse à ses armements, et fait vivre une infinité de peuples. » [1] Nous avons déjà là des propos d'une grande richesse. D'abord, comment ne pas lire, dans sa première phrase, et dans la dernière, une anticipation de l'idée de « main invisible » d'Adam Smith ? Nous en avons même l'une des formulations les plus claires et les plus anciennes jamais connues. L'idée sous-jacente est bien la même : en poursuivant son intérêt personnel, c'est l'intérêt général que le commerçant est conduit à servir. Dans ses *Remarques* de 1757, O'Heguerty le dira même dans des termes plus directs : « L'avidité du Négociant sera toujours avantageuse à l'État. » [2] Pour le reste, le passage précédemment cité contient la belle reconnaissance de l'utilité du commerce, trois ans avant que les Physiocrates ne commencent à convaincre la France et ses ministres que seuls l'agriculteur et le propriétaire terrien ont besoin de la protection de la loi.

Avant eux, O'Heguerty argumentera aussi en faveur de la liberté du commerce. La seule politique raisonnable et sensée, expliquait-il, revient à laisser les commerçants mener à bien leurs opérations, ou, pour reprendre les termes de son mentor, à laisser faire. « Quiconque connaît les vrais principes du Commerce, écrit O'Heguerty, sait que tout Commerce permis a pour objet le bien de l'État, et l'intérêt des particuliers qui s'y livrent ; et dans celui qui a pour base le transport de nos fabrications, on doit laisser le Citoyen négociant obéir à son génie, suivre son goût, essayer ses talents, tenter, hasarder, entreprendre. » [3] Il n'est nul besoin, continue notre auteur, de s'épouvanter devant un tel système et devant cette anarchie autorégulée. Que les ministres, qui ont l'habitude d'aimer tout

---

[1] P.-A. O'Heguerty, *Essai sur les intérêts du commerce maritime*, La Haye, 1754, p.5-6

[2] P.-A. O'Heguerty, *Remarques sur plusieurs branches de commerce et de navigation*, Tome 2, 1757, p.16

[3] *Ibid.*, p.6-7

voir, tout décider et tout contrôler, et qui ont le tempérament qui sied à ces folles ambitions, considèrent donc le fonctionnement naturel du commerce. Ils sentiront bien que le commerce a moins besoin d'eux qu'eux de lui, et qu'un domaine si complexe de la vie humaine serait plus sagement et plus tranquillement administré s'il ne l'était que par les commerçants. « Le Commerce ainsi que l'eau, cherche et trouve son niveau, déclare l'auteur ; c'est-à-dire, que le Négociant industrieux porte dans les Pays où il trafique, une attention toute particulière à connaître les quantités et les qualités des Marchandises qui conviennent au Consommateur dont il étudie les goûts et les modes, pour les suivre et les satisfaire dans ses assortiments. S'il arrive qu'il surcharge le Pays d'une année, bientôt il répare cet excèdent par une exportation plus modérée l'année suivante ; et ce n'est que par l'expérience appuyée d'une pleine liberté, qu'il se met en état de calculer et d'apprécier avec justesse l'étendue du Commerce dont le Pays est susceptible. » [1]

Considérant ensuite le cas si débattu de la liberté du commerce des grains, il écrit : « Le commerce des grains d'une Province à l'autre de ce Royaume, produira l'avantage de s'aider et se soulager mutuellement, en faisant passer les superflus d'une Province abondante, dans celle qui serait indigente. Cette permission occasionnera vraisemblablement la construction de greniers de dépôt, et de consommation, dont M. Duhamel du Monceau, ce digne citoyen, nous a tracé les plans dans son Traité de la conservation des grains. » [2]

Très élogieux sur les vertus du commerce et sur l'utilité sociale des commerçants, O'Heguerty est donc conduit à réclamer pour eux la liberté la plus entière. Si c'est là son intérêt principal, et si c'est au commerce qu'il consacre ses écrits, il n'y néglige pourtant nulle part l'agriculture, qu'il nomme même « le bien le plus précieux de l'État. » [3] Il insiste partout

[1] P.-A. O'Heguerty, *Remarques sur plusieurs branches…*, Tome 2, 1757, p.15-16
[2] *Ibid.*, p.40-41
[3] *Ibid.*, Tome 1, p.34

sur l'abandon des terres et la faible productivité de l'agriculture. « C'est un grand malheur pour l'État, écrit-il, que la culture des terres ait été négligée : les charges trop pesantes sur les Cultivateurs les ont découragés à mesure de leur appauvrissement, et les ont réduits à ne labourer que l'indispensablement nécessaire, pour payer leurs taxes, se nourrir misérablement, et se vêtir de même ; de là les disettes fréquentes que l'on ne connaissait point dans les siècles précédents. » [1] Pour encourager l'agriculture, poursuit-il, il convient de la rendre à nouveau attractive pour l'agriculteur lui-même, de la chérir, de l'honorer, afin de stopper l'émigration des paysans vers les villes et le déclin de l'économie nationale. Avant les économistes Physiocrates, qui l'élèveront au rang de modèle absolu, O'Heguerty cite la Chine comme un exemple à suivre, cette Chine où l'agriculture est considérée comme le premier des arts, et où l'empereur anoblit les paysans ayant témoigné du plus grand mérite. [2]

Ce serait manquer à notre devoir d'objectivité que de passer sous silence les longues pages qu'O'Heguerty consacre à la traite négrière, et le peu de cas qu'il y fait des objections morales, à une époque où une opposition organisée venait de naître. Obnubilé par le souci de retirer à l'Angleterre et à la Hollande des sources d'enrichissement, il soutient que le ministère doit aider le développement du commerce français en Guinée, en Louisiane et en Martinique. Pour le premier cas, il n'hésite pas à défendre la traite des esclaves, et demande même que le ministère soit attentif à conserver le droit d'acheter librement des esclaves : « Comme les Nègres sont le nerf et la richesse des Colonies et de notre Commerce, on ne saurait être trop attentif à se conserver le droit de traiter à la Côté de Guinée. Cette traite mérite la protection toute particulière du Roi. » [3] Il voit d'un côté que le commerce des es-

---

[1] P.-A. O'Heguerty, *Remarques sur plusieurs branches...*, Tome 1, 1757, p.18-19
[2] *Ibid.*, p.25-26
[3] *Ibid.*, p.79

claves est le plus profitable, et de l'autre qu'il nous serait subtilisé par les Anglais si nous n'en profitions pas. Sa conclusion, fruit d'un utilitarisme un peu barbare, jaillit tout naturellement : il faut se rendre maître de la traite des esclaves dans tous les lieux que nous pourrons. Il soutient même qu'il s'agit là d'une nécessité, car notre prospérité y est liée. Peut-être pourrions-nous avoir quelques sentiments, mais notre commerce est trop dépendant de ces esclaves. « Le sort de ces Iles et de son Commerce dépend absolument de la traite des Noirs. Tout aussi longtemps que nous aurons la faculté de cette traite, nos Iles seront pourvues d'Esclaves, les terres seront mises en valeur, et les denrées qu'elles produisent seront abondantes ; plus elles le seront, et plus elles enrichiront les habitants ; et par une suite infaillible, plus les habitants seront riches, et plus le goût du luxe s'étendra chez eux, au grand avantage de nos Manufactures, de nos vins et de nos liqueurs. » [1]

Cette position, nulle part critiquée ou même débattue dans les écrits des économistes du cercle de Gournay, est une grave source d'infériorité de ceux-ci par rapport à leurs successeurs Physiocrates. James Padilioni Jr. rappelait récemment le vif combat anti-esclavagiste des disciples de Quesnay, Dupont de Nemours en tête, et citait de larges passages d'articles des *Éphémérides du Citoyen* pour justifier son propos. [2] Or, au sein du cercle de Gournay, l'esclavagisme ne dérangeait visiblement pas. Son fondateur, Vincent de Gournay, le soutenait avec vigueur : « L'état brillant où a été porté le commerce dans nos colonies avant la guerre et les fortunes considérables qui s'y sont faites depuis la paix d'Utrecht font assez voir combien il est important de protéger des établissements aussi utiles et qui font l'objet de l'envie de toute l'Europe ; mais comme on ne peut mettre les habitations de ces colonies en

[1] *Ibid.*, p.96-97
[2] James Padilioni Jr., « La liberté pour tous. Les économistes français face à l'esclavage », *Laissons Faire*, Numéro 2, Juillet 2013, p.7-12

valeur que par le secours des nègres que nous y transportons de la côté de Guinée, il est d'une extrême importance de ne rien négliger pour protéger les établissements que nous avons sur cette côte qui facilitent la traite des noirs et pour empêcher que les Anglais qui sont eux-mêmes extrêmement jaloux de ce commerce n'introduisent dans nos colonies des noirs en con-trebande. » [1]

Peut-être pourrions-nous pardonner Gournay, O'Heguerty et les autres d'avoir sombré dans ce qui était un préjugé de leur temps, mais ce serait oublier que leur préoccupation commune pour la liberté du travail contredisait en tout point l'institution de l'esclavage et que c'est en défendant ce même principe et en tirant les conséquences qu'ils n'avaient pas tirés, qu'au siècle des Lumières les Physiocrates furent parmi les adversaires les plus décidés de l'esclavage.

***

Si nous avons déjà cité de nombreux membres du cercle de Gournay, dans ce chapitre comme dans les précédents, nous avons pour l'instant failli à présenter du cercle une revue des troupes rigoureuse. Il est temps de la fournir.

Le cercle avait de nombreux collaborateurs réguliers : Louis-Paul Abeille, Buchet du Pavillon, Georges-Marie Butel du Mont, Claude Carlier, Simon Cliquot de Blervache, Gabriel-François Coyer, Jean-Paul Gua de Malves, Jean-Bernard Le Blanc, Chrétien-Guillaume Lamoignon de Malesherbes, Jean Gabriel Montaudoin de la Touche, André Morellet, Pierre-André O'Héguerty, Louis-Joseph Plumard de Dangeul, Étienne de Silhouette, Daniel Trudaine, Jean-Charles-Philibert Trudaine de Montigny, Anne-Robert-Jacques Turgot, François Véron de Forbonnais, Jacques-Claude-Marie Vincent de Gournay. En marge du cercle, et sans aucune prétention à l'exhaustivité, se tenaient plusieurs personnalités telles que

---

[1] *Mémoires et lettres de Vincent de Gournay*, p.6-7

Charles Pinot Duclos, Henri-Louis Duhamel du Monceau, Élie-Catherine Fréron, John Holker, Jean-Baptiste Machault d'Arnouville, Jean-Baptiste de Secondat, ou Nicolas-Charles-Joseph Trublet.

Mieux que d'en citer pêle-mêle les différents membres, il est préférable de stratifier ce groupe d'économistes. À sa tête, nous le savons, nous trouvons l'intendant du commerce Vincent de Gournay. À ses côtés, les deux plus proches collaborateurs semblent avoir été Montaudoin de la Touche et Plumard de Dangeul. Ce fut en tout cas l'avis de Turgot, qui s'adressa à ces deux économistes pour obtenir davantage d'informations sur Gournay, quand il commença l'écriture de son *Éloge*. Pour le reste, le degré d'investissement des différents membres était extrêmement variable, et fort difficile à utiliser comme critère. Si nous prenons l'exemple de Forbonnais, nous avons le plus productif des membres, et pourtant il était en marge du cercle, publiant surtout pour son compte, et restant souvent imperméable aux idées de ses amis. La segmentation du cercle de Gournay doit plutôt être effectuée selon le profil de ses membres. Nous retiendrons ici trois grandes catégories : les membres de la haute administration, qui aidèrent surtout en fournissant de nouveaux membres, fruits de leur réseau étendu ; les économistes professionnels, publiant les ouvrages de théorie pure ; et enfin les hommes de lettres, pour la plupart des abbés sans fonction.

I. La sphère des administrateurs

Cette sphère, assez réduite en nombre, fut décisive pour le développement du cercle. C'est d'elle que vinrent en effet la plupart des nouvelles recrues. Parmi ces membres de la haute administration des finances de la France sensibles au projet de Gournay, nous pouvons nous contenter de deux noms : Daniel-Charles Trudaine (1703-1769), directeur des Ponts et Chaussés, intendant des finances, et membre de l'Académie des Sciences ; et Chrétien-Guillaume de Lamoignon de Malesherbes (1721-1794), chef de la censure royale.

Ces deux hommes aideront beaucoup l'activité littéraire du cercle, bien que leur participation fut fort détachée et épisodique. Ils apportèrent aussi quelques recrues de grand renom, comme l'abbé Morellet, ou deux futurs Contrôleur général des finances : Étienne de Silhouette et Turgot.

II. La sphère des économistes

C'est la sphère la plus nombreuse et la plus importante du cercle. Elle est responsable des contributions à l'économie pure et à la défense du principe de la liberté économique dans les différents débats de l'époque. On y compte plusieurs bretons, comme Gournay, Louis-Paul Abeille, Jean-Gabriel Montaudoin de la Touche et Pierre-André O'Heguerty ; on y compte aussi les cousins manceaux Véron de Forbonnais et Plumard de Dangeul, ainsi que de nombreux autres économistes de moindre importance, tels que Simon Cliquot-Blervache, Buchet du Pavillon, Ange Goudar, Butel-Dumont, mais aussi Jean-Baptiste de Secondat de Montesquieu (le fils du grand Montesquieu) qui traduira les *Considérations sur le commerce et la navigation de la Grande-Bretagne* de Joshua Gee.

Forbonnais et Dangeul

Forbonnais, né au Mans en 1722, avait obtenu divers postes dans l'administration, dont celui d'inspecteur général des monnaies, en 1756. En 1759, proche des idées de Vincent de Gournay, il travailla au sein de l'éphémère ministère libéral d'Étienne Silhouette. Son opposition à Madame de Pompadour, malheureusement, l'éloigna pour longtemps d'une carrière qu'il avait passé toute sa vie à construire. Cet évènement contribua à le fâcher encore un peu plus avec les protégés de la marquise, les économistes physiocrates, dont il n'avait jamais été très proche, mais avec lesquels il partageait tout de même nombre de convictions. En 1768, dans sa retraite, il publia un *Examen du livre intitulé Principes sur la liberté du commerce des grains*, faisant suite à la publication du physiocrate Louis-

Paul Abeille (publié en supplément dans le numéro d'août du *Journal d'Agriculture et de Commerce*). Forbonnais y critiquait notamment le manque d'adéquation entre les réformes proposées par les économistes et la situation et les mœurs de la population agricole française de l'époque. La réponse ne tarda pas : un *Examen de l'examen*, probablement écrit par Abeille lui-même, fut publié dans les *Éphémérides du Citoyen*. [1] De 1767 à 1769, Forbonnais travailla à l'édition du *Journal d'agriculture, de commerce et des finances*, qu'il transforma en centre d'opposition aux physiocrates.

Hors traductions et articles pour l'*Encyclopédie*, nous lui devons de nombreux ouvrages, parmi lesquels nous pouvons citer : *Considérations sur les finances d'Espagne* (1753), *Éléments de commerce* (1754), *Examen des avantages et désavantages de la prohibition des toiles peintes* (1755), *Examen politique des prétendus inconvénients de la faculté de commercer en gros sans déroger à la noblesse* (1756), et enfin *Recherches et considérations sur les Finances de la France* (1758).

Très dévoué, Forbonnais chercha toujours à diffuser la science économique au sein de la nation. En 1796, il cédera par exemple ses droits sur les *Éléments de Commerce* à ses éditeurs, en leur demandant de fixer le prix le plus bas possible.

Compte tenu de son opposition vigoureuse aux Physiocrates dans la seconde moitié de sa carrière, Forbonnais fut souvent placé dans la catégorie des auteurs anti-libéraux du siècle, avec Mably, Linguet ou même Rousseau. L'étude attentive de sa contribution au sein du cercle de Gournay prouve que cette interprétation est parfaitement abusive. Ses *Éléments de commerce*, notamment, sont un plaidoyer en faveur d'un projet de croissance équilibrée qui, selon Simone Meyssonnier, « a toutes les caractéristiques d'un système libéral : intérêt privé, propriété privée, liberté d'entreprendre et de travailler, liberté des contrats, marchés concurrentiels et mobilité des facteurs, ajustements équilibrés par la confrontation de l'offre et de la

---

[1] *Éphémérides du Citoyen*, Décembre 1768, Volume XII, p.139-148

demande. » [1] En se plongeant dans les manuscrits, le Forbonnais économiste libéral apparaît même encore plus clairement. Les quelques vingt-trois notes qu'il apposa dans les marges des *Remarques* de Gournay sur la traduction de Child ne laissent, en particulier, l'espace à aucun doute. Loin de contredire le programme libéral de réforme qu'y esquisse l'intendant du commerce, Forbonnais l'appuie et l'encourage. Dans une note au propos très général, il abonde dans le sens de Gournay pour réclamer notamment la liberté du travail, la réduction de l'intérêt et la baisse des impôts. Il écrit :

> « Il y a plus, ils ne sont pas mêmes [les avantages de la France] tels qu'ils pourraient être, puisque le nombre des habitants, la culture des terres et les manufactures pourraient les augmenter, ainsi que notre exportation au dehors, par les moyens indiqués dans un mémoire dont les principaux sont la réduction de l'intérêt, la suppression même des maîtrises actuelles, du moins des apprentissages pour l'avenir la réduction, les manufactures, le concours des armements, et surtout la réduction des impôts en général, et en particulier, la suppression de ceux qui entraînent trop de frais, et un acte de navigation pareil à celui des Anglais. » [2]

Parce que les manuscrits des *Remarques* avaient été perdus et que, scrutés ensuite par le japonais Takumi Tsuda, celui-ci n'était pas parvenu à reconnaître l'écriture minuscule de Forbonnais, cette posture profondément libérale de l'auteur des *Éléments de commerce* est restée longtemps ignorée. Elle le fut aussi en raison du subterfuge éditorial qui, dans la controverse sur la liberté du commerce des toiles peintes, fit passer Forbonnais pour un mercantiliste, le fait s'alliant à son antiphysiocratisme pour enterrer définitivement tout soupçon contraire. En 1755, en vérité, quand Forbonnais avait soutenu la restriction en matière de commerce de toile peinte, dans un

---

[1] Simone Meyssonnier, *La Balance et l'Horloge. La genèse de la pensée libérale en France au XVIIIᵉ siècle*, éditions de la Passion, p.225

[2] Forbonnais, note manuscrite, *Remarques*, p.219

ouvrage avec Gournay, l'intention des deux auteurs était, en offrant tour à tour l'argumentaire libéral et réglementaire, de prouver toute la supériorité du premier sur le second. Encore une fois, ce sont les manuscrits qui sont venus l'indiquer il y a seulement une trentaine d'années.

Louis-Joseph Plumard de Dangeul né au Mans la même année que son cousin Véron de Forbonnais, fut l'auteur d'un ouvrage au succès considérable, mais qui ne le mit que modérément sur le devant de la scène, étant donné qu'il fut publié sous un faux nom, et comme une prétendue traduction d'un ouvrage anglais. L'ouvrage était intitulé *Remarques sur les avantages et les désavantages de la France et de la Grande-Bretagne par rapport au commerce et aux autres sources de la puissance des États*, et parut en 1754.

III. La sphère des abbés

Ce troisième cercle regroupe les hommes de lettres, pour la plupart des abbés sans fonction, qui contribuèrent au développement de la pensée économique ou par des traductions d'ouvrages étrangers, ou par des essais de polémique dans les grands thèmes de débat de l'époque. Parmi ces propagandistes éclairés, nous pouvons citer l'abbé Coyer, l'abbé Morellet, l'abbé Le Blanc, et l'abbé Gua de Malvès. Nous présenterons avec quelques détails les deux premiers, de loin les plus célèbres.

L'abbé Coyer

Gabriel-François Coyer était né le 18 novembre 1707 au sein d'une famille modeste de Franche-Comté. Il était entré chez les jésuites pour y recevoir son éducation, et fut d'abord précepteur avant de se mettre aux lettres. Il publia des *Bagatelles morales* (1753) qui eurent un petit succès et lui assurèrent une première reconnaissance. Ce début de célébrité s'étendit largement grâce à sa *Noblesse commerçante* (1756) et à l'intense polémique que ce petit ouvrage parvint à nourrir. Dans ce livre énergique et fort admiré de ses contemporains, Coyer défendit une réforme audacieuse : il voulait qu'on laisse les nobles embrasser les métiers du commerce et de l'industrie. Christine Théré fera même remarquer que « la *Noblesse commerçante* a déclenché une polémique qui passionna un temps le public lettré et contribua à faire naître un engouement plus durable sur les questions économiques. »[1]

La modestie de Gournay prenait, comme nous l'avons déjà suggéré, une forme étonnante chez un intellectuel de sa trempe : il donnait gratis ses textes à d'autres pour qu'ils les publient sous leur nom, ou pour qu'ils les retravaillent ou les insèrent dans leurs propres écrits. De nombreux cas de cette pratique sont aujourd'hui avérés, dont *La Noblesse commerçante*. Gournay était bien derrière la *Noblesse commerçante* de Coyer, et l'abbé Trubet, proche de Gournay et membre de son cercle, l'avouera très clairement en parlant de la « thèse de l'abbé Coyer, thèse et opinion que je n'ai jamais approuvées malgré ma déférence pour mon ami et compagnon M. de Gournay. Soyez bien sûr que l'abbé Coyer n'est pas lui-même de l'avis qu'on lui a fait soutenir. Ce n'est qu'un jeu d'esprit de sa part. On lui a présenté l'occasion de faire une brochure ingénieuse ; il l'a saisie. »[2]

L'abbé Morellet

Né à Lyon en 1727, l'abbé André Morellet fut de tous les combats. Initié par Gournay à l'économie, il fut membre de son cercle entre 1755 et 1759, puis se rapprocha des physiocrates à la mort de l'intendant du commerce. Il participa alors

---

[1] Christine Théré, « Économie politique, stratégies littéraires et pratiques culturelles dans la France des Lumières », in Jesus Astigarraga & Javier Usoz, *L'économie politique et la sphère publique dans le débat des Lumières*, Casa de Velazquez, 2013

[2] Lettre du 14 août 1756 à Malesherbes, in Jean Jacquart (éd.), *Correspondance de l'abbé Trublet* (Paris, 1926), p. 67-68. L'abbé Trublet, né à Saint-Malo, fut aussi un membre du cercle, même si les matières économiques l'intéressaient peu. Il n'était qu'un ami proche de Gournay, qu'il respectait beaucoup.

ardemment aux réunions données par Quesnay dans l'entresol des appartements de la marquise de Pompadour, réunions dans lesquelles se côtoyaient aussi, outre les économistes physiocrates, le dinannais Duclos et l'élève de Gournay, Turgot. À sa mort, en 1819, il fut d'ailleurs le dernier survivant de ce cercle fameux, ainsi que des salons de Mme Necker et de Mme Geoffrin, desquels il était un invité régulier.

En tant qu'économiste, il fut l'auteur de nombreuses brochures, auxquelles nous ne pouvons rendre compte ici. Il consacra aussi de nombreuses années à la production d'un *Dictionnaire de Commerce* qui ne vit jamais le jour, malgré les plaintes de son ami Turgot. Ce beau projet naquit quand Morellet, souhaitant œuvrer dans la science économique, mais n'ayant pas encore tout à fait le goût de la traduction, songea à corriger le *Dictionnaire Universel* de Savary, qu'il trouvait fort imparfait. Gournay approuva l'idée, et lui envoya ses différents mémoires économiques, pour l'aider dans la tâche. Selon Dupont de Nemours, Morellet reçut une centaine de mémoires, tout cela pour fournir enfin une alternative au *Dictionnaire* de Savary, dont on avait multiplié les éditions ces dernières années, malgré la pauvreté du texte. « M'étant convaincu par un examen réfléchi de cet ouvrage que le fond et la forme ne valaient rien, écrivit plus tard Morellet dans ses *Mémoires*, je conçus le projet d'un dictionnaire nouveau, sur un plan beaucoup plus vaste, et par là beaucoup plus difficile à exécuter. » [1] La difficulté de l'entreprise, que Morellet sousestimait autant à l'époque qu'il la surestimera dans ses *Mémoires* pour se faire pardonner, ne fut pas la seule raison de son échec. L'esprit toujours curieux de Morellet papillonna nonchalamment pendant de longues années sur des travaux moins urgents que cet important dictionnaire. Turgot n'eut de cesse de s'en agacer et de l'enjoindre à poursuivre son effort. À l'occasion de l'effervescent débat sur le commerce des grains, quand Galiani défendit ardemment la cause protec-

---

[1] Abbé Morellet, *Mémoires sur le dix-huitième siècle*, 1822, p.182

tionniste, Turgot déconseilla à Morellet d'écrire une réfutation. « Il ne faut pas qu'il y pense, écrivit-il à Mlle d'Epinay ; il se ferait un tort réel de se détourner encore de son dictionnaire. »[1] Morellet passa pourtant une bonne partie de l'année 1770 à écrire un ouvrage de 400 pages pour critiquer la thèse de Galiani. Quand il fut prêt, l'abbé Terray en empêcha la publication. Ce fut une nouvelle cause de retard pour le Dictionnaire, qui attirait pourtant toutes les convoitises : même le grand Voltaire, retranché à Ferney, envoya une lettre à l'abbé Morellet pour y souscrire.[2]

En 1776, c'est pour œuvrer dans le sens défini par Gournay, celui de la traduction des grands ouvrages économiques anglais, qu'il abandonna une nouvelle fois son Dictionnaire. À Londres parut un grand livre d'économie politique, du à un homme dont la France connaissait déjà l'œuvre de philosophe, et que Morellet avait rencontré à Paris. Il s'agissait de la *Richesse des Nations* d'Adam Smith. Morellet s'attela à la traduction de ce volumineux ouvrage et l'acheva l'année même. Malheureusement, un autre traducteur ayant commencé à publier son travail par série dans un journal économique, cette traduction ne trouva pas d'éditeur.[3]

Comme de nombreux autres économistes de l'époque, l'abbé Morellet conserva toujours un souvenir intact de sa rencontre avec Gournay, et avoua son influence sur son choix d'embrasser entièrement la carrière d'économiste. On lit dans ses *Mémoires* :

> « Vers 1755, une connaissance, que je dus à M. Turgot, m'attacha encore davantage aux études économiques ; ce fut celle de M. de Gournay, intendant du commerce. Ce magistrat avait été un des premiers à se convaincre, par

---

[1] Lettre de Turgot à Mlle d'Epinay, 26 janvier 1770, *Œuvres de Turgot*, Volume 2, p.801

[2] Lettre de Voltaire à l'abbé Morellet, le 14 juillet 1769, in *Œuvres complètes de Voltaire*, tome 49, Paris, 1830, p.295

[3] Cf. Benoît Malbranque, « "Trahi plutôt que traduit". Lire Adam Smith en français, 1750-1800 », *Laissons Faire*, n°3, Août 2013, p.13-18

son expérience, des vices de l'administration commerciale : il avait eu, lui-même, une maison à Cadix, il avait lu de bons livres anglais d'économie publique, tels que Petty, Devenant, Gee [Joshua Gee, ndlr], Child, etc., dans un temps où la langue anglaise n'était encore que fort peu cultivée parmi nous. Il répandit le goût de ces recherches ; il encouragea Dangeul à publier les *Avantages et les Désavantages de la France et de l'Angleterre*, extraits d'un ouvrage anglais, et Forbonnais à abréger le *British Merchant* de King, sous le titre du *Négociant anglais*. Il donna l'exemple, en traduisant Child, sur l'*Intérêt de l'argent*, et Gee, sur les *Causes du déclin du commerce*, etc., il fit publier à Forbonnais les *Eléments du commerce* ; il fit surtout lire beaucoup l'*Essai sur le commerce en général* par Cantillon, ouvrage excellent qu'on négligeait ; enfin, on peut dire que, si l'on eut alors en France les premières idées saines sur la théorie de l'administration commerciale, on doit en rapporter le bienfait à son zèle et à ses lumières. [...] M. Turgot me fit connaître à lui, et je pris, dès ce moment, un goût plus vif encore pour le genre d'étude qui pouvait me faire entretenir cette liaison. » [1]

Nous ne pouvons achever cette revue des troupes sans considérer un instant le cas d'un breton célèbre : Duclos. Philosophe plus qu'économiste, Duclos fut néanmoins très lié au cercle de Gournay, et il lui assura une grande autorité et une certaine célébrité dans les milieux philosophiques parisiens. Nous pouvons le présenter rapidement.

Charles Pinot Duclos, né en 1704 dans la ville de Dinan, dont il sera le maire pendant cinq années, était proche de Mme de Pompadour, mais aussi des économistes physiocrates, notamment de Louis-Paul Abeille. Anobli en 1755, il fut député aux États Généraux de Bretagne, en 1744, puis, grâce au soutien appuyé de Mme de Pompadour, historiographe de France à Versailles en 1750, en remplacement de Voltaire, tombé en disgrâce. Lors de l'affaire La Chalotais, qui formera le thème d'un prochain chapitre, il fut inquiété, et poussé vers la sortie : il émigra d'abord en Angleterre, puis, lorsqu'il osa se plaindre du sort réservé à son ami, il fut à nou-

---

[1] Abbé Morellet, *Mémoires*, p.37-38

veu exilé six mois en Italie. De ce dernier séjour datent de nombreuses lettres échangées à Louis-Paul Abeille. Les deux hommes furent très proches. Dans la notice introductive des *Œuvres complètes* de Duclos, on lit qu'Abeille « a été, pendant plus de quarante ans, l'ami intime de Duclos ; il l'a vu mourir dans ses bras, et a été le dépositaire et l'exécuteur de ses dernières volontés. »[1] Louis-Paul Abeille fut en effet son exécuteur testamentaire, et Duclos lui légua un diamant de cent louis. Très mêlé au milieu philosophique de l'époque, Duclos fut proche de Jean-Jacques Rousseau et de d'Alembert, mais assez éloigné de Voltaire et de Diderot. Après la création de l'école physiocratique, il participa activement aux réunions organisées dans l'entresol des appartements de Mme de Pompadour. Il y côtoya ainsi, outre les économistes physiocrates, Turgot et l'abbé Morellet, qu'il connaissait déjà de par sa liaison avec Gournay, avec Abeille, et avec le fameux cercle.

***

Roulant sur la plupart des grandes questions économiques, la glorieuse activité du cercle de Gournay est une nouvelle raison d'admirer ce grand économiste, qui marqua autant son époque qu'il a peu marqué l'histoire et, semble-t-il, notre mémoire commune.

Les économistes français de l'époque, sans doute moins myopes que nous, rendirent très tôt hommage au cercle de Gournay et à son leader. Les physiocrates le nommèrent parmi leurs précurseurs, malgré toute leur vantardise habituelle, et leur manière de se considérer comme les créateurs de cette « science nouvelle » qu'était l'économie politique.[2] Un économiste moins prétentieux, et plus juste dans ces appréciations, Jacques Accarias de Serionne, reconnaîtra en 1767 qu'il avait été précédé dans le traitement de ces matières par un

---

[1] *Œuvres complètes de Duclos*, Volume 1, Paris, 1806, p.1-2
[2] Dupont de Nemours, *De l'origine et des progrès d'une science nouvelle*, Paris, 1768

petit groupe d'économistes : « Un petit nombre de français, également philosophes et citoyens, commencèrent il y a quelques années à imiter les écrivains anglais. Ils traduisirent d'abord leurs modèles, et les ont bientôt surpassés en beaucoup de choses. Ils ont employés tous les agréments, toutes les richesses de la littérature, à traiter des choses utiles ; ils ont fait naître et répandu le goût des sciences les plus nécessaires à la prospérité de l'État. » [1] Nul doute que l'auteur fait ici référence au cercle de Gournay. Plus tôt encore, le *Mercure de France* observait déjà cette tendance éminemment nouvelle : « L'économie politique est aujourd'hui la science à la mode. Les livres qui traitent de l'Agriculture, de la population, de l'industrie, du commerce et des finances, sont dans les mains d'une infinité de personnes qui, naguère, ne feuilletaient que des romans. » [2] Nous étions en novembre 1758, quelques mois avant la mort de Gournay. Quel meilleur hommage pouvait-on rendre de son activité et de l'influence de son cercle d'économistes ?

[1] Jacques Accarias de Serionne, *Les Intérêts des Nations de l'Europe, développés relativement au commerce*, Paris, 1767, t. I, p.26

[2] *Mercure de France*, novembre 1758, p.69

CONCLUSION :
QUE SIGNIFIAIT « LIBERTÉ ET PROTECTION » ?

À ce point, nous avons écarté l'aspect « physiocratique » de Gournay, qui n'existe pas, et avons soutenu et prouvé que, malgré ses divergences de vues avec le mouvement majeur de la pensée économique du XVIIIᵉ siècle, Gournay peut tout de même être considéré comme un penseur ayant eu une influence notable sur son siècle. Il nous faut revenir désormais sur la nature de sa doctrine. À défaut d'être un précurseur des physiocrates, que fut Gournay ? Simone Meyssonnier, qui, à partir des manuscrits retrouvés, a renouvelé l'étude de l'intendant du commerce à la fin du siècle dernier, considère Gournay comme un précurseur du libéralisme. « Sa doctrine, soutient-elle, était plus proche du système libéral qu'Adam Smith proposera en 1776, que de celui de ses contemporains physiocrates fondé exclusivement sur la valeur-terre. [...] Il fut un des pères fondateurs de l'économie politique française ». ¹

Ainsi que nous l'avons rendu palpable dans le chapitre 9, la place de Vincent de Gournay a reçu des appréciations variées et parfois contradictoires, les uns (Tsuda, de Cilleuls) présentant un Gournay libéral modéré ou demi-libéral, d'autres le présentant ou comme un libéral complet (Schelle) ou comme une sorte de libéral bien à lui, un « libéral égalitaire », selon les mots de Simone Meyssonnier. Dans le chapitre cité, nous avons tâché d'éclaircir, du mieux que nous le pouvions, ces appréciations.

Il nous faut y revenir, sans y revenir, pour considérer spécifiquement le slogan « liberté et protection », qui fut celui de Gournay, et qui a certains mérites, mais certainement pas celui de la clarté. L'intendant du commerce écrit bien à divers

¹ Simone Meyssonnier, « Préface » aux *Traités de commerce de Josiah Child, suivis des Remarques de Jacques Vincent de Gournay*, L'Harmattan, 2008, p. xlii-xliii

endroits cette formule, la reprenant une fois sous la forme axiomatique : « Tout augmente et s'accroît par un commerce libre et protégé. » [1] Que signifiait cette formule ? Que signifiait surtout la « protection », qui nous rappelle tant le protection-nisme, que cependant Gournay récusait ?

À cette question, il semble que Simone Meyssonnier, malgré son invention très impropre du « libéralisme égalitaire » carac-téristique de Gournay ou du XVIIIᵉ siècle — qui est bizarre ou plutôt incorrect, car tout le libéralisme est égalitaire — a apporté la meilleure réponse. Elle signale que dans l'esprit de Gournay — et elle aurait du sentir que ce fut dans l'esprit de tous les libéraux — la liberté est indissociable d'une égalité en droit de tous les acteurs sur le marché libre. [2]

C'est ce double idéal de la liberté la plus absolue, c'est-à-dire du *laissez faire*, et d'une égalité en droit de tous les acteurs, qui poussait Gournay à critiquer les corporations, qui limitent la liberté en instaurant une inégalité légale, les règlements, dont le principe est identique, et tout autant à réclamer la baisse du taux de l'intérêt et l'instauration d'un traité de commerce.

Dans un passage de ses *Remarques*, peu cité mais digne de la plus grande attention, Gournay a rendu parfaitement claires ses intentions quant à la formule de liberté et protection.

> « On observera que tous les traités que les Hollandais ont fait avec nous, ils se sont toujours scrupuleusement attachés à cette maxime fondamentale de tout commerce que l'on veut rendre florissant, liberté et protection ; on voit que quant à la liberté, pour éviter que leurs fabriques ne soient gênées par nos règlements, ils stipulent expressément qu'elles en seront affranchies ; la protection se trouve dans la stipulation de l'article même qui rend à cet égard la con-dition du fabricant hollandais plus favorable que celle du sujet du Roi, et dans l'attention qu'ils ont eue de stipuler que leurs toiles, quoique de différentes qualités soient com-prises sous un même tarif. » [3]

---

[1] *Mémoires et lettres de Vincent de Gournay*, op. cit., p.32
[2] Simone Meyssonnier, « Préface » aux *Remarques*, op. cit., p.v
[3] *Remarques*, op. cit., p.318

En d'autres termes, la protection signifie le rétablissement de l'égalité naturelle entre les acteurs : non pas l'égalité forcée, par la loi, entre des fabricants plus ou moins talentueux, plus ou moins travailleurs, mais une égalité quant aux dispositions qui les régissent. Gournay pourrait bien utiliser une phrase couramment employée de nos jours par les protectionnistes, qu'il faut, dans la concurrence économique mondiale, *que Français et étrangers luttent à armes égales.* Mais il l'entend bien différemment qu'eux, puisque nos protectionnistes modernes veulent mettre à l'amende le génie, le bon marché, l'ingéniosité de certains peuples. Il faudrait selon eux taxer les produits étrangers qui sont fabriqués à meilleur marché que les nôtres, jusqu'à temps que l'équilibre soit rétabli. Drôle d'équilibre assurément, et drôle de manière d'encourager nos propres industries à s'améliorer. Gournay est trop connaisseur des intérêts de l'économie pour s'y laisser prendre. Loin du discours des protectionnistes, il souligne uniquement que le laissez-faire ne produira pas les meilleurs résultats si on ne l'accompagne pas d'une réforme de notre législation (règlements sur l'industrie, prohibition de l'intérêt sur les prêts, etc.), qui puisse rendre égal le cadre légal du Français et de l'étranger.

C'est cette égalité en droit, et non en fait, qu'il a en tête. Il s'en explique encore dans la suite du passage cité, comparant l'idéal décrit de la Hollande, et la légalisation française :

> « Pour nous nous avons agi d'une façon opposée à cette maxime :
> « 1° en ce qui regarde la liberté, en ajoutant de nouvelles gênes pour nos fabriques par tous les règlements que nous avons faits depuis 1739 dont les manufactures hollandaises se trouvent affranchies, comme de celles qui subsistaient avant cette époque.
> 2° en ce qui regarde la protection, en traitant par cette clause même les fabriques et les fabricants hollandais plus favorablement que nous ne faisons les nôtres ; en sorte que si nous voulons rétablir une sorte d'égalité entre les Hollandais et nous, il faut stipuler avec nous-mêmes qu'à l'avenir nos propres fabricants seront aussi bien traités en France

> que les Hollandais, c'est-à-dire que les fabricants de France
> jouiront de la même liberté dont les fabriques de la Hol-
> lande jouissent en Hollande et en France. Sans cela en gê-
> nant continuellement notre commerce plus que le com-
> merce étranger, nous continuerons de le diminuer et avec
> lui, les moyens de payer les revenus du Roi. » [1]

Dans ce passage, la protection apparaît surtout comme
l'instauration de la même liberté que chez les voisins. On ne
peut donc pas accuser Turgot, à la suite de Takumi Tsuda,
d'avoir « trahi » son maître et ami, en écrivant dans son *Éloge
de Gournay* que les idées de l'intendant du commerce se résu-
maient en « liberté et protection, mais surtout liberté ». [2]

C'est cet enseignement, cohérent, quoiqu'on ait pu en dire
pendant tant d'années, à partir de fragments de son œuvre, qui
constitue l'essence de l'œuvre de Gournay. C'est là que nous
rejoignons, comme indiqué, les conclusions de Simone Meyssonnier, qui écrivait :

> « L'ensemble du système de Gournay est libéral. Il re-
> pose sur la libération du commerce des grains, la dérégle-
> mentation de la production manufacturière et l'instauration
> d'un libre échange progressif et circonstancié. » [3]

> « Les nombreux partisans de la réglementation se li-
> guaient pour combattre les idées libérales de Gournay, au
> point que deux clans s'affrontaient, celui des colbertistes et
> celui des libéraux. Les mémoires du fonds de St Brieuc
> l'attestent, Gournay était considéré par ses contemporains
> comme l'initiateur et le chef de file du courant libéral dans
> les premières années de la décennie 1750. Il n'a donc pas
> été « trahi » par Turgot, sa formule « liberté et protection »
> résumait sa vision d'une économie libérale contenue par les
> lois d'un État régulateur, protecteur de l'intérêt général du
> peuple et de la nation. Ce slogan traduit beaucoup mieux
> que l'injonction « laissez faire, laissez passer » l'ensemble de

---

[1] *Remarques*, op. cit., p.318-319
[2] *Œuvres de Turgot*, op. cit., volume 1, p.620
[3] Simone Meyssonnier, *La Balance et l'Horloge. La genèse de la pensée libérale en France au XVIIIe siècle*, éditions de la Passion, p.204

> la doctrine de l'intendant. C'est lui qui devrait être retenu
> pour désigner ce libéralisme original à la recherche d'un
> équilibre qui concilierait la liberté et la justice. » [1]

Là où cependant l'interprétation de Simone Meyssonnier paraît insuffisante voire erronée, c'est lorsqu'elle s'évertue à décrire ce libéralisme comme « original » par rapport au courant libéral général. Jamais, à ma connaissance, un libéral n'a soutenu que l'idéal doive être de laissez-faire, dans un cadre réglementaire dense, quand les voisins s'en sont dispensés. L'idéal, pour tout libéral, est que l'individu soit laissé le plus libre d'opérer, que toutes les barrières qui en freinent le développement libre soient détruites. Or c'est précisément ce que réclamait Gournay et ce pourquoi il a combattu les règlements, les corporations, les prohibitions diverses, ou même les lois anti-immigration.

Vincent de Gournay est l'un des premiers représentants du libéralisme en France, du libéralisme complet, et l'un de ses premiers défenseurs dans l'administration publique et dans les cercles intellectuels. Il mérite, à ce titre, une mention plus que conséquente dans les histoires du libéralisme, mention qui lui est encore rarement faite, et une place, surtout, dans la longue liste de ces théoriciens brillants de l'économie qui, à notre époque plus que jamais, doivent rester des exemples et des maîtres, capables de nous guider.

---

[1] Simone Meyssonnier, « Préface » aux *Remarques,* op. cit., p.xxxix

Bibliographie

Écrits de Vincent de Gournay

Takumi Tusda (éd.), *Traités sur le commerce de Josiah Child avec les remarques inédites de Vincent de Gournay*, Tokyo, Kinokuniya, 1983

Takumi Tusda (éd.), *Mémoires et lettres de Vincent de Gournay*, Tokyo, Kinokuniya, 1993

Simone Meyssonnier (éd.), *Traités de commerce de Josiah Child, suivis des Remarques de Jacques Vincent de Gournay*, L'Har-mattan, 2008

« Observations » insérées dans l'*Examen des avantages et des désavantages de la prohibition des toiles peintes*, Paris, 1755

« Observations sur la compagnie des Indes » jointes par l'abbé Morellet à son *Mémoire sur la situation actuelle de la compagnie des Indes*, Paris, 1769

Cliquot-Blervache et Gournay, *Mémoire sur les corps de métiers*, Paris, 1758

Sources principales

Turgot, *Éloge de Gournay*, in Turgot, *Écrits économiques*, Cal-mann-Lévy, 1970

J.-G. Montaudoin de la Touche, « Observations sur un article du Journal de commerce du mois de janvier 1761, concernant feu M. de Gournay, intendant du commerce », *Journal de commerce*, avril 1761

Gustave Schelle, *Vincent de Gournay* (1897), rééd. Institut Coppet, Paris, 2014

Alfred des Cilleuls, « Un fondateur de la science économique au XVIIIᵉ siècle : Vincent de Gournay, d'après des travaux récents », *Réforme sociale*, 16 fév. 1898

G. Sécrestat-Escande, *Les idées économiques de Vincent de Gournay*, Bordeaux, 1911

Takumi Tsuda, « Un économiste trahi, Vincent de Gournay (1712-1759), dans *Traités sur le commerce de Josiah Child avec les remarques inédites de Vincent de Gournay*, Tokyo, Kinokuniya, 1983

Antoin Murphy, « Le développement des idées économiques en France (1750-1756), *Revue d'histoire moderne et contemporaine*, tome XXXIII, octobre-décembre 1986

Simone Meyssonnier, *La Balance et l'Horloge. La genèse de la pensée libérale en France au XVIIIᵉ siècle*, éditions de la Passion, Paris, 1989

Simone Meyssonnier, « Deux négociants économistes : Vincent de Gournay et Véron de Forbonnais », in F. Angiolini et D. Roche, *Cultures et formations négociantes dans l'Europe moderne*, Paris, EHESS, 1995, p.513

Simone Meyssonnier (éd.), préface aux *Remarques sur Child par Vincent de Gournay*, L'Harmattan, 2008

Loïc Charles, Frédéric Lefebvre et Christine Théré (dir.), *Le cercle de Vincent de Gournay : Savoirs économique et pratiques administratives en France au milieu du XVIIIᵉ siècle*, INED, 2011

Sources secondaires

Léonce de Lavergne, *Les économistes français du dix-huitième siècle* (1870), rééd. Institut Coppet, 2015

Christine Théré, « Economic publishing and authors, 1566-1789 » in *Studies in the History of Political Economy. From Bodin to Walras*, Londres, 1997, pp.13-18

Christine Théré, « Économie politique, stratégies littéraires et pratiques culturelles dans la France des Lumières », in Jesús Astigarraga, Javier Usoz (eds.), *L'économie politique et la sphère publique dans le débat des Lumières*, Casa de Velázquez, Madrid, 2013

Georges Weulersse, *Le mouvement physiocratique en France (1756-1770)*, Tome I, Paris, Alcan, 1910

August Oncken, *Die Maxime Laissez faire et Laissez passer, ihr Ursprung, ihr Werden*, Bern, 1886

Georges Weulersse, *Les manuscrits économiques de François Quesnay et du marquis de Mirabeau aux archives nationales*, Paris, Paul Geuthner, 1910

Friedrich Melchior Grimm, *Correspondance littéraire, philosophique et critique*, éd. Tourreux (Paris, 1877-1878)

Dupont de Nemours, *De l'origine et des progrès d'une science nouvelle*, Paris, 1768

Dupont de Nemours, *Mémoires sur la vie et les ouvrages de M. Turgot*, Philadelphie, 1788

Abbé Coyer, *Chinki, histoire cochinchinoise, qui peut servir à d'autres pays* (1768), rééd. Institut Coppet, 2013

Mémoires et journal inédit du marquis d'Argenson, Paris, 1857

Jean-François Melon, *Essai politique sur le commerce*, Paris, 1742

Gustave Schelle (éd.), *Œuvres de Turgot et documents le concernant*, 7 volumes, Paris, 1913-1924

Mémoires de l'abbé Morellet, de l'Académie française, sur le dix-huitième siècle et sur la Révolution, Tome 1, Paris, 1821

Adam Smith, *Richesse des nations*, coll. Garnier-Flammarion, éd. Flammarion, 1999, 2 tomes

Patrick Neiertz, *Voltaire et l'économie politique*, Voltaire Foundation, Oxford, 2012

Jules de Vroil, *Étude sur Cliquot-Blervache, économiste du XVIIIe siècle*, Paris, 1870

Steven L. Kaplan, *La fin des corporations*, Paris, Fayard, 2001

Étienne Martin Saint-Léon, *Histoire des corporations de métiers depuis leurs origines jusqu'à leur suppression en 1791, suivie d'une étude sur l'évolution de l'idée corporative de 1791 à nos jours, et sur de mouvement syndical contemporain*, 3ème édition, Félix Alcan, 1922

Frédéric Garrigues, « Les intendants du commerce au XVIIIe siècle », *Revue d'Histoire moderne et contemporaine*, n°45-3, juillet 1998

André Lespagnol, *Messieurs de Saint-Malo. Une élite négociante au temps de Louis XIV*, Saint-Malo, éditions l'Ancre de Marine, 1991

Joël Cornette, *Histoire de la Bretagne et des Bretons*, Paris, Éditions du Seuil, 2008

Corps d'observations de la Société d'Agriculture, de Commerce et des Arts, établie par les États de Bretagne, Rennes, 1760

John Shovlin, « The Society of Brittany », in Koen Stapelbroek & Jani Marjanen, *The Rise of Economic Societies in the Eighteenth Century*, Plagrave Macmillan, 2012

L. de Villers, *Histoire de la Société d'Agriculture, du Commerce et des Arts de Bretagne*, Rennes, 1898

TABLE

Table 233

www.ingramcontent.com/pod-product-compliance
Lightning Source LLC
Chambersburg PA
CBHW070229190526
45169CB00001B/131